国家社会科学基金（教育学）重大项目（VDA200004）阶段性研究成果
北京外国语大学"双一流"建设标志性项目（BW202018）阶段性研究成果

"一带一路"国家文化教育大系　　　　　总主编　王定华

尼泊尔
文化教育研究

नेपाल
सांस्कृतिक तथा शैक्षिक अध्ययन।

久毛措　著

外语教学与研究出版社
FOREIGN LANGUAGE TEACHING AND RESEARCH PRESS
北京 BEIJING

图书在版编目（CIP）数据

尼泊尔文化教育研究／久毛措著. —— 北京 ：外语教学与研究出版社，2022.5
（2023.9 重印）
（"一带一路"国家文化教育大系／王定华总主编）
ISBN 978-7-5213-3440-1

Ⅰ. ①尼… Ⅱ. ①久… Ⅲ. ①教育研究－尼泊尔 Ⅳ. ①G535.5

中国版本图书馆 CIP 数据核字 (2022) 第 051298 号

出 版 人	王　芳
项目负责	孙凤兰　巢小倩
责任编辑	巢小倩
责任校对	孙凤兰
装帧设计	李　高
出版发行	外语教学与研究出版社
社　　址	北京市西三环北路 19 号（100089）
网　　址	https://www.fltrp.com
印　　刷	北京盛通印刷股份有限公司
开　　本	787×1092　1/16
印　　张	17.5
版　　次	2022 年 5 月第 1 版 2023 年 9 月第 3 次印刷
书　　号	ISBN 978-7-5213-3440-1
定　　价	128.00 元

如有图书采购需求，图书内容或印刷装订等问题，侵权、盗版书籍等线索，请拨打以下电话或关注官方服务号：
客服电话：400 898 7008
官方服务号：微信搜索并关注公众号"外研社官方服务号"
外研社购书网址：https://fltrp.tmall.com

物料号：334400001

"一带一路"国家文化教育大系编写委员会

顾　问：顾明远　　马克垚　　胡文仲

总主编：王定华

委　员（按姓氏音序排列）：

常福良　　戴桂菊　　郭小凌　　金利民　　柯　静　　李洪峰
刘宝存　　刘　捷　　刘生全　　刘欣路　　钱乘旦　　秦惠民
苏莹莹　　陶家俊　　王　芳　　谢维和　　徐　辉　　徐建中
杨慧林　　张民选　　赵　刚

"一带一路"国家文化教育大系编审委员会

主　任：王　芳

副主任：徐建中　　刘　捷

秘书长：孙凤兰

委　员（按姓氏音序排列）：

蔡　喆　　柴方圆　　巢小倩　　杜晓沫　　华宝宁　　焦缨添
刘相东　　刘真福　　马庆洲　　彭立帆　　石筇弢　　孙　慧
万作芳　　王名扬　　杨鲁新　　姚希瑞　　苑大勇　　张小玉
赵　雪　　祝　军

从马纳斯鲁峰大本营仰望马纳斯鲁峰

加德满都杜巴广场宫殿

蓝毗尼中华寺

尼泊尔精美的木雕工艺

帕坦市特例巴德玛幼儿园在做游戏的小朋友

英语竞赛中获奖的小学生

帕坦市特例巴德玛学校的小学生在上课

聚精会神阅读的尼泊尔小学生

帕坦市特例巴德玛中学的数学课堂

新视野英语寄宿中学7年级学生集体照（2019年）

尼泊尔中学生举办支持中国抗击新冠肺炎疫情的活动（2020年）

上学路上的尼泊尔中学生

参加教师培训创新项目的教师合影（2013年）

加德满都大学管理学院大楼

加德满都大学图书馆

特里布文大学里海谷地学院的学生在上课

笑容灿烂的尼泊尔大学生

特里布文大学国际关系与外交专业第七届研究生班学生合影

尼泊尔大学生在帕坦广场绘画

加德满都大学孔子学院教室

出版说明

2013 年 9 月 7 日，国家主席习近平提出共建"丝绸之路经济带"重大倡议。2013 年 10 月 3 日，习近平主席提出共建"21 世纪海上丝绸之路"重大倡议。两者合称"一带一路"倡议。以 2013 年金秋为起点，"一带一路"倡议作为构建人类命运共同体的伟大设想，在开拓和平、繁荣、开放、绿色、创新、文明之路的非凡征程中，孕育生机和活力，汇聚信心和期待，在世界范围内广受欢迎和响应。

文化交流、文明互鉴是构建人类命运共同体的人文基础。文化发展，教育先行。作为"共和国外交官的摇篮"、文化教育的主动践行者、"一带一路"倡议的踊跃响应者和构建人类命运共同体的积极参与者，北京外国语大学在党委书记王定华教授的带领下，放眼世界，找准坐标，勇于担当，主动作为，深耕文化教育相关领域，研究、策划并组织编写了"一带一路"国家文化教育大系（以下简称大系）。国内相关高校和研究机构的众多专家学者献计献策，踊跃参加，形成了一个范围广泛、交流互动、共同进步的"一带一路"国家文化教育学术研究共同体。大系旨在填补国内相关研究领域的学术空白，实现"一带一路"国家教育研究全覆盖，为中国教育"走出去"和相关国家先进教育理念"请进来"提供科学理论和实践指导，具有重要的学术价值。同时，大系服务国家重大战略，通过分期分批出版，形成规模和品牌，向中国共产党建党一百周年和"一带一路"倡议提出十周年献礼，具有深远的意义。

作为国家社会科学基金（教育学）重大项目"新时代提升中国参与全球教育治理的能力及策略研究"、北京外国语大学"双一流"建设标志性项目"'一带一路'国家文化教育研究"的课题研究成果和北京外国语大学党委的"奋进之举"，大系秉承学术性与可读性兼顾的原则，对"一带一路"国家文化教育理论与实践问题展开深入研究，从国情概览、文化传统、教育历史、学前教育、基础教育、高等教育、职业教育、成人教育、教师教育、教育政策、教育行政、教育交流等方面，全景擘画"一带一路"国家的教育风貌，帮助读者了解"一带一路"国家教育的历史与现状、经验与特点，为我国教育的发展和对外交流合作提供有益的借鉴、思考与启迪。

肆虐全球的新冠肺炎疫情严重影响了各国人民的生产生活，带来了二战以来人类面临的最严重的全球性危机，同时也再次阐述了人类命运共同体深刻内涵的世界性意义。在疫情防控常态化背景下，大系所有专家学者不畏困难，齐心协力，直面挑战，守望相助，化危为机，切实履行了响应和支持"一带一路"倡议的承诺。在此，特别感谢大系总策划、总主编王定华教授，以及所有顾问、编委和作者的心血倾注、智慧贡献和努力付出。

外语教学与研究出版社对大系的编写和出版工作给予了高度重视。自2019年项目启动以来，外研社抽调精锐力量成立大系工作组，多次组织相关部门和人员召开选题论证会，商建编委会，召开全体作者大会，制订周密、科学的出版计划，以保证项目的顺利开展和图书的优质出版。目前，大系的出版工作已取得阶段性成果，预计在2023年"一带一路"倡议提出十周年之前，将分期分批推出数量和规模可观的、具有相当科研价值和学术价值的系列专著。期望大系的编写和出版能为"一带一路"建设、中外教育交流及我国文化教育发展发挥基础性、服务性、广远性的作用。

外语教学与研究出版社
2021年4月

总　序

王定华

改革开放以来，中国各项事业取得了巨大成就。中国经济和世界经济高度关联，中国一以贯之地坚持对外开放的基本国策，构建全方位开放新格局，深度融入世界经济体系。2013 年 9 月和 10 月，习近平主席在出访中亚和东南亚国家期间，先后提出共建"丝绸之路经济带"和"21 世纪海上丝绸之路"的重大倡议（以下简称"一带一路"倡议），得到国际社会的高度关注。其中，"丝绸之路经济带"东边牵着亚太经济圈，西边系着发达的欧洲经济圈，是世界上最长、最具发展潜力的经济大走廊；"21 世纪海上丝绸之路"串起连通东盟、南亚、西亚、北非、欧洲等各大经济板块的市场链，发展面向南海、太平洋和印度洋的战略合作经济带，以亚欧非经济贸易一体化为发展的长期目标。

一、精准把握"一带一路"倡议的时代意蕴

"经济带"概念是对地区经济合作模式的创新。其中经济走廊涵盖中蒙

俄经济走廊、新亚欧大陆桥、中国–中亚–西亚经济走廊、孟中印缅经济走廊、中国–中南半岛经济走廊等，以经济增长极辐射周边，超越了传统发展经济学理论。"丝绸之路经济带"概念不同于历史上所出现的各类"经济区"与"经济联盟"，同后两者相比，经济带具有灵活性高、适用性广以及可操作性强的特点，各国都是平等的参与者，本着自愿参与、协同推进的原则，发扬古丝绸之路兼容并包的精神。

"一带一路"倡议是我国在新时代推进全方位对外开放的重要举措，为当今世界提供了一个充满东方智慧、实现共同发展的中国方案，也是对历史文化传统的高度尊重，凝聚了世界各国利益的最大公约数。丝绸之路是起始于古代中国，连接亚洲、非洲和欧洲的古代陆上商业贸易路线，最初的作用是运输古代中国出产的丝绸、瓷器等商品，后来成为东方与西方之间在经济、政治、文化等方面进行交流的主要通道。1877 年，德国地质、地理学家李希霍芬（F. P. W. Richthofen）在其著作《中国》一书中，把公元前 114 年至公元 127 年，中国与中亚、中国与印度间以丝绸贸易为媒介的这条西域交通道路命名为"丝绸之路"，这一名词很快为学术界和大众所接受，并正式运用。其后，德国历史学家赫尔曼（A. Herrmann）在 20 世纪初出版的《中国与叙利亚之间的古代丝绸之路》一书中，根据新发现的文物考古资料，进一步把丝绸之路延伸到地中海西岸和小亚细亚，并确定了丝绸之路的基本内涵，即它是中国古代与中亚、南亚、西亚以及欧洲、北非的陆上贸易交往通道。进入 21 世纪，海上丝绸之路也被纳入丝绸之路的涵盖范围，即从中国沿海港口过南海到印度洋并延伸至欧洲，从中国沿海港口过南海到南太平洋。随着时代的发展，"丝绸之路"成为古代中国与西方所有政治经济文化往来通道的统称。

推进"一带一路"建设既是中国扩大和深化对外开放的需要，也是加强和世界各国互利合作的需要，中国愿意承担更多责任和义务，为人类和平发展做出更大的贡献。文明交流互鉴是构建人类命运共同体的重要途径，是推动人类文明共同进步、实现世界和平发展的重要动力。共建"一带一路"要顺应世界多极化、经济全球化、文化多样化、社会信息化的潮流，秉持开放的区域合作精神，致力于推动"一带一路"各国实现经济政策协调，开展更大范围、更高水平、更深层次的区域合作，共同打造开放、包容、均衡、普惠的区域经济合作架构，维护全球自由贸易体系和开放型世界经济格局。

"一带一路"贯穿亚欧非大陆，一头是活跃的东亚经济圈，一头是发达的欧洲经济圈，中间广大腹地国家经济发展潜力巨大。根据"一带一路"走向，陆上依托国际大通道，以中心城市为支撑，以重点经贸产业园区为合作平台，共同打造新亚欧大陆桥以及中蒙俄、中国-中亚-西亚、中国-中南半岛等国际经济合作走廊；海上以重点港口为基点，共同建设通畅安全高效的运输大通道。

"一带一路"建设是有关国家开放合作的宏大经济愿景，需要各国携手努力，朝着互利互惠、共同安全的目标相向而行：努力实现区域基础设施更加完善，安全高效的陆海空通道网络基本形成，互联互通达到新水平；投资贸易便利化水平进一步提升，高标准自由贸易区网络基本形成，经济联系更加紧密，政治互信更加深入；人文交流更加广泛深入，不同文明互鉴共荣，各国人民相知相交、和平友好。

"一带一路"倡议是具有开放性和包容性的友好建议。当今世界是一个开放的世界，开放带来进步，封闭导致落后。中国认为，只有开放才能发现机遇、抓住并用好机遇、主动创造机遇，才能实现国家的奋斗目标。"一带一路"倡议就是要把世界的机遇转变为中国的机遇，把中国的机遇转变为世界的机遇。正是基于这种认知与愿景，"一带一路"倡议以开放为导向，冀望通过加强交通、能源和网络等基础设施的互联互通建设，促进经济要素有序自由流动、资源高效配置和市场深度融合，开展更大范围、更高水平、更深层次的区域合作，打造开放、包容、均衡、普惠的区域经济合作架构，以此来解决经济增长和平衡问题。"一带一路"倡议的开放包容性是区别于其他区域性经济倡议的一个突出特点。

"一带一路"倡议是超越地缘政治的务实合作的广阔平台。"和平合作、开放包容、互学互鉴、互利共赢"的丝路精神是人类共有的历史财富，"一带一路"倡议就是秉承这一精神与原则提出的新时代重要倡议，通过加强相关国家间的全方位多层面交流合作，充分发掘与发挥各国的发展潜力与比较优势，形成互利共赢的区域利益共同体、命运共同体和责任共同体。在这一机制中，各国是平等的参与者、贡献者、受益者。因此，"一带一路"倡议从一开始就具有平等性、和平性特征。平等是中国坚持的重要国际准则，也是"一带一路"建设的关键基础。只有建立在平等基础上的合作才能是持久的合作，也才会是互利的合作。"一带一路"倡议平等包容的合作特征为其推进减轻了阻力，提升了共建效率，有助于国际合作真正"落地生根"。同时，"一带一路"建设离不开和平安宁的国际环境和地区环境，和平是"一带一路"建设的本质属性，也是保障其顺利推进所不可或缺的重要因素。这些就决定了"一带一路"倡议不应该也不可能沦为大国政治较量的工具，更不会重复地缘博弈的老路。

"一带一路"倡议是政府、企业、团体共同发力的项目载体。"一带一路"建设是在双边或多边联动基础上通过具体项目加以推进的，是在进行充分政策沟通、战略对接以及市场运作后形成的发展倡议与规划。2017年5月发布的《"一带一路"国际合作高峰论坛圆桌峰会联合公报》强调了建设"一带一路"的合作原则，其中就包括市场运作原则，即充分认识市场作用和企业主体地位，确保政府发挥适当作用，政府采购程序应开放、透明、非歧视。可见，"一带一路"建设的核心主体与支撑力量并不是政府，而是企业，根本方法是遵循市场规律，并通过市场化运作模式来实现参与各方的利益诉求，政府在其中发挥构建平台、创立机制、政策引导等指向性、服务性功能。

"一带一路"倡议是与现有相关机制对接互补的有益渠道。参与"一带一路"建设的国家要素禀赋各异，比较优势差异明显，互补性很强。有的国家能源资源富集但开发力度不够，有的国家劳动力充裕但就业岗位不足，有的国家市场空间广阔但产业基础薄弱，有的国家基础设施建设需求旺盛但资金紧缺。我国目前经济总量居全球第二，外汇储备居全球第一，优势产业越来越多，基础设施建设经验丰富，装备制造能力强、质量好、性价比高，具备资金、技术、人才、管理等综合优势。这就为我国与其他"一带一路"建设参与方实现产业对接与优势互补提供了现实可能与重大机遇。因而，"一带一路"倡议的核心内容就是要加强基础设施建设和促进互联互通，对接各国政策和发展战略，以便深化务实合作，促进协调联动发展，实现共同繁荣。由此可见，"一带一路"倡议不是对现有地区合作机制的替代，而是与现有机制互为助力、相互补充。实际上，"一带一路"建设已经与俄罗斯主导的欧亚经济联盟、印尼全球海洋支点发展规划、哈萨克斯坦光明之路经济发展战略、蒙古国草原之路倡议、欧盟欧洲投资计划、埃及苏伊士运河走廊开发计划等实现了对接与合作，并形成了一批标志性项目，如中哈（连云港）物流合作基地。作为新亚欧大陆桥经济走廊建设成果之一，中哈（连云港）物流合作基地初步实现了深水大港、远洋干线、中欧班列、物流场站的无缝对接。该项目与哈萨克斯坦光明之路经济发展战略高度契合。

"一带一路"倡议是促进人文交流的沟通桥梁。"一带一路"倡议跨越不同区域、不同文化、不同宗教信仰，但它带来的不是文明冲突，而是各文明间的交流互鉴。"一带一路"倡议在推进基础设施建设、加强产能合作与发展战略对接的同时，也将"民心相通"作为工作重心之一。民心相通是"一带一路"建设的社会根基。民心相通就是要传承和弘扬丝绸之路友好合作精神，广泛进行文化交流、学术交流、人才交流往来、媒体合作、青年和妇女交往、志愿者服务等，为深化双边和多边合作奠定坚实的民意基础。一是扩大相互间留学生规模，开展合作办学；国家间互办文化年、艺术节、电影节、电视周和图书展等活动，深化国家间人才交流合作。二是加强旅游合作，扩大旅游规模，联合打造具有丝绸之路特色的国际精品旅游线路和旅游产品。三是强化与周边国家在传染病疫情信息沟通、防治技术交流、专业人才培养等方面的合作，提高合作处理突发公共卫生事件的能力。四是加强科技合作，共建联合实验室（研究中心）、国际技术转移中心、海上合作中心，促进科技人员交流，合作开展重大科技攻关，共同提升科技创新能力。五是整合现有资源，开拓和推进参与国家在青年就业、创业培训、职业技能开发、社会保障管理服务、公共行政管理等共同关心领域的务实合作。六是充分发挥政党、议会交往的桥梁作用，加强国家之间立法机构、主要党派和政治组织的友好往来，互结友好城市。七是加强各国民间组织的交流合作，重点面向基层民众，广泛开展教育、医疗、减贫开发、生物多样性和生态环保等主题的各类公益慈善活动，改善贫困地区生产生活条件；加强文化传媒领域的国际交流合作，积极利用网络平台，运用新媒体工具，塑造和谐友好的文化生态和舆论环境；通过强化民心相通，弘扬丝绸之路精神，开展智力丝绸之路、健康丝绸之路等建设，在科学、教育、文化、卫生、民间交往等领域广泛合作，使"一带一路"建设的民意基础更为坚实，社会根基更加牢固。"一带一路"建设就是要以文明交流超越文明隔阂，以文明互鉴超越文明冲突，以文明共存超越文明优越，为相关国家人民加强交流、增进理解搭起新的桥梁，为不同文化和文明加强对话、交流互鉴织就新的纽带，推动各国相互理解、相互尊重、相互信任。

"一带一路"是促进共同发展、实现共同繁荣的友谊之路。共建"一带一路"旨在促进各国发展战略的对接和耦合，有利于发掘区域市场的潜力，推动经济要素有序自由流动、资源高效配置和市场深度融合，促进投资和消费，创造需求和就业，增进各国人民的人文交流与文明互鉴，从而让各国人民相逢相知、互信互敬，共享和谐、安宁、富裕的生活。共建"一带一路"符合国际社会的根本利益,彰显了人类社会的共同理想和美好追求,是国际合作及全球治理新模式的积极探索,将为世界和平发展增添新的正能量。中国政府倡议秉持和平合作、开放包容、互学互鉴、互利共赢的理念,全方位推进务实合作,打造政治互信、经济融合、文化包容的利益共同体、命运共同体和责任共同体。

"一带一路"倡议已经得到世界上众多国家和地区的积极响应,成为维护全球自由贸易体系和开放型世界经济的重要支撑。截至 2021 年 1 月 30 日,中国已经同 171 个国家和国际组织签署 205 份共建"一带一路"合作文件。[1] 特别是 2017 年 5 月第一届"一带一路"国际合作高峰论坛、2019 年 4 月第二届"一带一路"国际合作高峰论坛和 2019 年 5 月亚洲文明对话大会的成功举办,充分彰显了我国开放、包容的大国外交风范。在此背景下,我们一方面应致力于向世界介绍中国,推动中国文化"走出去",讲好中国故事;另一方面也应加强对"一带一路"国家的历史、文化、语言、教育、艺术等方面的介绍和研究,让中国人民更多地了解"一带一路"国家的具体国情,特别是文化传统和教育体系。

"一带一路"倡议合作范围不断扩大,合作领域愈加广阔。它不仅给参与各方带来了实实在在的合作红利,也为世界贡献了应对挑战、创造机遇、强化信心的智慧与力量。

当今世界,新冠肺炎疫情带来诸多挑战,局部战争风险依然存在,经济增长动能不足,"逆全球化"思潮涌动,地区动荡持续,恐怖主义蔓延。和平赤字、发展赤字、治理赤字带来的严峻问题,已摆在全人类面前。这充分说明现有的全球治理体系面临结构性问题,亟须找到新的破解之策与应对方略。作为一个新兴大国,中国有能力、有意愿同时也有责任为完善全球治理体系贡献智慧与力量。面对新挑战、新问题、新情况,中国给出

---

[1] 中国一带一路网. 我国已签署共建"一带一路"合作文件 205 份 [EB/OL].（2021-01-30）[2021-02-23]. https://www.yidaiyilu.gov.cn/xwzx/gnxw/163241.htm.

的全球治理方案是：构建人类命运共同体，实现共赢共享。"一带一路"倡议正是朝着这个目标努力的具体实践。"一带一路"倡议强调各国的平等参与、包容普惠，主张携手应对世界经济面临的挑战，开创发展新机遇，谋求发展新动力，拓展发展新空间，共同朝着人类命运共同体方向迈进。正是本着这样的原则与理念，"一带一路"倡议针对各国发展的现实问题和治理体系的短板，创立了亚洲基础设施投资银行、丝路基金等新型国际机制，构建了多形式、多渠道的交流合作平台。这既能缓解当今全球治理机制代表性、有效性、及时性难以适应现实需求的困境，在一定程度上扭转公共产品供应不足的局面，提振国际社会参与全球治理的士气与信心，又能满足发展中国家尤其是新兴市场国家变革全球治理机制的现实要求，大大增强了新兴国家和发展中国家的话语权，是推进全球治理体系朝着更加公正合理方向发展的重大突破。

"一带一路"倡议涵盖了发展中国家与发达国家，实现了"南南合作"与"南北合作"的统一，有助于推动全球均衡可持续发展。"一带一路"建设以基础设施建设为着眼点，促进经济要素有序自由流动，推动中国与相关国家的宏观政策的对接与协调。对于参与"一带一路"建设的发展中国家来说，这是一次搭中国经济发展"快车""便车"，实现自身工业化、现代化的历史性机遇，有利于推动"南南合作"的广泛展开，同时也有助于增进"南北对话"，促进"南北合作"的深度发展。不仅如此，"一带一路"倡议的理念和方向同联合国《2030 年可持续发展议程》也高度契合，完全能够加强对接，实现相互促进。联合国秘书长古特雷斯表示，"一带一路"倡议与《2030 年可持续发展议程》都以可持续发展为目标，都试图提供机会、全球公共产品和双赢合作，都致力于深化国家和区域间的联系。

二、深入推动"一带一路"国家的教育交流

2020 年 6 月印发的《教育部等八部门关于加快和扩大新时代教育对外开放的意见》指出，教育对外开放是教育现代化的鲜明特征和重要推动力，要以习近平新时代中国特色社会主义思想为指导，坚持教育对外开放不动摇，主动加强同世界各国的互鉴、互容、互通，形成更全方位、更宽领域、更多层次、更加主动的教育对外开放局面。

教育为国家富强、民族繁荣、人民幸福之本，在共建"一带一路"中具有基础性和先导性作用。教育交流为各国民心相通架设桥梁，人才培养为各国政策沟通、设施联通、贸易畅通、资金融通提供支撑。各国间教育交流源远流长，教育合作前景广阔，大家携手发展教育，合力共建"一带一路"，是造福各国人民的伟大事业。推进"一带一路"国家教育共同繁荣，既是加强与各国教育互利合作的需要，也是推进中国教育改革发展的需要，中国愿意在力所能及的范围内承担更多责任和义务，为区域教育大发展做出更大的贡献。

（一）教育合作的原则

"一带一路"国家教育合作应遵循四个重要原则。

一是育人为本，人文先行。加强合作育人，提高区域人口素质，为共建"一带一路"提供人才支撑。坚持人文交流先行，建立区域人文交流机制，搭建民心相通桥梁。

二是政府引导，民间主体。政府加强沟通协调，整合多种资源，引导教育融合发展。发挥学校、企业及其他社会力量的主体作用，活跃教育合作局面，丰富教育交流内涵。

三是共商共建，开放合作。坚持共商、共建、共享，推进各国教育发

展规划相互衔接，实现各国教育融通发展、互动发展。

四是和谐包容，互利共赢。加强不同文明之间的对话，寻求教育发展最佳契合点和教育合作最大公约数，促进各国在教育领域互利互惠。

（二）教育合作的重点

"一带一路"各国教育特色鲜明、资源丰富、互补性强、合作空间巨大。中国将以基础性、支撑性、引领性三方面举措为建议框架，开展三方面重点合作，对接各国意愿，互鉴先进教育经验，共享优质教育资源，全面推动各国教育提速发展。

1. 开展教育互联互通合作

一是加强教育政策沟通。开展"一带一路"国家教育法律、政策协同研究，构建各国教育政策信息交流通报机制，为各国政府推进教育政策互通提供决策建议，为各国学校和社会力量开展教育合作交流提供政策咨询。积极签署双边、多边和次区域教育合作框架协议，制定各国教育合作交流国际公约，逐步疏通教育合作交流政策性瓶颈，实现学分互认、学位互授联授，协力推进教育共同体建设。

二是助力教育合作渠道畅通。推进"一带一路"国家间签证便利化，扩大教育领域合作交流，形成往来频繁、合作众多、交流活跃、关系密切的携手发展局面。鼓励有合作基础、相同研究课题和发展目标的学校缔结姊妹关系，逐步深化和拓展教育合作交流。举办校长论坛，推进学校间开展多层次、多领域的务实合作。支持高等学校依托优势学科和专业，建立"产学研用"相结合的国际合作联合实验室（研究中心）、国际技术转移中心，共同应对各国在经济发展、资源利用、生态保护等方面面临的重大挑战与机遇。打造"一带一路"国家学术交流平台，吸引各国专家学者、青年学生开展研究和学术交流。推进"一带一路"国家优质教育资源共享。

三是促进语言互通。研究构建语言互通协调机制，共同开发语言互通开放课程，逐步将国家语言课程纳入各国的学校教育课程体系。拓展政府间语言学习交换项目，联合培养、相互培养高层次语言人才。发挥外国语院校人才培养优势，推进基础教育多语种师资队伍建设和外语教育教学工作。扩大语言学习国家公派留学人员规模，倡导各国与中国院校合作在华开办本国语言专业。支持更多社会力量助力孔子学院和孔子课堂建设，加强汉语教师和汉语教学志愿者队伍建设，全力满足不同国家的汉语学习需求。

四是推进民心相通。鼓励学者开展或合作开展中国课题研究，增进各国对中国发展模式、国家政策、教育文化等各方面的理解。建设国别和区域研究基地，与对象国合作开展经济、政治、教育、文化等领域研究。逐步将理解教育课程、丝路文化遗产保护纳入各国中小学教育课程体系，加强青少年对不同国家文化的理解。加强"丝绸之路"青少年交流，注重通过志愿服务、文化体验、体育竞赛、创新创业活动和新媒体社交等途径，增进不同国家青少年对其他国家文化的理解。

五是推动学历学位认证标准联通。推动落实联合国教科文组织《亚太地区承认高等教育资历公约》，支持联合国教科文组织建立世界范围学历互认机制，实现区域内双边、多边学历学位关联互认。呼吁各国完善教育质量保障体系和认证机制，加快推进本国教育资历框架开发，助力各国学习者在不同种类和不同阶段教育之间进行转换，促进终身学习社会的建设。共商、共建区域性职业教育资历框架，逐步实现就业市场的从业标准一体化。探索建立各国教师专业发展标准，促进教师流动。

2．开展人才培养培训合作

一是实施"丝绸之路"留学推进计划。设立"丝绸之路"中国政府奖学金，为各国专项培养行业领军人才和优秀技能人才。全面提升来华留学人才培养质量，把中国打造成为深受各国学子欢迎的留学目的地。以国家公派留学为引领，推动更多中国学生到"一带一路"其他国家留学。坚持"出国留学和来华留学并重、公费留学和自费留学并重、扩大规模和提高质量并重、依法管理和完善服务并重、人才培养和发挥作用并重"，完善全链条的留学人员管理服务体系，保障平安留学、健康留学、成功留学。

二是实施"丝绸之路"合作办学推进计划。有条件的中国高等学校开展境外办学要集中优势学科，选好合作契合点，做好前期论证工作，构建科学的人才培养模式、运行管理模式、服务当地模式、公共关系模式，使学校顺利落地生根、开花结果。发挥政府引领、行业主导作用，促进高等学校、职业院校与行业企业深度产教融合。鼓励中国优质职业教育配合高铁、电信运营等行业企业"走出去"，探索开展多种形式的境外合作办学，合作设立职业院校、培训中心，合作开发教学资源和项目，开展多层次职业教育和培训，培养当地急需的各类"一带一路"建设者。整合资源，积极推进与各国在青年就业培训等共同关心领域的务实合作。倡议国家之间开展高水平合作办学。

三是实施"丝绸之路"师资培训推进计划。开展"丝绸之路"教师培训，加强先进教育经验交流，提升区域教育质量。加强"丝绸之路"教师交流，推动各国校长交流访问、教师及管理人员交流研修，推进优质教育模式在各国的互学互鉴。大力推进各国优质教学仪器设备、教材课件和整体教学解决方案的输出，跟进教师培训工作，促进各国教育资源和教学水平均衡发展。

四是实施"丝绸之路"人才联合培养推进计划。推进国家间的研修访学活动。鼓励各国高等院校在语言、交通运输、建筑、医学、能源、环境工程、水利工程、生物科学、海洋科学、生态保护、文化遗产保护等国家发展急需的专业领域联合培养学生，推动联盟内或校际教育资源共享。

3．共建丝路合作机制

一是加强"丝绸之路"人文交流高层磋商。开展国家间的双边、多边人文交流高层磋商，商定"一带一路"教育合作交流总体布局，协调推动各国建立教育双边和多边合作机制、教育质量保障协作机制和跨境教育市场监管协作机制，统筹推进"一带一路"教育共同行动。

二是充分发挥国际合作平台作用。发挥上海合作组织、东亚峰会、亚太经合组织、亚欧会议、亚洲相互协作与信任措施会议、中阿合作论坛、东南亚教育部长组织、中非合作论坛、中巴经济走廊、孟中印缅经济走廊、中蒙俄经济走廊等现有双边、多边合作机制的作用，增加教育合作的新内涵。借助联合国教科文组织等国际组织力量，推动各国围绕实现世界教育发展目标形成协作机制。充分利用中国–东盟教育交流周、中日韩大学交流合作促进委员会、中阿大学校长论坛、中非高校20+20合作计划、中日大学校长论坛、中韩大学校长论坛、中俄综合性大学联盟等已有平台，开展务实的教育合作交流。支持在共同区域、有合作基础、具备相同专业背景的学校组建联盟，不断延展教育务实合作平台。

三是实施"丝绸之路"教育援助计划。发挥教育援助在"一带一路"教育共同行动中的重要作用，逐步加大教育援助力度，重点投资于人、援助于人、惠及于人。发挥教育援助在"南南合作"中的重要作用，加大对相关国家尤其是最不发达国家的支持力度。统筹利用国家、教育系统和民间资源，为相关国家培养培训教师、学者和各类技能人才。积极开展优质教学仪器设备、整体教学方案、配套师资培训一体化援助。加强中国教育培训中心和教育援外基地建设。倡议各国建立政府引导、社会参与的多元化经费筹措机制，通过国家资助、社会融资、民间捐赠等渠道，拓宽教育经费来源，做大教育援助格局，实现教育共同发展。

三、精心组织"一带一路"国家文化教育大系的编著出版

在编写"一带一路"国家文化教育大系过程中，应当全面了解国内外对"一带一路"倡议的响应情况，关注进展，总结做法；应当在新冠肺炎疫情得到控制后到对象国去走一走，看一看，实地感受其教育情况和发展变化；应当广泛收集对象国一手资料，认真阅读，消化分析，吐故纳新；应当多方检索专家学者已经开展的相关研究，虚心参阅已有的研究成果。肆虐全球的新冠肺炎疫情，给人类身体健康和生命安全带来了巨大威胁，对世界格局和世界治理体系产生了重大影响，给全球各行各业带来了巨大挑战。教育置身其间，影响十分明显。因而，对"一带一路"国家文化教育进行研究时，必须观察分析疫情对相关国家文化教育和全球教育治理的深刻影响。

"一带一路"倡议提出后，中外已形成多个"一带一路"多边大学联盟。2015 年 5 月 22 日，由西安交通大学发起的新丝绸之路大学联盟成立，迄今已吸引 38 个国家和地区的 150 余所大学加盟。该联盟是海内外大学结成的非政府、非营利性的开放性、国际化高等教育合作平台，以"共建教育合作平台，推进区域开放发展"为主题，推动"新丝绸之路经济带"国家和地区大学之间在校际交流、人才培养、科研合作、文化沟通、政策研究、医疗服务等方面的交流与合作，增进青少年之间的了解和友谊，培养具有国际视野的高素质、复合型人才，服务"新丝绸之路经济带"及欧亚地区的发展建设。

2015 年 10 月 17 日，丝绸之路（敦煌）国际文化博览会筹委会文化传承创新高端学术研讨会在敦煌举行。中国的复旦大学、北京师范大学、兰州大

学和俄罗斯乌拉尔国立经济大学、韩国釜庆大学等 46 所中外高校在甘肃敦煌成立了"一带一路"高校战略联盟，以探索跨国培养与跨境流动的人才培养新机制，培养具有国际视野的高素质人才。46 所高校当日达成《敦煌共识》，联合建设"一带一路"高校国际联盟智库。联盟将共同打造"一带一路"高等教育共同体，推动"一带一路"国家和地区大学之间在教育、科技、文化等领域的全面交流与合作，服务"一带一路"国家和地区的经济社会发展。

2016 年 9 月，中国、中亚及丝绸之路经济带沿线 7 个国家的 51 所高校共同发起成立了中国–中亚国家大学联盟，旨在打造开放性、国际化互动平台，深化"一带一路"科教合作。

此外，高等教育合作研讨会也日渐增多，既有官方推动形成的研讨会，也有民间自发举办的研讨会。比如，中外大学校长论坛、新加坡–中国–印度高等教育论坛、"一带一路"教育对话论坛，以及北京师范大学举办的"一带一路"国家教育交流与合作高端研讨会，北京外国语大学举办的"一带一路"与行业国际化人才培养高峰论坛，北京理工大学主办的"一带一路"高等教育研究国际会议，浙江大学举办的"一带一路"背景下的工程科技人才培养国际研讨会等。这些多边研讨会的召开，不仅吸引了大量"一带一路"沿线国家的教育研究者与实践者参会，推动了研究与实践合作，而且创新了教育合作模式，促进了国际化高端人才培养，为"一带一路"建设奠定了民意基础。

"一带一路"倡议提出之后，中国学术界迅速开展了关于"一带一路"的研究活动，有关"一带一路"主题的图书主要有以下五类。第一类是倡议解读类图书，一般是梳理"一带一路"倡议的提出、发展及其理论内涵与外延。第二类是经济贸易类图书，专业性较强，主要为理论研究型图书。第三类是国情文史类图书，多为介绍"一带一路"国家国情概览、历史情况、发展概况的工具书，语言平实，部分图书学术性较强。第四类是丝路历史类图书，一般回顾古代丝绸之路的形成与发展、丝绸之路上的人物和大事记等，追古溯源，以便更好地开启"一带一路"新篇章。第五类是法律税收类图书，多为法律指引、税务规范手册等。

可以看出，国内对"一带一路"国家的研究已有一定基础，但是囿于语言翻译的障碍，已经出版的"一带一路"图书，大多是政策解读、数据报告、概况介绍等，对对象国的研究广度和深度还很不够，尤其是针对"一带一路"国家文化教育的系统研究还比较少。

在"一带一路"国家中，遴选具有代表性的对象，对其文化、教育进行系统性的研究，并在此基础上编写"一带一路"国家文化教育大系，分期分批出版，对于帮助中国普通读者和研究人员了解"一带一路"国家的文化教育情况，以及对于拓展我国比较教育研究领域、丰富比较教育研究文献，乃至对于促进中外文明互通、更好地参与推进"一带一路"建设，都具有重要意义。基于对选题背景与意义、相关出版产品调研和北京外国语大学比较优势的分析，"一带一路"国家文化教育大系坚持学术性、可读性兼顾原则，分批次推出，不断积累，以形成规模和品牌。

大系在内容上，一方面呈现"一带一路"国家的文化概貌，展示"一带一路"国家教育发展的文化背景和社会依托。大系采用专题形式，力求用简洁平实的语言生动活泼地介绍"一带一路"国家的自然地理、人文景观、历史发展、风土人情、文化遗产等内容，重点呈现对象国独有的文化现象和独特风貌，集中揭示其民族文化内涵、民族精神、人文意蕴。另一方面，大系重点研究、评价、介绍"一带一路"国家教育的基本情况、发展历史、发展战略、政策法规、现存体系、治理模式与师资队伍等，这方面内容占较大篇幅，是全书的重点和主要内容。

"一带一路"倡议正在成为我国参与全球开放合作、改善全球治理体系、促进全球共同发展繁荣、推动构建人类命运共同体的中国方案。作为国家社会科学基金（教育学）重大项目"新时代提升中国参与全球教育治理的能力及策略研究"的部分研究成果和北京外国语大学"双一流"建设重大标志性成果，"一带一路"国家文化教育大系计划在 2021 年中国共产党建党 100 周年和北京外国语大学建校 80 周年之际，推出首批图书。2023 年"一带一路"倡议提出 10 周年时，推出该项目二期成果。同时积极参与党和国家相关主题纪念活动，以及国家重大图书项目的申报评选工作。

北京外国语大学以外语见长，国际交往活跃，被誉为"共和国外交官的摇篮"，先后培养了 400 多位大使、2 000 多位参赞，以及更多的外交外事外贸工作者。凡是有五星红旗飘扬的地方，都能看到北外人的身影。北外不仅承担着培养各类国际化人才的任务，更担负着向中国介绍世界、向世界介绍中国的历史使命。迄今为止，北外已获批开设 101 种外国语言，成立了 37 个区域与国别研究中心，丰富的涉外资源正在助力"一带一路"国家的研究。

大系由外研社具体组织实施。外研社隶属北外，多年来致力于"一带一路"国家的合作交流，服务讲好"中国故事"，在中华思想文化传播、打造中外出版联盟、推动中外学术互译等方面积累了丰富经验，对于协助研究、编著、出版"一带一路"国家文化教育大系具有良好的工作基础。这也是北外及外研社的使命和担当之所在。

大系编著者以北外教师为主。服务国家重大战略，北外人责无旁贷。同时，国内有研究专长和研究意愿的专家学者也踊跃参与，他们或独自撰著一书，或与北外同仁合作。大系还邀请了驻外使领馆的同志和对象国的学者参加撰写或审稿，他们运用一手资料，开展实地调研，力图提升大系的准确性。

四、结语

"一带一路"倡议植根历史，更面向未来；源于中国，更属于世界。"一带一路"作为文明互鉴的桥梁，从亚欧大陆延伸到非洲、美洲、大洋洲，与世界各国发展战略及众多国际和地区组织的发展实现对接联通，在通路、通航的基础上更好地通商，进而开展文化教育交流与沟通，加强商品、资金、技术、文化、教育流通，达成互学互鉴的文明愿景。"一带一路"倡议的目标是中国与"一带一路"国家在互联互通基础上分享优质产能，共商项目投资，共建基础设施，共享合作成果，内容包括政策沟通、设施联通、贸易畅通、资金融通、民心相通"五通"。"一带一路"倡议肩负重大使命，它要探寻经济增长之道，将中国自身的产能优势、技术与资金优势、经验与模式优势转化为市场与合作优势，实行全方位开放，共享中国改革发展红利；它要实现全球化再平衡，鼓励向西开放，带动西部开发以及中亚、蒙古等内陆国家和地区的开发，在国际社会推行全球化的包容性发展理念，主动向西推广中国优质产能和比较优势产业，惠及沿途、沿岸国家，避免西方国家所开创的全球化造成的贫富差距和地区发展不平衡情况，推动建立持久和平、普遍安全、共同繁荣的和谐世界；它要开创地区新型合作，强调共商、共建、共享原则，超越了马歇尔计划和传统的对外援助活动，给21世纪的国际合作带来了新的理念。所以，新时代中国的教育学者应当将"一带一路"国家文化教育研究作为比较教育新的增长点，全面深入开展研究，以自己的聪明才智丰富学术，为国出力，服务国家重大发展战略；在加强与"一带一路"国家的交流合作中，推动"一带一路"建设高质量发展，努力建设高质量的中国教育体系，并积极参与全球教育治理体系改革，加快构建以国内大循环为主体、国际国内双循环相互促进的新发展格局。

2021 年春
于北京外国语大学

（王定华，北京外国语大学党委书记、博士、教授、博士生导师，国家督学。历任河南大学教师、中国驻纽约总领事馆教育领事、教育部基础教育一司司长、教育部教师工作司司长等。）

本书前言

尼泊尔的文化历史源远流长，并在独特的地理位置和自然条件下形成了丰富多彩、特色鲜明的文化传统。尼泊尔的传统教育在文化土壤的孕育下也形成了自己的特点。尼泊尔传统学校教育以讲授印度教和佛教知识为主，教育对象主要是统治阶层、商人阶层等上层人士的子女。1954年，尼泊尔国家教育规划委员会组建，现代教育开始起步。随着政治制度改革和经济社会的不断发展，尼泊尔的现代教育也得以不断发展。

中国和尼泊尔是世代睦邻友好之邦，文化教育交流历史悠久。自"一带一路"倡议提出以来，两国之间的信任与合作不断加强。2019年10月，中国国家主席习近平对尼泊尔进行国事访问，两国领导人宣布将中尼关系提升为"面向发展与繁荣的世代友好的战略合作伙伴关系"，[1]两国文化教育领域的交流合作进入了一个新的历史时期。

本书希望通过对尼泊尔的文化教育进行全面介绍和探究，进一步促进两国的民心相通和信任交往。本书包括十一章正文、结语和参考文献，首先对尼泊尔的自然地理条件、国家制度和文化发展变迁进行介绍和梳理；其次对尼泊尔的教育发展，尤其是现代教育的发展现状、成就、问题、挑战与对策进行较为全面、深入的研究，内容涉及学前教育、基础教育、高等教育、职业教育、成人教育、教师教育、教育行政、教育政策规划和中

---

[1] 人民日报. 中尼宣布建立面向发展与繁荣的世代友好的战略合作伙伴关系 [EB/OL].（2019-10-13）[2021-02-18]. https://baijiahao.baidu.com/s?id=1647244535235125162&wfr=spider&for=pc.

尼教育交流等方面；最后对全书的内容进行总结，并对中国和尼泊尔两国未来的文化教育交流合作前景予以展望。

本书在写作过程中遇到的最大困难就是资料和文献的不足。除了参考国内文献资料外，本书很大一部分资料来源于尼泊尔教育、科学与技术部（以下简称教育部）[1] 官网、尼泊尔国家计划委员会中央统计局（以下简称尼泊尔中央统计局）官网、联合国相关机构官网，以及在尼友人提供的尼泊尔专家学者的研究成果。

本书的撰写和出版要感谢北京外国语大学党委书记、"一带一路"国家文化教育大系总主编王定华教授和大系编写委员会、大系编审委员会提供的专业支持、指导和信任；感谢北京外国语大学校长杨丹教授的帮助和鼓励，杨丹教授在援藏期间担任西藏大学副校长，组建了西藏大学第一个国别和区域研究团队——西藏大学尼泊尔研究团队，这才有了后续的相关研究和平台建设；感谢西藏大学的支持和关心，正是在西藏大学的支持下，尼泊尔研究团队才能高效建设西藏大学第一个国别和区域研究中心；感谢外语教学与研究出版社的充分信任和对书稿编写、修改、出版的大力支持；感谢编辑巢小倩和姚希瑞的专业指导和默默付出。

本书能够顺利完成和出版，需要感谢的人还有很多。感谢西藏大学经济与管理学院的黄菊英教授、马俊丽老师和旅游与外语学院的索朗旺姆副教授、许伟超副教授、卓玛副教授在资料收集、分析和部分章节撰写工作中的辛勤付出；感谢我的研究生李盼雪、旦增德色、李丹妍、余文超、甄鑫悦对书稿资料的整理、翻译和校对；感谢本书所有参考文献的作者，以及在本书写作和出版过程中给予支持和帮助的所有人。

在这里要特别感谢尼泊尔特里布文大学人文社会科学院国际关系与外交系的卡德加（Khadga Kc）教授和系主任普雷姆（Prem Khanal），以及青

---

[1] 尼泊尔教育、科学与技术部在不同历史时期先后有过教育部、教育和体育部、教育和文化部等各种称呼，为了行文方便，下文统称教育部。

年学者冯源（Yangee Fenng）、拉克什曼·阿利·马嘉（Laxman Ale Magar）和米兰·普德尔（Milan Poudel）。书稿撰写期间正值新冠肺炎疫情蔓延，在相关资料十分有限的情况下，是他们克服了诸多困难，为本书的顺利完成提供了很多研究文献资料和丰富的图片。还要特别感谢我的尼泊尔朋友罗森（Roshan），他也克服重重困难，为本书提供了许多精彩的图片。

　　文化教育研究是国别和区域研究的一个重要领域，涉及内容众多，虽然本人在研究和撰写过程中全力以赴，但仍难免有不足和疏漏之处，敬请广大读者不吝赐教，多多指正。

久毛措
2022 年 3 月于西藏大学尼泊尔研究中心

目　录

第一章 国情概览

第一节 自然地理

一、地理位置

尼泊尔，全称尼泊尔联邦民主共和国，位于南亚次大陆北部、喜马拉雅山脉中段南麓，地处北纬 26.22°—30.27°、东经 80.4°—88.12°，北邻中国，东、西、南三面均与印度接壤。尼泊尔是一个风景优美的内陆国家，被誉为"东方的瑞士"，国土总面积约 14.7 万平方千米，约等于荷兰、比利时、丹麦和瑞士四个国家国土面积的总和。[1]

二、地形地貌

尼泊尔地形呈长方形，东西长约 885 千米，南北平均宽度约 190 千米，最宽处约 241 千米，最窄处约 145 千米。[2] 尼泊尔地势北高南低，从北部海

---

[1] 王宏纬. 尼泊尔 [M]. 新版. 北京：社会科学文献出版社，2015：1.

[2] 王宏纬. 尼泊尔 [M]. 新版. 北京：社会科学文献出版社，2015：1-2.

拔 8 000 多米的高山地带，到中部的高山丘陵地带，再到南部海拔 200 多米的平原，在 200 多千米的距离内，地势依次急剧下降，高差变化之大为世界之最。尼泊尔东、西、北三面多高山，中部河谷区多小山，南部是冲积平原，分布着森林和草原。尼泊尔四分之三的国土是山地和丘陵，四分之一是平原，海拔 1 000 米以上的土地面积占总面积的近一半，海拔 7 600 米以上的山峰多达 50 多座，素有"高山王国"之称。

三、气候与资源

尼泊尔的气候主要受其地势和来自印度洋的季风影响。尼泊尔虽地处亚热带，但由于地形复杂，全国分为北部高山、中部温带和南部亚热带三个气候区。北部冬季最低气温达 –41℃，南部夏季最高气温达 45℃。[1] 北部高山气候区主要包括喜马拉雅高山区，这里海拔 5 200 米的雪线以上是一片冰雪世界，气温气压极低，空气稀薄，即使在夏季，平均气温也不超过 0℃。中部温带气候区气候宜人，主要包括海拔 1 500—3 500 米的山地河谷区；冬季平均气温不到 0℃，白天气温一般在 10℃左右，五月最热的季节平均气温在 20℃以上。该地区春、秋、冬三季昼夜温差大，大部分地区冬季夜间被寒霜覆盖，白天太阳出来后寒霜很快被融化。南部亚热带气候区常年炎热，主要包括楚里亚丘陵的南坡和特莱平原区。特莱平原区冬暖夏热，冬季平均气温在 15℃左右，夏季平均气温在 30℃以上。特莱平原的东部与西部气温也有差别，东特莱温差小，西特莱温差大。每年的 4—9 月是尼泊尔的雨季，闷热潮湿，最潮湿的 7 月平均降雨量为 373 毫米。每年的 10 月

[1] 中华人民共和国外交部. 尼泊尔国家概况 [EB/OL]. （2021-02）[2021-03-28]. https://www.fmprc.gov.cn/web/gjhdq_676201/gj_676203/yz_676205/1206_676812/1206x0_676814/.

至次年的 3 月是旱季，在最干旱的 12 月，平均降雨量只有 3 毫米。[1]

尼泊尔动植物资源丰富，境内共有 6 500 多种植物，1 000 多种野生动物和鸟类。尼泊尔有铜、铁、铝、锌、磷、钴、石英、硫黄、褐煤、云母、大理石、石灰石、菱镁矿等矿产资源，但只得到少量开采。尼泊尔水力资源丰富，水电蕴藏量为 8 300 万千瓦，约占世界水电蕴藏量的 2.3%，其中经济和技术上开发可行的装机容量约为 4 200 万千瓦。[2]

四、自然遗产

尼泊尔的自然景色十分优美，北部高山林立，世界上海拔 8 000 米以上的 10 座著名高峰有 8 座坐落在尼泊尔境内或其边境上，如位于中尼边境线上的世界第一高峰珠穆朗玛峰（尼方称萨加玛塔峰）。尼泊尔设立了许多野生动物保护区，如舒克拉潘塔野生动物保护区、柯西-塔普野生动物保护区、希瓦布里流域野生动物保护区等。近年来，尼泊尔政府非常注重对自然遗产的保护，将其中一些保护区建成了国家公园，其中一些交通便利的公园如皇家奇特旺国家公园，还发展成为著名的旅游胜地。[3] 尼泊尔著名的国家公园还有萨加玛塔国家公园、马卡鲁勃润国家公园、朗当国家公园、巴尔迪亚国家公园、谢波克松多国家公园等。

---

[1] 王宏纬. 尼泊尔 [M]. 新版. 北京：社会科学文献出版社，2015：8-9.

[2] 中华人民共和国外交部. 尼泊尔国家概况 [EB/OL].（2021-02）[2021-03-28]. https://www.fmprc.gov.cn/web/gjhdq_676201/gj_676203/yz_676205/1206_676812/1206x0_676814/.

[3] 王宏纬. 尼泊尔 [M]. 新版. 北京：社会科学文献出版社，2015：58.

第二节 国家制度

一、国家标志

（一）国旗

尼泊尔的国旗由上小下大、上下相叠的两个三角形组成，旗面为深红色，旗边为深蓝色。深红色是国花红杜鹃的颜色，深蓝色代表和平。上面的三角形中间是白色弯月，散发出八道光芒；下面的三角形中间是太阳，散发出 12 道光芒。国旗上的太阳和月亮寄托了尼泊尔人民祈盼国家像日月一样长存的美好愿望。[1]

（二）国徽

尼泊尔国徽的中部是世界第一高峰珠穆朗玛峰（尼方称萨加玛塔峰），峰顶上部是尼泊尔国旗，山脚是丘陵和平原。浮在地貌底图之上的是白色尼泊尔地图和女性与男性握手的图案。国徽外端左右两边环绕着尼泊尔国花杜鹃花花束，花束下方有稻穗图案。底部基座是弧形的红绶带，上面刻着梵文"祖国胜于天堂"。[2]

（三）国歌

《唯一百花盛开的国度》[3] 是尼泊尔的国歌，于 2007 年 4 月 20 日正式启

---

[1] 张淑兰，刘洋，阿荣旗. 尼泊尔 [M]. 大连：大连海事大学出版社，2018：27.

[2] 张淑兰，刘洋，阿荣旗. 尼泊尔 [M]. 大连：大连海事大学出版社，2018：27-28.

[3] 又名《唯一百花齐放的国度》。

用，词作者为普拉迪普·库马尔·拉伊，曲作者为安伯·古隆。歌词大意
如下：

> 我们尼泊尔人就像
> 百万花朵编织的花环。
> 从梅奇河到马哈卡礼河
> 统属于我们的疆域。
> 富饶多样的自然资源
> 是我们的天然财富；
> 勇士们用他们的鲜血
> 铸成了不可剥夺的自由。
> 这里充满智慧与祥和，
> 从平原、山区直到雪山，
> 这样一个整体构成了
> 我们亲爱的祖国尼泊尔。
> 多样的民族语言和宗教
> 体现着深厚广阔的文化。
> 我们前进中的国家尼泊尔
> 从胜利不断走向胜利。[1]

二、政体与政党

自 18 世纪末以来，尼泊尔大部分时间都实行君主制。1996 年，人民

---

[1] 王宏纬. 尼泊尔 [M]. 新版. 北京：社会科学文献出版社，2015：20-21.

战争爆发，目的在于推翻君主制。2006 年 5 月，尼泊尔王国改称尼泊尔。2008 年 5 月，尼泊尔制宪会议宣布成立尼泊尔联邦民主共和国，建立共和制，长达 200 多年的王权政治自此被废除。2008 年 8 月，制宪会议选举普拉昌达为尼泊尔邦联民主共和国首任总理，拉姆·巴兰·亚达夫为首任总统，苏巴斯·内姆旺为制宪会议主席。此后，马达夫·库马尔·尼帕尔、贾拉·纳特·卡纳尔、巴布拉姆·巴特拉伊、基尔·拉杰·雷格米、苏希尔·柯伊拉腊先后当选总理。[1]

2013 年 11 月，尼泊尔第二届制宪会议召开。2015 年 9 月，尼泊尔颁布新宪法，规定：尼泊尔是一个以社会主义为发展方向的联邦民主共和国；总统为礼仪性国家元首和军队统帅，总理由议会多数党领袖担任；联邦议会实行两院制，两院由联邦院和众议院组成。2016 年 1 月，尼泊尔议会通过宪法第一修正案，将选举划分等条款的基本原则由比例包容制变为人口比例第一、兼顾包容的原则。尼泊尔新宪法规定，作为尼泊尔的司法机构，尼泊尔法院分为三级：最高法院、高级法院和地方法院。[2]

尼泊尔党派众多，有 70 多个党派，近年来的三大主要党派包括尼泊尔大会党、尼泊尔共产党（联合马列）和尼泊尔共产党（毛主义中心）。尼泊尔大会党于 1947 年 1 月成立，主张巩固多党民主，建立民族团结并保持相互信任与合作，坚持不结盟。尼泊尔共产党（联合马列）和尼泊尔共产党（毛主义中心）曾于 2018 年 5 月合并成尼泊尔共产党。2021 年 3 月，最高法院判决尼泊尔共产党无效，两党重回合并前状态。尼泊尔共产党（联合马列）主张多党民主，建立法制的、自由的、开放的国家。尼泊尔共产党（毛主义中心）的指导思想是马克思列宁主义和以社会主义为导向的人民多党民主。

[1] 中华人民共和国外交部. 尼泊尔国家概况 [EB/OL].（2021-02）[2021-03-28]. https://www.fmprc.gov.cn/web/gjhdq_676201/gj_676203/yz_676205/1206_676812/1206x0_676814/.

[2] 中华人民共和国外交部. 尼泊尔国家概况 [EB/OL].（2021-02）[2021-03-28]. https://www.fmprc.gov.cn/web/gjhdq_676201/gj_676203/yz_676205/1206_676812/1206x0_676814/.

三、行政区划和主要城市

在 2015 年新宪法颁布以前，尼泊尔被划分为 5 个发展区：东部发展区、中部发展区、西部发展区、中西发展区和远西发展区。5 个发展区下设 14 个专区，下辖 75 个县、36 个镇、3 995 个村。[1] 尼泊尔发展区和专区的基本情况与经济特色详见表 1.1。

表 1.1 尼泊尔发展区和专区的基本情况与经济特色 [2]

发展区	专区	专区特征		
		面积（平方千米）	人口（万）	经济特色
东部	梅奇专区	8 196	142.2	农业为主
	柯西专区	9 669	233.5	工商业为主
	萨加玛塔专区	10 591	205.4	电力、灌溉业和养鱼业为主
中部	贾纳克布尔专区	9 669	283.7	卷烟工业、地毯编织业为主
	巴格马蒂专区	9 428	384.4	工商业最发达
	纳拉尼亚专区	8 313	297.6	工商业较发达
西部	甘达基专区	12 275	155	多山地，以农业、畜牧业为主，工业较落后
	蓝毗尼专区	8 975	300	地形平坦，交通方便，小型工业发展较好
	道拉吉里专区	8 148	54.2	大部分位于高山区，物产匮乏，经济落后，粮食不能自给

---

[1] 张淑兰，刘洋，阿荣旗. 尼泊尔 [M]. 大连：大连海事大学出版社，2018：12.

[2] 王宏纬. 尼泊尔 [M]. 新版. 北京：社会科学文献出版社，2015：10-18.

续表

发展区	专区	专区特征		
		面积（平方千米）	人口（万）	经济特色
中西	拉普提专区	10 482	145.6	高山牧业和小型工业为主
	贝里专区	10 545	170.2	工业和家庭手工业为主，向印度进出口商品，矿产资源丰富
	卡尔纳利专区	21 351	38.9	大部分位于高山区，边民互市，高山畜牧业为主
远西	塞提专区	12 550	157.5	平原农业、山区畜牧业和小型工业为主
	马哈卡里专区	6 989	97.8	山区矿业为主，平原农业为辅，向印度出口稻米

　　2015年新宪法确定尼泊尔为联邦民主共和国，并对行政区划做出调整：撤销原5个发展区和14个专区，每2个专区合并为1个省，全国划分为7个联邦省，77个县区，但没有确定各省省会。第三省至第七省分别被命名为巴格马蒂省、甘达基省、蓝毗尼省、卡尔纳利省和远西省，第一省、第二省未命名。第一省有14个县区，第二省有8个县区，巴格马蒂省有13个县区，甘达基省有11个县区，蓝毗尼省有12个县区，卡尔纳利省有10个县区，远西省有9个县区。各省县区划分详情见表1.2。

表1.2 尼泊尔各省县区划分情况 [1]

省份	所辖范围	县区数	县区名称 [2]
第一省	原东部发展区的大部分区域	14	塔普勒琼、潘切塔、伊拉姆、贾帕、莫让、孙萨里、丹库塔、德拉通、桑库瓦萨巴、博杰布尔、索鲁孔布、奥卡登加、科塘、乌达亚布
第二省	原东部、中部发展区平原各县区域	8	萨普塔里、希里巴、达努萨、马奥塔里、萨拉希、劳塔哈特、巴拉、帕萨
巴格马蒂省	原中部发展区的大部分区域	13	辛图利、拉梅恰普、多尔卡、新图巴尔恰克、加雷帕蓝恰克、勒利德布尔、巴克塔布尔、加德满都、努瓦科特、拉苏瓦、达丁、马克万布、奇特旺
甘达基省	原西部发展区的大部分区域	11	戈尔卡、蓝琼、塔纳胡、鲜迦、卡斯基、玛囊、木斯塘、苗地、帕巴特、巴隆、呐瓦罗帕喇希（东）
蓝毗尼省	原西部、中西部发展区的部分区域	12	咕勒蜜、帕罗帕、呐瓦罗帕喇希（西）、鲁潘德希、迦毗罗伐斯堵、阿迦堪奇、皮乌坦、罗尔帕、东鲁孔、德瓦库里、班克、巴迪亚
卡尔纳利省	原中西部发展区的部分区域	10	西鲁孔、萨利亚纳、苏尔凯德、戴勒克、贾贾科特、多尔帕、久姆拉、卡里科特、木古、洪拉
远西省	原中西部发展区的部分区域	9	巴久拉、巴江、阿恰姆、多蒂、凯拉利、堪钱布尔、达尔楚拉、拜德迪、登代尔图拉

尼泊尔的首都是加德满都，海拔约 1 400 米，常住人口约 500 万，是全国政治、经济、文化中心，也是尼泊尔第一大城市。加德满都地处加德满都谷地，古名坎蒂普尔（Kantipur），意为"光明之城"，建于 723 年贡纳

---

[1] 行政区划网. 尼泊尔行政区划 [EB/OL].（2021-10）[2022-01-23]. http://www.xzqh.org/old/waiguo/asia/1022.htm.

[2] 县区名称是音译名。

噶马·德瓦国王统治时期，自古就是尼泊尔的政治文化中心，也是古代文明交流的要地。加德满都这个名字是 1593 年（一说 1596 年）根据耸立在市内杜巴广场的一座完全由木料建造的屋宇得来的。"加德"在尼泊尔语中是"木"的意思，"满都"是"屋宇"的意思。这座屋宇据说是用一棵大树的木料建造而成的，至今保存完好，是加德满都的一景。加德满都是一座美丽而独具风格的城市，四周山林环绕。城市中不同风格的建筑星罗棋布，既有印度教的庙宇，也有佛教的寺庙和古塔；既有金碧辉煌的古代王宫，也有现代化的酒店和办公大楼。[1]

帕坦，加德满都河谷三大重镇 [2] 之一，和加德满都市仅有巴格马蒂河一河之隔。帕坦城建于 298 年，是尼泊尔最古老的城市之一。从 15 世纪末起，在长达 270 年的时间里，帕坦一直是帕坦王国的首都。[3]"帕坦"在尼泊尔语中是"商业城"之意，历史上是尼泊尔的经济中心之一。帕坦又名拉利特普尔（Lalitpur），意为"艺术之城"，是尼泊尔著名的手工业中心，以木雕、石刻、铜器铸造闻名。

巴德岗，位于加德满都以东约 14 千米。巴德岗又名巴克塔普尔（Bhaktapur），意为"虔诚者之城"。巴德岗曾是加德满都河谷最早出现的村落之一，后来逐渐发展成为一座城市。13 世纪初，马拉王朝定都巴德岗，巴德岗成为尼泊尔的政治、经济、宗教、文化中心。15 世纪末，马拉王朝分裂，加德满都谷地王朝政权一分为三，巴德岗成为其中一个独立王国的首都。这里的居民多数从事手工业，少数人经商或务农，陶器和手工纺织品是当地驰名的土特产品。巴德岗虽是 889 年由阿南达·马拉国王主持兴建，但市内现存的建筑多建于 17 世纪末布帕亭德拉·马拉国王统治时期。

---

[1] 王宏纬. 尼泊尔 [M]. 新版. 北京：社会科学文献出版社，2015：48.

[2] 加德满都河谷三大重镇即加德满都、帕坦和巴德岗，因三座城市紧密相连，外来的游客常常误认为它们是一座城市，实际上这三座城市各有各自的行政管理机构和区划。在历史上，它们分别是马拉王朝分裂之后三个独立王国的首都，有着自己独特的风格和文化定位。

[3] 王宏纬. 尼泊尔 [M]. 新版. 北京：社会科学文献出版社，2015：49.

巴德岗有"露天博物馆"的美称，[1] 昔日马拉王朝的老王宫就坐落在市中心的杜巴广场，广场周围布满了不同时期修建的风格迥异的大小古建筑。

博克拉，尼泊尔西部重镇，位于加德满都以西200千米的博克拉河谷地，有公路和航线与首都相通。这里土地肥沃，物产丰富，出产的柑橘闻名全国。在尼泊尔语中，"博克拉"为"湖泊"之意。这里有许多美丽的湖泊，其中以倍瓦湖和贝格纳斯湖最为有名，都是著名的游览胜地。博克拉四周群山环绕，城南有塞蒂河流过。塞蒂河发源于喜马拉雅山南麓，上游流经白色石灰岩地区，河水呈乳白色，故名白河。博克拉西部的卡利甘达基河，因上游流经黑色岩页和粘板岩地区，河水呈黑色，故名黑河。两河相距十几千米，黑白相照，蔚为奇观。

比腊特纳加，尼泊尔语意为"大城"，是尼泊尔南部特莱平原重镇，是尼泊尔最重要的工业城市和新兴工业中心，也是尼泊尔第三大城市。自20世纪50年代以来，该市各方面均有较大的发展，主要工业有钢铁业、毛纺业、制糖业、造纸业、化工业、陶瓷业等。比腊特纳加的手工业主要有毛垫编织业和丝织业，产品多销往印度。这里交通比较便利，北至特兰、丹库塔，南至印度都有公路相通，城东有机场，与首都加德满都联系方便。[2]

蓝毗尼，位于尼泊尔特莱平原靠近尼印边境的地方，距加德满都约250千米。1886年，德国一名考古学者在此发现了公元前250年印度孔雀王朝阿育王来此朝圣的记事石柱，在参阅法显、玄奘游记后，确认了此地是释迦牟尼的出生地。我国古代高僧法显、玄奘也曾到此朝圣。近代考古证实，蓝毗尼以西约30千米的提罗拉科特是公元前2世纪迦毗罗卫国的都城，在这里发掘出了古城墙和护城河遗址。2000年5月，中国佛教协会在此修建的中华寺举行落成典礼，寺内主殿佛像高5米，是尼泊尔最大的佛像之一。[3]

---

[1] 王宏纬. 尼泊尔 [M]. 新版. 北京：社会科学文献出版社，2015：50.

[2] 王宏纬. 尼泊尔 [M]. 新版. 北京：社会科学文献出版社，2015：51.

[3] 王宏纬. 尼泊尔 [M]. 新版. 北京：社会科学文献出版社，2015：51-52.

四、对外关系

尼泊尔奉行平等、互利、相互尊重和不结盟的外交政策，主张在和平共处五项原则的基础上同世界各国发展友好关系。截至 2019 年 12 月，尼泊尔已经同 160 多个国家建交。尼泊尔高度重视发展同中国和印度两大邻国的友好关系，同时也重视加强同美国、英国等西方国家的关系，以便争取经济援助和投资。近年来，尼泊尔还积极推动南亚区域合作联盟发展，其首都加德满都即为联盟秘书处所在地。2016 年 3 月，尼泊尔成为上海合作组织对话伙伴国。2018 年 8 月，尼泊尔举办了第四届环孟加拉湾多领域经济技术合作倡议峰会。[1]

（一）尼泊尔同中国的关系

自 1955 年 8 月 1 日两国建交以来，中尼传统友谊和友好合作不断发展。两国高层往来密切，尼泊尔国王、首相多次访华，周恩来总理曾两次访问尼泊尔，邓小平副总理也曾访问尼泊尔。1996 年，江泽民主席对尼泊尔进行国事访问，两国建立起面向 21 世纪的世代友好的睦邻伙伴关系。2009 年 12 月，尼泊尔总理尼帕尔访华，双方发表《联合声明》，决定在和平共处五项原则基础上，建立和发展世代友好的全面合作伙伴关系。2016 年 10 月，习近平主席出席在印度果阿举行的金砖国家领导人第八次会晤和环孟加拉湾多领域经济技术合作倡议成员国领导人对话会，其间同尼泊尔总理普拉昌达举行了双边会晤。2019 年 10 月，习近平主席对尼泊尔进行国事访问，两国领导人宣布将中尼关系提升为"面向发展与繁荣的世代友好的战略合作伙伴关系"。尼泊尔在涉藏、台湾等问题上一贯予以中方坚定支持。中国

---

[1] 中华人民共和国外交部. 尼泊尔国家概况 [EB/OL]. （2021-02）[2021-03-28]. https://www.fmprc.gov.cn/web/gjhdq_676201/gj_676203/yz_676205/1206_676812/1206x0_676814/.

为尼泊尔经济社会发展提供力所能及的帮助，两国在国际和地区事务中保持良好的沟通与合作。

自中国提出"一带一路"倡议以来，尼泊尔政府积极响应。2017年3月，尼泊尔总理普拉昌达来华出席博鳌亚洲论坛年会。同年5月，尼泊尔副总理兼财政部部长马哈拉来华出席"一带一路"国际合作高峰论坛高级别会议。2019年4月，尼泊尔总统班达里对华进行国事访问并出席了第二届"一带一路"国际合作高峰论坛和北京世园会开幕式。

尼泊尔是亚洲基础设施投资银行创始成员国，中尼两国政府于2017年5月签署关于在"一带一路"倡议下开展合作的谅解备忘录。中尼先后签订贸易、经济技术合作、避免双重征税、交通、中国西藏自治区同尼泊尔通商等一系列协定。双边经贸促进机制有中尼经济贸易联合委员会、中尼民间合作论坛等。

中国是尼泊尔第二大贸易伙伴。中国向尼泊尔出口的商品主要有计算机通信技术产品、非针织钩边服装、塑料底鞋、仪器仪表等；从尼泊尔进口的商品有皮革、金属制品、小麦粉、小电器等。2020年，中尼双边贸易额为11.9亿美元；2021年1—6月，中尼贸易额8.2亿美元，同比增长75%，其中，中国对尼泊尔出口8.1亿美元，同比增长74.3%，自尼泊尔进口0.1亿美元，同比增长145.7%。[1]

中尼在体育、文学、艺术、广播、科学、宗教、摄影、出版、教育等方面也有广泛交流。2000年，尼泊尔成为南亚第一个中国公民组团出境旅游目的地国。2009年，两国建立青年交流机制。截至2019年，中国在尼泊尔成功举办了8届"中国节"和8届"中国教育展"。近年来，中国稳居尼泊尔第二大游客来源国，已开通北京、拉萨、成都、昆明、广州、西安、重庆、长沙、香港至加德满都往返航线。

---

[1] 中华人民共和国外交部. 尼泊尔国家概况 [EB/OL].（2021-02）[2021-10-17]. https://www.fmprc.gov.cn/web/gjhdq_676201/gj_676203/yz_676205/1206_676812/1206x0_676814/.

（二）尼泊尔同印度的关系

1947 年 6 月，尼泊尔同印度正式建交。印度是尼泊尔的最大贸易伙伴和重要援助国，尼印实行开放边界，两国高层互访频繁。2010 年 1 月，印度外长克里希纳访尼。尼泊尔总统亚达夫先后于 2010 年 2 月、2011 年 1 月、2012 年 12 月三次访问印度。2011 年 10 月，尼泊尔总理巴特拉伊访问印度。2014 年 5 月，尼泊尔总理柯伊拉腊参加印度新任总理莫迪的就职典礼。2014 年，印度总理莫迪两度访问尼泊尔。

2015 年 9 月尼泊尔新宪法颁布后，印度收紧边境管控，造成尼泊尔国内物资严重短缺，尼印关系紧张。2016 年 1 月，尼泊尔议会通过新宪法修正案，部分满足反对派诉求。印度对修正案表示欢迎，逐步放松对尼泊尔的禁运。2016 年 2 月，尼泊尔总理奥利访问印度，尼印关系初步转圜。2016 年 5 月，尼泊尔总统取消访问印度，尼泊尔政府召回驻印度大使，尼印关系再次陷入僵局。2016 年 8 月，尼泊尔总理派副总理兼内政部部长尼迪作为总理特使访问印度。2016 年 9 月，尼泊尔外长马哈特访问印度，尼泊尔总理普拉昌达访问印度，尼印关系逐步缓和。2016 年 11 月，印度总统慕克吉对尼泊尔进行国事访问，这是印度总统近 18 年来对尼泊尔的首次访问。2017 年 4 月，尼泊尔总统班达里对印度进行国事访问。同年 8 月，尼泊尔总理德乌帕访问印度。2018 年 2 月，印度外长斯瓦拉吉访问尼泊尔。2018 年 4 月，尼泊尔总理奥利访问印度。2018 年 5 月，印度总理莫迪访问尼泊尔。2018 年 8 月，印度总理莫迪赴尼泊尔出席第四届环孟加拉湾多领域经济技术合作倡议峰会。2019 年 5 月，尼泊尔总理奥利赴印度出席印度总理莫迪的就职典礼。同年 8 月，印度外长苏杰生访问尼泊尔。2021 年 1 月，尼泊尔外长贾瓦利访问印度。

（三）尼泊尔同美国的关系

1947 年 4 月，尼美建交并签订友好和商务条约。近年来，美国三位副国务卿奥特罗、舍曼、布林肯等高官相继访问尼泊尔。2018 年 12 月，尼泊尔外长贾瓦利正式访问美国。

（四）尼泊尔同联合国的关系

尼泊尔于 1955 年 12 月 14 日加入联合国。尼泊尔在 2007 年临时宪法中提出"重视联合国的作用，接受《联合国宪章》及国际法的指导"。[1] 2007 年 1 月，安理会通过关于尼问题的决议，成立驻尼政治特派团，协助尼各方推进和平进程。历经数次延期，该特派团于 2011 年 1 月撤离。

尼泊尔积极参加联合国维和行动，截至 2017 年 8 月，尼泊尔共有 4 500 余人参与维和行动，是联合国维和行动第六大出兵国。[2]

第三节　社会生活

一、语言文字

尼泊尔是多语言国家。尼泊尔语为尼泊尔的官方语言，上层社会通用英语。尼泊尔语是一种印度雅利安语，主要在尼泊尔使用，在不丹南部和

---

[1] 徐亮. 共和国时期尼泊尔外交政策研究 [M]. 北京：中国财政经济出版社，2015：36.

[2] 中华人民共和国外交部. 尼泊尔国家概况 [EB/OL].（2021-02）[2021-10-17]. https://www.fmprc.gov.cn/web/gjhdq_676201/gj_676203/yz_676205/1206_676812/1206x0_676814/.

印度东北部的几个邦也已经使用了几个世纪，比尼泊尔作为统一国家的历史还要古老。尼泊尔语有 31 个辅音和 16 个元音（包括长元音和短元音），尽管结构复杂，但并不难掌握，和英语有很多相似的地方。[1]

20 世纪 50 年代后，尼泊尔为实行语言同化政策，强调"同一个国家，同一种语言"，将尼泊尔语作为唯一的官方语言，导致全国语言种类不断减少。到 1971 年，尼泊尔只有 17 种语言被政府承认，许多土著部落古老的语言面临着消失的处境，库孙达语就是其中之一。随着全球化时代的到来，尼泊尔政府逐渐改变语言政策，语言种类也因此开始逐步增加。进入 21 世纪，尼泊尔政府更加强调语言文化的多样性，新宪法第六条规定"所有尼泊尔人的母语，都是国家的语言"，第七条规定"每个人和社区都有权使用他们自己的语言"，尼泊尔的语言多样性危机也随着语言政策的改变得到解决。

在 2011 年的人口普查中，有 123 种语言被尼泊尔政府承认。[2] 这次人口普查结果显示，以尼泊尔语为母语的人口占绝大多数（44.6%），其次是迈蒂利语（11.7%）、博杰普里语（5.98%）、塔鲁语（5.77%）、塔芒语（5.11%），使用人数均超过 100 万。[3] 使用人数超过 50 万的语言有尼瓦尔语、巴吉卡语、马嘉语、都特利语、乌尔都语、阿瓦迪语。[4]

尼泊尔语目前是尼泊尔唯一的官方语言。1854 年，杜巴中学建立，尼泊尔语成为中学教育的教学语言。1918 年，特里布万·钱德拉中级学院（后改名为特里钱德拉学院）建立，尼泊尔语被引入高等教育。在尼泊尔，10 年级之前，尼泊尔语是必修课。在尼泊尔，丘陵地区的人大多说尼泊尔语，而山区只有 4.16% 的人使用尼泊尔语作为母语。[5] 虽然尼泊尔语是尼泊尔唯一的官方语言，但英语是尼泊尔的通用语言，在教育领域长期占据主导地

[1] 张淑兰，刘洋，阿荣旗. 尼泊尔 [M]. 大连：大连海事大学出版社，2018：56-57.

[2] 张淑兰，刘洋，阿荣旗. 尼泊尔 [M]. 大连：大连海事大学出版社，2018：55.

[3] 资料来源于尼泊尔中央统计局官网。

[4] 资料来源于尼泊尔外交部官网。

[5] 张淑兰，刘洋，阿荣旗. 尼泊尔 [M]. 大连：大连海事大学出版社，2018：57.

位。英语传入尼泊尔的时间较早，20 世纪上半叶作为一门外语进入正规教育体系。在尼泊尔的社会、经济、教育等领域，英语和尼泊尔语一样，也是广泛使用的"官方"语言。[1]

二、经济贸易

尼泊尔是农业国家，耕地面积约为 325 万公顷，农业人口约占总人口的 70%，主要种植大米、甘蔗、茶叶和烟草等农作物，粮食自给率达 97%。尼泊尔是世界上最不发达国家之一，自 20 世纪 90 年代初起，开始实行以市场为导向的自由经济政策，但由于政局多变和基础设施薄弱，成效不明显。

尼泊尔经济落后，严重依赖外援，预算支出四分之一来自外国捐赠和贷款，主要援助国家有美国、英国、日本、中国、印度、挪威，主要援助国际组织有世界银行、亚洲开发银行、联合国、欧盟等。尼泊尔的货币名称是尼泊尔卢比。

尼泊尔的主要对外贸易伙伴有印度、美国、中国和欧盟等，主要进口商品是煤、石油制品、羊毛、药品、机械、电器、化肥等，主要出口商品是蔬菜油、铜线、羊绒制品、地毯、成衣、皮革等。

三、交通旅游

尼泊尔的交通运输以公路和航空为主。除首都有一个国际机场外，其余均为地区中心机场或小规模机场。全国有一家国营航空公司、六家私营

---

[1] 张淑兰，刘洋，阿荣旗. 尼泊尔 [M]. 大连：大连海事大学出版社，2018：58.

航空公司和一家私营直升机公司。国内主要城镇有班机通航，与中国、印度、巴基斯坦、泰国、孟加拉国、文莱、新加坡、阿联酋、德国、英国等国家通航。

尼泊尔自然风光旖旎，气候宜人，徒步旅游业和登山业比较发达。赴尼泊尔旅游的主要是亚洲游客，其中以印度游客和中国游客居多，其次为西欧游客和北美游客。[1]

四、医疗卫生

尼泊尔卫生服务部 2017—2018 年度报告显示，尼泊尔共有医疗机构 6 934 个，其中公共医疗机构 4 863 个，非公共医疗机构 2 071 个（见表 1.3）。在公共医疗机构中有 125 家医院、198 个基层卫生保健中心、3 808 个卫生站、374 个城市医疗中心、299 个社区医疗站，59 个其他医疗机构。截至 2020 年 9 月，尼泊尔国家护士委员会已注册有 95 864 名尼泊尔护士和 844 名外籍护士。[2] 尼泊尔最大的公立医院是加德满都的比尔医院，最大的私立医院是加德满都的诺维克医院，比较知名的医院还有 20 世纪 80 年代后期建立的特里布文大学教学医院和帕坦医院等。[3]

[1] 中华人民共和国外交部. 尼泊尔国家概况 [EB/OL].（2021-02）[2021-03-28]. https://www.fmprc.gov.cn/web/gjhdq_676201/gj_676203/yz_676205/1206_676812/1206x0_676814/.

[2] 资料来源于尼泊尔卫生服务部官网。

[3] 王宏纬. 尼泊尔 [M]. 新版. 北京：社会科学文献出版社，2015：312.

表 1.3 2017—2018 年尼泊尔各类医疗机构数量 [1]（单位：个）

省份	公共医疗机构						非公共医疗机构	总计
	医院	基层卫生保健中心	卫生站	城市医疗中心	社区医疗站	其他医疗机构		
第一省	18	40	648	52	49	9	136	952
第二省	13	32	745	17	7	8	169	991
巴格马蒂省	33	43	640	110	90	18	1 386	2 320
甘达基省	15	24	491	52	41	12	101	736
蓝毗尼省	20	30	570	68	47	6	174	915
卡尔纳利省	12	13	336	18	22	3	60	464
远西省	14	16	378	57	43	3	45	556
总计	125	198	3 808	374	299	59	2 071	6 934

五、新闻出版

尼泊尔国家通讯社为官方通讯社，成立于 1962 年 4 月。尼泊尔广播电台为唯一的官方电台，成立于 1951 年，用尼泊尔语、英语、尼瓦尔语和印地语广播。此外，尼泊尔还有 4 家私人调频电台。尼泊尔电视台创建于 1984 年，于 1985 年 12 月在首都开播，自 2006 年起实现全天 24 小时播出。尼泊尔共有 30 多家电视台获准开办，其中近 20 家已开播节目。[2]

尼泊尔注册发行的报刊约有 6 000 余种，其中日报 500 余种。发行量最

---

[1] 数据来源于尼泊尔卫生服务部官网。

[2] 中华人民共和国外交部. 尼泊尔国家概况 [EB/OL].（2021-02）[2021-03-28]. https://www.fmprc.gov.cn/web/gjhdq_676201/gj_676203/yz_676205/1206_676812/1206x0_676814/.

大的两份日报均为官方报纸:《廓尔喀报》,1902 年创刊,用尼泊尔语出版;《新兴尼泊尔报》,1965 年创刊,用英语出版。此外还有《加德满都邮报》《喜马拉雅时报》《共和报》等多种日报。在尼泊尔的报刊中,尼泊尔语报刊数量最多,占 90% 以上,其次是英语报刊和印地语报刊。

第二章 文化传统

尼泊尔地处南亚次大陆，对于世界而言可谓是神秘而独特的雪山王国。尼泊尔国土面积虽然狭小，却是多元文化的汇聚之地，历史上不同地域的文化随着商旅往来交汇于此，其中最主要的是翻越喜马拉雅山脉南下的中国藏文化和穿越恒河平原北上的印度文化。

第一节 国家历史

一、近代简史（1769—1950 年）[1]

尼泊尔有文字记载的历史始于李查维王朝马纳·德瓦（464—505 年在位）国王统治时期，但李查维王朝确切的建立时间至今无法考证。尼泊尔的近代史从 1769 年开始。这一年，廓尔喀国王普里特维·纳拉扬·沙阿（1723—1775）征服加德满都谷地，标志着马拉王朝的终结和尼泊尔开始走向统一。1816 年 3 月，尼泊尔被迫同英国签订《萨高利条约》。根据该条约，

---

[1] 王宏纬. 尼泊尔 [M]. 新版. 北京：社会科学文献出版社，2015：116-131.

尼泊尔把南部和西部平原地区的大片土地割让给英属印度，给予英国在尼泊尔的种种特权，并承认尼泊尔外交受英属东印度公司监督。1846 年 9 月，尼泊尔拉纳家族的忠格·巴哈杜尔·拉纳（1817—1877）发动政变，夺得尼泊尔军政大权和首相职位，使国王成为傀儡，而自己成为国家的最高主宰。此后，尼泊尔开始了长达 105 年之久的拉纳家族的统治。在拉纳家族的统治下，尼泊尔成为英国的附属。

二、现代简史（1951—2000 年）[1]

受印度民族独立运动热潮和 1947 年民族独立的影响，尼泊尔人民加速了摆脱英国殖民者控制和推翻拉纳政权的步伐。1951 年 2 月，在印度政府的斡旋下，特里布文国王、尼泊尔大会党和拉纳家族三方代表在新德里谈判并达成协议，拉纳家族被迫交出政权，其长达 105 年之久的独裁统治宣告结束。同年 2 月 18 日，尼泊尔颁布临时宪法，实行君主立宪制，这一天也被定为"国家民主日"。

恢复王权以后，尼泊尔人民在民主、法治和人权等方面获得了较多的权利。特别是马亨德拉继承王位后，于 1959 年春宣布实行两院议会制，并举行了尼泊尔有史以来的第一次全国大选。在大选中，尼泊尔大会党获胜，组建了内阁。1960 年 12 月，马亨德拉国王解散尼泊尔大会党内阁和议会两院，亲自执政，1962 年在全国实行评议会制度。[2]1972 年，马亨德拉国王去

---

[1] 王宏纬. 尼泊尔 [M]. 新版. 北京：社会科学文献出版社，2015：132-137.

[2] 评议会制度是 1962 年 12 月 16 日根据马亨德拉国王颁布的新宪法在尼泊尔实行的一种政治制度。这种制度基于传统上在农村流行的"五老会"制度，马亨德拉国王认为这种制度"土生土长"，扎根于人民群众之中，是在尼泊尔实行民主的最好形式。评议会制度有四个特点。一是突出国王至高无上的地位和作用。正如宪法规定的，国王是"权力的源泉"。二是无党派，评议会制度不允许任何党派或政治团体存在并进行活动。三是不承认阶级斗争，主张阶级调和。四是权力分散，各级评议会均有一定的权力。根据规定，评议会分三级：最基层的是村镇评议会，中间一级是县评议会，最高一级是全国评议会。各级评议会议员一般通过直接选举产生。

世，王储比兰德拉继位。1979 年 4 月，尼泊尔爆发大规模的学生运动；5 月 24 日，比兰德拉国王宣布将举行全民投票，以决定是实行评议会制度还是实行多党制。1980 年 5 月 2 日，全国举行公民投票，结果评议会制度以多数票获胜。[1]

1991 年 5 月，尼泊尔举行历史上第二次全国大选，尼泊尔大会党获得过半席位，赢得组阁权。5 月 29 日，以吉里贾·普拉萨德·柯伊拉腊为首相的尼泊尔大会党政府成立。

尼泊尔恢复君主立宪制后，国内各政治党派之间开始了争夺政权的斗争。1994 年 11 月，尼泊尔再次举行选举，尼泊尔共产党（联合马列）成为议会第一大党。11 月 30 日，以尼泊尔共产党（联合马列）主席曼·莫汉·阿迪卡里为首相的尼泊尔新政府宣誓就职。这是尼泊尔历史上第一个由共产党执政的政府。1995 年 9 月，阿迪卡里辞职，尼泊尔大会党再次受命组阁，该党领导人谢尔·巴哈杜尔·德乌帕出任首相。1995 年 9 月，尼泊尔议会下院通过对尼泊尔共产党（联合马列）政府的不信任案，尼泊尔大会党联合民族民主党和亲善党组成三党联合政府，推行经济自由化和吸引外资的经济政策。[2] 1997 年 3 月 6 日，大会党议会党团领袖辞去首相职位；3 月 10 日，尼泊尔共产党（联合马列）、民族民主党、亲善党三党联合政府成立。10 月 4 日，民族民主党议会党团领袖辞去首相职位；10 月 6 日，由尼泊尔大会党、民族民主党塔帕派和亲善党组成的新联合政府成立。1998 年 4 月，吉里贾·普拉萨德·柯伊拉腊再次被任命为首相，组阁大会党一党政府。1999 年 5 月，大会党在大选中获胜，组成多数派政府。

---

[1] 王宏纬. 尼泊尔 [M]. 新版. 北京：社会科学文献出版社，2015：114.

[2] 袁群，吴鹤宣. 尼泊尔大会党的历史、现状及前景 [J]. 当代世界与社会主义，2017（2）：152-159.

三、当代简史（2001 年以来）

2001 年 6 月 1 日，尼泊尔发生震惊世界的王宫惨案，比兰德拉国王、艾什瓦尔雅王后等多名王室成员被枪杀。比兰德拉国王的弟弟贾南德拉于 6 月 4 日继承王位。2006 年 4 月，贾南德拉国王任命尼泊尔大会党主席吉里贾·普拉萨德·柯伊拉腊为首相，组建七党联盟的临时政府。2006 年 11 月 21 日，尼泊尔政府与尼泊尔共产党（毛主义中心）签署了《全面和平协议》，宣布结束长达 11 年的武装冲突，同时双方明确承诺谋求长久、可持续的和平。[1] 2007 年 4 月 1 日，八党联合政府宣布成立；9 月 18 日，尼泊尔共产党（毛主义中心）宣布退出临时政府。2008 年 4 月，尼泊尔举行制宪会议选举，尼泊尔共产党（毛主义中心）取得 220 个制宪会议席位，成为最大政党；5 月 28 日，尼泊尔首届制宪会议召开，废除君主制，宣布尼泊尔联邦民主共和国诞生。同年 8 月，制宪会议选举尼泊尔共产党（毛主义中心）主席普拉昌达为尼泊尔联邦民主共和国首任总理。2009 年 5 月 4 日，普拉昌达辞去总理一职；23 日，尼泊尔共产党（联合马列）领导人马达夫·库马尔·尼帕尔当选总理；25 日，尼帕尔宣誓就职并组建新政府。2010 年 5 月，尼帕尔宣布辞职。2010 年 6 月—2011 年 1 月，制宪会议连续举行 6 轮总理选举未果。2011 年 2 月，在第 7 轮选举中，尼泊尔共产党（联合马列）主席贾拉·纳特·卡纳尔在尼泊尔共产党（毛主义中心）的支持下当选总理，于 2 月 6 日宣誓就职。同年 8 月 13 日，卡纳尔宣布辞职；8 月 29 日，尼泊尔联合共产党（毛主义中心）副主席巴布拉姆·巴特拉伊当选为第四任总理。2013 年 11 月 19 日，尼泊尔第二届制宪会议选举举行。2015 年 9 月 20 日，尼泊尔正式颁布新宪法。2015 年 10 月，尼泊尔共产党（联合马列）主席奥利当选尼泊尔新总理，比迪亚·德维·班达里当选总

---

[1] 中国新闻网. 尼泊尔《全面和平协议》签署十周年 和平之路依旧充满挑战 [EB/OL]. （2016-11-17）[2021-10-20]. http://www.chinanews.com/gj/2016/11-17/8066275.shtml.

统。2016 年 8 月，普拉昌达当选为尼泊尔总理。2017 年 6 月，大会党主席谢尔·巴哈杜尔·德乌帕接替普拉昌达任总理。2017 年，尼泊尔分别于 5 月、6 月和 9 月举行地方议会选举。10 月 15 日，议会解散。尼泊尔于 11 月和 12 月分两阶段举行省级议会和联邦议会众议院选举，于 2018 年 2 月举行联邦议会联邦院选举。2018 年 2 月 15 日，卡·普·夏尔马·奥利就任总理；3 月，比迪亚·德维·班达里连任总统，克里希纳·巴哈杜尔·马哈拉当选为众议院议长，加内什·普拉萨德·蒂米尔西纳当选为联邦院主席。2019 年 10 月，马哈拉辞去议长职务。2020 年 1 月，萨普科塔当选联邦议会众议院议长；12 月，奥利总理宣布解散联邦议会众议院。2021 年 2 月，最高法院裁决奥利解散众议院的做法违宪，众议院恢复；5 月，奥利未通过议会信任投票，后以众议院第一大党主席身份担任看守总理；5 月底，总统班达里在奥利的建议下解散众议院，宣布 11 月举行大选；7 月 12 日，最高法院判决总统上述决定违宪，要求恢复众议院，任命大会党主席德乌帕为新任总理；7 月 13 日，德乌帕就任总理，18 日通过众议院信任投票。

第二节 风土人情

一、民族与宗教

尼泊尔是一个多民族聚居的国家，有尼瓦尔族、古隆族、拉伊族、林布族、夏尔巴族、塔鲁族等 30 多个民族。截至 2020 年，尼泊尔人口约 3 000 万。[1]

---

[1] 中华人民共和国外交部. 尼泊尔国家概况 [EB/OL].（2021-08）[2021-11-26]. https://www.fmprc.gov.cn/web/gjhdq_676201/gj_676203/yz_676205/1206_676812/1206x0_676814/.

尼泊尔向以"寺庙之国"著称。在尼泊尔，流传着一句话，"屋有多少，庙就有多少；人有多少，神就有多少。"这话虽有些夸张，却说明了宗教在尼泊尔的盛行程度，反映了各种神祇在人民生活中的重要位置。在尼泊尔，宗教对人们的思想、行为和艺术创作有着深刻的影响。宗教祭祀活动不仅是尼泊尔人民群众生活中必不可少的组成部分，在国家的政治生活中也占据非常重要的地位。[1]

尼泊尔是一个多宗教的国家，印度教是其国教。1990 年 11 月 9 日正式颁布实施的《2047 尼泊尔王国宪法》[2] 虽然明确了印度教的主导地位，但对其他宗教并不排斥。[3] 不仅如此，尼泊尔各种宗教彼此之间也互不排斥，反而互相融合与吸收。因此，在尼泊尔几乎很少发生宗教冲突，也很少出现宗教狂热的情形。在尼泊尔，唯有清真寺禁止其他教派的教徒入内，其他的印度教庙宇、佛教寺院、锡克教堂、基督教教堂等都允许其他教派的教徒出入。

就宗教间的相融性而言，印度教与佛教的融合度最高。[4] 在尼泊尔，佛教寺庙里可以见到印度教的神祇，印度教寺庙中也可见到佛教的佛像，两教的信徒互相尊重并会参加彼此的宗教仪式与庆典活动。[5] 印度教与佛教在宗教理论方面的融合与吸收也相当明显，但就宗教影响力而言，印度教仍占据主导地位。[6] 尼泊尔的宗教建筑遍布大街小巷，人们对宗教建筑充满敬意。在他们看来，这些建筑不仅是神之居所，更是他们精神世界里的圣殿，乃至灵魂的归宿。尼泊尔的宗教建筑历史悠久，其中以印度教建筑居多。在加德满都谷地，绝大部分宗教建筑都是印度教建筑。除了北部山区受中

---

[1] 刘善国. 尼泊尔的宗教 [J]. 南亚研究季刊, 1993（3）: 65-68+5.

[2] 尼泊尔官方通常采用超日王纪元。这个历法的年代与公历年代的变换关系为: 超日王纪元年代减去 57 等于公元年代。

[3] 刘善国. 尼泊尔的宗教 [J]. 南亚研究季刊, 1993（3）: 65-68+5.

[4] 胡仕胜. 尼泊尔民族宗教概况 [J]. 国际资料信息, 2003（3）: 16-22.

[5] 胡仕胜. 尼泊尔民族宗教概况 [J]. 国际资料信息, 2003（3）: 16-22.

[6] 胡仕胜. 尼泊尔民族宗教概况 [J]. 国际资料信息, 2003（3）: 16-22.

国藏传佛教影响较大，佛教建筑特别是佛塔较多外，尼泊尔现存的一些佛教寺院主要集中在古城帕坦。

尼泊尔著名的宗教圣地主要有拜拉拂斯坦神庙、尼亚塔颇拉神庙、保特纳大佛塔、克里希那神庙、拜拉弗神庙、湿婆神庙、金庙等。遗憾的是，尼泊尔的古宗教建筑抗震能力较差，历史上的数次地震对它们造成了不同程度的毁坏。例如，在 2015 年 4 月的大地震中，尼泊尔现存最古老的印度教加塔神庙和经典塔式神庙玛珠神庙就坍塌为一片废墟。

二、节日与风俗 [1]

尼泊尔以"节日之邦"著称，全国性节日有 300 多个，既有官方节日也有民间节日，节日之多，世所少见。尼泊尔人几乎每年要花三分之一的时间来准备节日活动，光政府规定放假的节日就有 50 多个。尼泊尔重要的节假日有共和日（5 月 28 日）、国庆日（9 月 20 日）、德赛节、灯节、马琴德拉纳特节、佛诞节、洒红节、牛节、逻月宰牲节、纳嘉潘查密节等。尼泊尔的节日大多与宗教和农时有关，假期少则 1 天，多则 15—20 天。

德赛节又称大德赛节、十胜节，是尼泊尔最盛大、持续时间最长的节日，历时 15 天，即尼历六月新月第一天至望日。德赛节犹如中国的春节，尼泊尔政府和人民都极为重视。德赛节放假 7 天，其间，全国各地都会举行祭祀和庆祝活动，远在他乡的人们纷纷返回家园，与家人欢聚一堂。德赛节的来历与印度史诗《罗摩衍那》中的神话故事有关，象征着正义战胜邪恶。故事中，罗摩在难近母女神 [2] 的帮助下，大战罗刹王九日，于第十日取

---

[1] 王宏纬. 尼泊尔——人民和文化 [M]. 北京：昆仑出版社，2007：28-39.

[2] 难近母女神在不同的地方有不同的名称，一般文献中介绍逻月宰牲节时用的是"杜加女神"或"杜尔迦女神"。

得胜利。"德赛"是"第十"的意思。

灯节是仅次于德赛节的第二大节日，为期 5 天。灯节是"以光明驱走黑暗，以善良战胜邪恶"的节日。关于灯节的来历有很多，其中流传最广的说法是幸福与财富女神拉克西米会在每年尼历七月黑半月朔日下凡，人们都希望女神这一天能巡游到自己的家里。由于女神喜爱明净，所以人们从七月黑半月的第 13 日开始会扫房拖地，擦窗洗门，准备供品，一直忙到朔日。每逢灯节，人们用盏盏油灯或电彩灯营造出梦幻般的世界，以取悦神灵，礼赞生命，庆祝丰收，祈求未来的繁荣和光明。

马琴德拉纳特节是尼泊尔印度教徒和佛教徒共同庆祝的节日，在帕坦举行。每年从尼历元月白半月（有月亮照明）的第一天开始，历时一个月。在这一个月里，人们拉着载有马琴德拉纳特神的巨大神车，按照既定的路线在居民区游行，祈求风调雨顺。

佛诞节是庆祝佛祖释迦牟尼的诞辰的节日，在每年尼历一月下旬（公历 5 月）举行。1951 年，尼泊尔政府宣布，释迦牟尼诞辰日为全国性的节日。佛诞节放假一天。届时，人们举行庆祝活动庆祝佛诞，赞仰佛恩，祈愿和平。

洒红节是尼泊尔最著名的节日之一，来源于印度教传说，也是为了庆祝正义战胜邪恶而设的。洒红节从每年尼历十一月白半月的第八日开始，至月圆日结束，历时 7 天。节日期间，人们无论相识与否，走在街上都可以互相抛洒红粉或泼水来庆祝这个欢乐的节日。

牛节是尼瓦尔人祭奠死者的传统节日，在尼历五月黑半月的第一日（公历 8 月中旬）。牛节起初只是人们祭奠逝去的亲人的日子，后来逐渐衍生出文化政治活动。牛节期间，人们会举行剧目演出、漫画展示并朗诵一些诗歌和小品文来表达他们对时事的看法。

逻月宰牲节是为了祭祀杜加女神而举办的节日。节日期间，人们举办祭祀活动，向女神供奉山羊和水牛等祭品。

纳嘉潘查密节是在雨季庆祝的一个节日。节日期间，民众会参拜控制风和雨水的蛇神纳嘉，并在自家门上张贴可以保佑平安的纳嘉画像。[1]

三、名胜古迹 [2]

加德满都谷地东西长 32 千米，南北宽 25 千米，有巴格马蒂河及其支流穿过。作为亚洲灿烂文化的交汇处，这里拥有 7 组印度教和佛教的建筑群。这 7 组建筑群和位于加德满都、帕坦、巴德冈三个城市的王室宫殿，均是尼泊尔建筑艺术的巅峰之作。建筑群的 130 座建筑物中有朝圣中心、寺庙、朝圣时的洗浴场所等。1979 年，加德满都谷地被联合国教科文组织世界遗产委员会批准列入《世界遗产名录》。[3]

加德满都老城区街道比较狭窄，人口十分密集，各种店铺很多，多是两层楼或三层楼的砖木结构。这里名胜古迹众多，是著名的旅游景点，主要景点有老王宫和王宫广场 [4] 周围的建筑。老王宫又称哈努曼多卡宫，建于马拉王朝时期。15 世纪末，马拉王国分裂为三个王国，该宫成为其中一个王国加德满都王国国王普拉达普·马拉（1624—1674）的宫殿。王宫因宫门左侧建有象征威猛神力的哈努曼神猴石雕而得名。1768 年，普里特维·纳拉扬·沙阿攻陷加德满都后，老王宫一直是沙阿王朝的王宫，直到 1971 年新王宫建成。

狮宫，尼泊尔中央政府所在地，建于 1902 年，原为拉纳首相官邸，

[1] 中华人民共和国外交部. 尼泊尔国家概况 [EB/OL].（2021-02）[2021-03-28]. https://www.fmprc.gov.cn/web/gjhdq_676201/gj_676203/yz_676205/1206_676812/1206x0_676814/.

[2] 王宏纬. 尼泊尔 [M]. 新版. 北京：社会科学文献出版社，2015：52-57.

[3] 中华人民共和国外交部. 尼泊尔国家概况 [EB/OL].（2021-02）[2021-03-28]. https://www.fmprc.gov.cn/web/gjhdq_676201/gj_676203/yz_676205/1206_676812/1206x0_676814/.

[4] 王宫广场即加德满都杜巴广场，被联合国教科文组织列入《世界遗产名录》。尼泊尔有 8 处名胜古迹被联合国教科文组织列入《世界遗产名录》。它们是加德满都王宫广场、帕坦王宫广场、巴德岗王宫广场、斯瓦扬布纳特寺、保达纳特大佛塔、昌古·那拉扬寺、帕舒帕底纳特庙（即兽主庙）和蓝毗尼园。

1951 年改为政府所在地，因大厦门前耸立的高举国旗的镀金铜狮而得名。狮宫主楼是一座长方形四层欧式汉白玉宏大宫殿，前面有长方形水池，水池里有喷泉，喷泉台柱上饰有骏马、美女、飞鸟等大理石石雕，气势雄伟。狮宫按英国维多利亚时代风格装饰，雄伟壮丽，富丽堂皇，有 1 700 个房间，宴会厅可容千人。

兽主庙，在当地称为帕舒帕底纳特庙，位于加德满都新区东边的巴格马蒂河畔，始建于 8 世纪，是供奉印度教三大神之一湿婆神的寺庙，也是南亚著名的印度教圣地之一。

斯瓦扬布纳特寺，1979 年被联合国教科文组织列入《世界遗产名录》。从加德满都通迪凯尔广场向西北方向望去，在云雾缭绕的半山腰中，耸立着一座类似北京白塔寺的建筑，那就是著名的斯瓦扬布纳特寺。斯瓦扬布纳特寺约始建于公元前 3 世纪，是尼泊尔最古老的佛教寺庙，也是亚洲最古老的佛教建筑之一。主建筑斯瓦扬布纳特佛塔是一座巨型的舍利塔，塔身为圆锥形，底座为四方形，四面绘有眼睛的图案。这是"智慧的眼睛"，能够看到世间的一切，象征着佛眼法力无边。

帕坦王宫广场，始建于 3 世纪，1979 年被联合国教科文组织列入《世界遗产名录》。帕坦王宫广场位于帕坦市中心，南北狭长，东部是帕坦王宫内院，西部是各式各样的庙宇。在广场两边建筑的门前伫立着石雕的守护神、雄狮和大象，旁边的石柱托着镏金人身双翅大鹏鸟雕像，在广场中央高高的石柱上有一尊身穿金色衣裳的国王雕像，巨大的悬钟和皮鼓分列两边，在四周高大的宫殿和庙宇的衬托下，构成典型的尼泊尔古城风景。帕坦王宫系多重檐建筑，每扇窗棂都经过精雕细刻，门楣、柱头和斗拱错落有序。

巴德岗王宫广场，1979 年被联合国教科文组织列入《世界遗产名录》。巴德岗王宫广场较加德满都和帕坦的王宫广场更为开阔。广场西南方的大门气势雄伟，门前两只巨大的雄狮、守护神猴哈努曼、面目狰狞的拜拉布神和 18 只手臂持各式武器的难近母神像，都是 17 世纪的石雕佳作。

第三节 文化艺术

一、文化特性

不同的地理环境孕育不同的文化。尼泊尔文化在巍峨耸立的雪峰、青翠起伏的山峦、深谷交错的盆地、坦荡碧绿的平原和潺潺汩汩的水流中产生和延续。复杂的地势地貌既赋予了尼泊尔多姿多彩的风光，也塑造了尼泊尔灿烂夺目的文化。除了受自然环境因素的影响外，尼泊尔地处中国和印度两个幅员辽阔的大国之间，其文化也深受印度和中国的影响。尼泊尔的开国君王普里特维·纳拉扬·沙阿曾比喻尼泊尔犹如"夹在两块巨石间的山芋"，这句话十分形象地描述了影响尼泊尔文化生存与发展的社会因素。[1]

总的说来，尼泊尔文化具有以下四大特性。一是文化的宗教色彩浓厚。宗教深深植根于尼泊尔人的思想意识和日常生活中，成为尼泊尔文化最突出的特性。二是文化具有显著的区域性。尼泊尔由于地形复杂、气候多样，北部地区、南部地区和中部地区形成了各具特色的区域文化。北部喜马拉雅高山区多为海拔 3 000 米以上的高寒区，交通落后，人们大多过着游牧生活，少部分人担任登山向导或从事纺织业，总体说来游牧文化特征突出。中部河谷地区土地肥沃宜耕，气候宜人，人口稠密，遍布着尼泊尔各个历史时期的文物古迹。各民族在此和睦相处，各种文化在此和谐共生，形成了各民族内聚、多种文化互相包容的格局。南部辽阔的平原地区土壤肥沃，适宜耕种和灌溉，素有"尼泊尔谷仓"之称，也是尼泊尔工业和农副产品加工业的重要地区，为尼泊尔经济文化的发展提供了保障，是尼泊尔的经济文化中心。三是文化的民族多样性。尼泊尔是个多民族国家，众多民族

---

[1] 张慧兰. 尼泊尔传统文化的特点 [J]. 当代亚太，2000（11）：60-63.

在各自的生活区域发挥自身的能动性，创造了本民族的精神文化与物质文化，形成了各具特色的民族传统，具体体现为各具特色的生活方式、习俗礼仪、宗教信仰、经济状态和艺术创作等。四是文化的包容性。尼泊尔文化的包容性最广泛最主要的体现是民族宗教文化的包容性，尼泊尔的每个民族都有自己的宗教信仰和宗教文化，但这些宗教信仰和宗教文化能够很好地互相包容，和谐共处。[1]

二、艺术成就

尼泊尔虽然国土面积不大，且多为山地，但是尼泊尔人民在文学、建筑、雕刻、绘画、音乐和舞蹈等领域都留下了大量的艺术精品。这些珍宝代表了尼泊尔辉煌灿烂的文化，极大地丰富了世界文化艺术宝库。

（一）文学

尼泊尔是多种语言、文学乃至民族文化的聚集地。早在 10 世纪，尼泊尔就有了自己的文字，当时的文字主要书写在石头、铜、青铜、银、黄金等制品上，内容包括铭文、遗嘱和王室诏令等。虽然在很长时间里这些文字并未发展成真正意义上的文学，但也为尼泊尔文化的传播和发展起到了推动作用。[2]

尼泊尔的古代文学多是用梵文写的有关宗教祭祀的作品或爱情故事，到沙阿王朝建立初期才开始出现一些用尼泊尔语创作的文学作品，主要是以歌颂国王和战斗英雄为题材的诗歌、散文和短篇小说等。乌达亚南

---

[1] 张慧兰. 尼泊尔传统文化的特点 [J]. 当代亚太，2000（11）：60-63.
[2] 张淑兰，刘洋，阿荣旗. 尼泊尔 [M]. 大连：大连海事大学出版社，2018：58.

德·阿尔亚尔和夏克提·巴拉波是这一时期最早用尼泊尔语进行创作的作家，在他们的带动和影响下，用尼泊尔语写作的作家日渐增多。[1]

进入 19 世纪，尼泊尔文学发展进入新时期。诗人巴努巴克塔·阿查里亚（1814—1868）按照尼泊尔诗词韵律翻译改写的长篇诗歌《罗摩衍那》家喻户晓，对发展尼泊尔语文学做出了卓越贡献。他也因此被誉为尼泊尔语文学的奠基人。这一时期还有一位修道士，著名作家贾南德拉·达斯，创作了许多赞美诗，其代表作《乐潮》是尼泊尔语文学史上的经典作品之一。拉纳家族统治时期，尽管文学表达的自由受到了限制，但仍涌现了不少作家和诗人。其中的代表人物莫蒂拉姆·巴塔将乌尔都语情诗的写作技巧融入尼泊尔语诗歌，创作了《巴努巴克塔传》等经典的尼泊尔语文学作品。

拉纳家族被推翻以后，尼泊尔语文学进入快速发展时期。在尼泊尔政府和国王的支持下，尼泊尔文学界于 20 世纪 50—60 年代多次召开全国代表大会，并成立了尼泊尔文学协会等全国性组织。这一时期涌现出了许多著名的作家和诗人，尼泊尔语小说和散文也逐渐发展起来。1951 年，被授予尼泊尔"桂冠诗人"称号的列克纳特·包德尔，创作了《笼中鹦鹉》《季节之思》《年轻的苦行僧》等著名诗篇。被称为"尼泊尔文豪"的巴尔·克里希纳·萨马是自由体诗歌的开路人，其代表作有《我心中的祈祷》等。被称为"天才诗人"的拉克西米·普拉萨德·德夫科塔开创了浪漫主义的写作风格，其代表作《穆娜与马丹》被誉为尼泊尔语诗歌的典范。[2]

（二）戏剧和电影

尼泊尔戏剧根据印度古代戏剧理论著作《舞论》，将音乐、舞蹈、戏剧三者紧密相连。7 世纪，李查维宫廷演出过四幕舞剧《罗摩衍那》。马拉王

---

[1] 王宏纬. 尼泊尔 [M]. 新版. 北京：社会科学文献出版社，2015：334-336.

[2] 王宏纬. 尼泊尔 [M]. 新版. 北京：社会科学文献出版社，2015：334-336.

朝时代，帕坦国王西提纳尔·辛格创作了《七月之舞》，巴德岗国王普巴金德拉·马拉创作了《英雄之举》。1900 年，拉纳王朝统治者曾派人去印度加尔各答学习当时流行的波斯和英国风格的舞台艺术。这些人回来后成立皇家剧院，上演梵文剧、波斯剧，改编印地文、乌尔都文的故事剧，为尼泊尔现代剧的发展创造了条件。尼泊尔的第一部电影是 1944 年由印裔尼泊尔人和印度人合拍的《哈里钱德拉》。尼泊尔政府于 1971 年成立尼泊尔皇家电影公司。该公司 1973 年开始制作影片，1974 年制作了黑白故事片《心的提坝》，1975 年制作了第一部彩色故事片《童女神》。20 世纪 90 年代以来，尼泊尔电影进入了较快的发展时期。[1]

（三）舞蹈和音乐

尼泊尔是个多民族国家，各民族都有着悠久的舞蹈和音乐传统，它们相互交流融合，不断发展。尼泊尔的舞蹈大致可归纳为以下三种类型。一是古典舞蹈。这类舞蹈有歌曲伴唱，节奏平缓，舞姿优美。泽利亚舞蹈就是古典舞蹈中的一种，原为金刚乘佛教密宗祭祀时所跳舞蹈。尼泊尔舞蹈工作者从 20 世纪 40 年代开始对其进行整理，50 年代向外公开，现已整理出的泽利亚舞蹈剧目有《文殊师利》《金刚瑜伽女》等。二是传统节日舞蹈。传统节日舞蹈多系马拉王朝时期流传下来，又被称为敬神舞，通常在节日期间由地方社团或寺庙组织演出。三是民族舞蹈。尼泊尔各地都有民族民间舞蹈，代表性的民族舞蹈有古隆族和马嘉族的娇丽舞、塔芒族的塔芒舞、拉伊族的桑吉舞、塔鲁族的莫迪亚舞、夏尔巴族的夏布隆舞等。

尼泊尔的音乐可以分为古典音乐、民族音乐和现代音乐。古典音乐通常指马拉王朝的音乐，多采用泽利亚曲调。民族音乐是尼泊尔音乐的主体部

---

[1] 王宏纬. 尼泊尔 [M]. 新版. 北京：社会科学文献出版社，2015：336-339.

分，也是最丰富的部分。尼泊尔的现代音乐是在古典音乐和民族音乐的基础上，融合西方音乐的和声和多声部的旋律创作而成，有独奏和合奏曲调。[1]

（四）建筑、雕塑和绘画 [2]

尼泊尔的建筑艺术受宗教文化的影响较大，其风格独具特色。尼泊尔的典型建筑民居一般是 3—5 层的砖体楼房，大门、门廊、窗户为木质，檐柱宽大突出，注重雕刻。在此民居的基础上，尼泊尔还发展出了一种特殊的建筑形式——塔式建筑。塔式建筑是以砖木结构为主体的多层宏大建筑，广泛应用于宫殿和庙宇，十分壮观。自 20 世纪以来，尼泊尔也修建了一些仿欧宫廷建筑，如狮宫和清凉宫等。近年来，首都加德满都兴建了许多吸收和融合尼泊尔传统建筑风格和形式的现代化建筑。

宗教建筑是尼泊尔文化遗产的重要组成部分，独具风格的木石雕刻和金属造像工艺是其重要特色。尼泊尔现存著名宗教建筑主要集中在加德满都谷地，尤其是加德满都、帕坦和巴德岗这三座城市。这里云集了数不清的神庙和寺院，其中有八座巨大的佛塔，是尼泊尔宗教建筑艺术的宝库，也是游览参观尼泊尔建筑的首选之地。尼泊尔西部的丹森、本迪布尔、廓尔喀是历史悠久的山城，这里的宗教建筑多为 17 或 18 世纪的印度教神庙。东部的贾纳克布尔是一个有着印度风情的小城，其宗教建筑以伊斯兰风格为主。北部雪山脚下的地区则以藏式小佛塔闻名，前往这里的游客以徒步旅行者和登山爱好者为主。石雕是尼泊尔最重要的艺术形式之一，在加德满都谷地的许多寺院、庙宇和祠堂都可以看到大量石雕艺术杰作。尼泊尔的木雕历史悠久，被认为是尼泊尔艺术的骄傲。尼泊尔的木雕作品在帕坦最为集中。走在帕坦的老城区街道上，无论是王宫建筑上的斗拱，还是普通百姓住宅的窗

[1] 王宏纬. 尼泊尔 [M]. 新版. 北京：社会科学文献出版社，2015：339-341.

[2] 王宏纬. 尼泊尔 [M]. 新版. 北京：社会科学文献出版社，2015：341-348.

户，技艺精湛的木雕作品随处可见。巴德岗有一座木雕博物馆，收藏了一些制作于 13 世纪的木雕珍品。尼泊尔古老的"蜡模浇铸法"金属造像工艺传承至今，其中释迦族人最擅长此工艺。在全国的工艺作坊中，帕坦的金属工艺作坊最为著名。

尼泊尔的绘画艺术在 5 世纪中叶的李查维时代就已经很发达。现存于巴德岗王宫的《罗摩衍那》壁画是马拉王朝时期的作品，具有很高的艺术价值。尼泊尔的现代艺术始于 19 世纪中叶，当时的统治者拉纳家族吸纳了西方建筑艺术和装潢艺术的特点。20 世纪 40 年代中期，尼泊尔成立了加德满都艺术学校，设有壁画和雕塑专业，现直属特里布文大学，有学生数百名，为尼泊尔培养了不少艺术人才。

三、文化名人

（一）阿尼哥

阿尼哥（1243—1306），尼泊尔建筑师、雕塑家、工艺美术家，元代跟随帝师八思巴来到元大都，以其卓越的技艺受到朝廷的重用。阿尼哥在中国 40 多年，把尼泊尔的金工技艺和佛像式样传入中国，影响了整个元代艺坛，培养出刘元等一批优秀的雕塑家。阿尼哥去世后被赐封为"凉国敏惠公"，被尼泊尔人民尊称为民族英雄。阿尼哥主持建造的北京白塔寺的白塔至今仍巍然耸立，成为中尼两国友好交往的历史见证。

（二）巴努巴克塔·阿查里亚

巴努巴克塔·阿查里亚（1814—1868），被誉为"尼泊尔诗歌第一人"。

梵文史诗《罗摩衍那》被他采用明快的节奏翻译成通俗易懂的尼泊尔语，深受尼泊尔人民的喜爱。尼泊尔语版《罗摩衍那》的出现，一改以往深奥难懂的梵文宗教术语和域外语种（如印地语）对尼泊尔文坛的统治局面，使尼泊尔文学开始走向"民族的文学"和"平民的文学"，标志着尼泊尔新文学的开始。[1]

（三）莫蒂拉姆·巴塔

莫蒂拉姆·巴塔（1866—1896），获尼泊尔"青年诗人"称号。他曾经在印度贝拿勒斯波斯语学校的尼泊尔语言中心学习，其间他接触并熟悉了各种文学流派，在写作方式上有所突破，开始尝试把尼泊尔民间歌曲融入尼泊尔语的诗歌创作中。巴塔非常喜爱巴努巴克塔·阿查里亚的文学作品，不仅收集出版他的文学作品，还为他撰写传记。从巴塔开始，尼泊尔才有了比较规范的尼泊尔语书籍出版。巴塔使尼泊尔语成为文学表达的又一重要语言，为尼泊尔文学的发展发挥了至关重要的作用。[2]

（四）古鲁·普拉萨德·迈纳利

古鲁·普拉萨德·迈纳利（1900—1971），尼泊尔第一位现代短篇小说作家。迈纳利的大多数作品都是围绕他身处年代的社会发展以及生活实际情况展开的，他对尼泊尔普通人境况的描绘无人能比。他的作品拉近了尼泊尔人民群众与文学的距离，深受尼泊尔人民喜爱。他的著名短篇小说有《病房》《稻草中的火》《烈士》《邻居》等，作品中的一些故事被收录在尼泊尔的中小学课本中。

---

[1] 赵暂. 高山下的歌声——现代尼泊尔语诗歌 [J]. 作家，2013（3）：16-24.

[2] 赵暂. 高山下的歌声——现代尼泊尔语诗歌 [J]. 作家，2013（3）：16-24.

（五）巴尔·克里希纳·萨马

巴尔·克里希纳·萨马（1903—1981），尼泊尔现代戏剧之父，出身于拉纳家族。萨马在尼泊尔文化的基础上，融合东西方文化，共创作了17部剧本，有悲剧、喜剧和历史剧。萨马的现代剧多以现代生活中的人和事为题材，反映家庭问题和社会问题。历史剧则以战士为主人公，使戏剧摆脱了神话或异国历史的单一题材。他的主要剧作有《北极》《满足》《心病》《我》等。萨马还是著名的诗人和画家，于1979年获得特里布文奖和普利特维奖。

（六）拉克西米·普拉萨德·德夫科塔

拉克西米·普拉萨德·德夫科塔（1909—1959），著名诗人、剧作家和学者，曾荣获尼泊尔"天才诗人"的称号。之所以被称为"天才"，是因为他能在很短的时间里创作出具有文学性和哲学性的长篇诗歌。他的第一首史诗《沙昆塔拉》就是在短短三个月的时间里完成的。他创作的叙事诗《穆纳和马丹》体现了尼泊尔青年的爱情观和对美好生活的向往，是极具浪漫情怀的典范之作，引领了现代尼泊尔语文学浪漫主义运动，为尼泊尔文学做出了巨大贡献。他的作品关注劳苦大众的生活，以激烈的言辞批判现实的弊病，对政客和社会不良之风进行毫不留情的讽刺，矛头直指拉纳政府，表现了对民主的渴望和对专制压迫的极力反抗。[1] 德夫科塔作为尼泊尔现代文学的开创者，在尼泊尔有着与中国新文学奠基人鲁迅相似的地位和影响。他毕生致力于社会的变革、人民的进步和国家的富强，其作品、思想和精神具有极大的感召力，教育和鼓舞了广大人民。[2]

---

[1] 赵旮. 高山下的歌声——现代尼泊尔语诗歌 [J]. 作家，2013（3）：16-24.

[2] 姜异新. "德夫科塔与鲁迅"学术研讨会综述 [J]. 鲁迅研究月刊，2015（10）：89-91.

（七）彼姆·尼迪·提瓦里

彼姆·尼迪·提瓦里（1911—1973），尼泊尔著名诗人、小说家和剧作家，创作了众多戏剧、短篇小说、诗歌作品。提瓦里深入了解尼泊尔的文化、历史和人们的生活，在戏剧创作中首次放弃使用古典戏剧中惯用的高级别梵语，而采用社会通用的尼泊尔语，为尼泊尔语争取了拓展文体的机会。除了体制和语言上的变革，他在现代戏剧的风格上也有不少开拓。[1] 提瓦里曾任尼泊尔教育部官员。1966 年，他作为尼泊尔教育部代表参加了联合国教科文组织东亚研讨会。他还创建出版社，成立致力于推广尼泊尔文学和戏剧的组织。

（八）戈帕尔·普拉萨德·里玛尔

戈帕尔·普拉萨德·里玛尔（1918—1973）出生于加德满都，被认为是尼泊尔第一个"革命诗人"，也是第一个拒绝使用韵律的人。里玛尔的作品一直试图传达男女平等的信息，其破旧立新的思想具有划时代的历史意义。1930 年，里玛尔因在《廓尔喀帕德拉》上发表诗歌而出名。除了文学创作，里玛尔还建立了一个名为帕贾·班查亚特的创造性组织，提出建立"村务委员会"制度的倡议。里玛尔极力反对拉纳统治阶层，为了普通百姓的基本权利而奋斗，并因为多次参与革命运动而被监禁。他的诗歌多以革命诗为主，政治色彩强烈，言辞有力，情绪奔放，感染力极强。[2] 其代表作《母亲的梦》讲述了母子之间的一段对话，以母亲的一场带有寓言性质的梦激励孩子为了国家和人民而奋起作战。[3]

[1] 赵暨. 尼泊尔现代文学世纪镜像 [J]. 天津外国语大学学报，2017（4）：67-71.
[2] 赵暨. 高山下的歌声——现代尼泊尔语诗歌 [J]. 作家，2013（3）：16-24.
[3] 赵暨. 尼泊尔现代文学世纪镜像 [J]. 天津外国语大学学报，2017（4）：67-71.

（九）巴伊拉吉·堪拉

巴伊拉吉·堪拉，1939 年生，卒年不详。堪拉是尼泊尔诗人，不仅从事尼泊尔东部林布族民族学研究工作，还致力于促进尼泊尔未成年人社区、民族文化、土著文化、民族语言和文学的保护和发展。他于 1990 年被提名为尼泊尔皇家学院成员。

20 世纪 60 年代初，随着尼泊尔短篇小说的发展，文学创作上出现了音韵上的多样性和作品的个性化。堪拉和诗人伊斯瓦尔·巴拉波、小说家因德拉·巴哈杜尔·拉伊一起，发起"第三维"运动，并联合创办了《第三维》这本有着重大意义的刊物。虽然该时期大多数的尼泊尔语作家开始了自觉的现代性创作，但没有人针对"现代"这个概念做出体系化的理论认定。直到《第三维》的出现，尼泊尔现代文学的理念和价值观才得以明确。

作为"第三维"运动的领导人，巴伊拉吉·堪拉、伊斯瓦尔·巴拉波和因德拉·巴哈杜尔·拉伊认为，在日常生活的二维世界里，文学应当作为一个看不见的"第三维"，成为生活中不可或缺的一部分，并承担衡量主观世界标尺的责任。[1]《第三维》的作品一般篇幅比较短小，且贴近生活，作品背景涵盖都市、乡村及尼印边界等区域，题材内容上更是直观揭露社会问题和社会矛盾，如男权社会主导下的女性境遇，种姓、阶级、民族之间的矛盾，廓尔喀士兵的现实生存问题，贫困问题，社会腐败问题和高新技术对生活的冲击等。《第三维》的作品内容丰富，视野广阔，切实地贯彻了"第三维"运动所提倡的文学创作要多维度展开的主张。

---

[1] 赵睿. 高山下的歌声——现代尼泊尔语诗歌 [J]. 作家，2013（3）: 16-24.

（十）莱恩·辛格·班格达尔

莱恩·辛格·班格达尔，1924 年生，卒年不详。班格达尔是尼泊尔的著名画家，毕业于印度加尔各答美术工艺学院，曾任尼泊尔美术学会和国际美术协会尼泊尔全国委员会顾问，在加德满都、德里、加尔各答、巴黎、伦敦、苏黎世和华盛顿等地举办过画展。如今，在欧洲的许多国家和加拿大、日本、美国、澳大利亚等国家都可以看到他的作品。[1]

（十一）丹增·诺尔盖

丹增·诺尔盖（1914—1986），尼泊尔探险家、登山家，被当地人称为"雪山之虎"。1953 年 5 月 29 日，诺尔盖担任新西兰登山家埃德蒙·希拉里的向导，两人一同攀登珠峰，首次实现了人类登上"地球之巅"的梦想。诺尔盖因为成功攀登珠峰而闻名世界。他后来去过很多国家和地区，向人们讲述他成功攀登珠峰的经验。

---

[1] 黄心川. 南亚大辞典 [M]. 成都：四川人民出版社，1998：57.

第三章 教育历史

第一节 历史沿革

一、教育简史

（一）早期教育（1853年以前）

尼泊尔的教育历史源远流长，其传授宗教经典的梵文教学传统可以追溯至3 000年前。[1]尼泊尔的传统教育以讲授印度教和佛教知识为主，最开始只有统治阶层和精英家庭才享有受教育的权利。

（二）现代教育的起源与初步发展（1854—1950年）

尼泊尔的现代教育可追溯到1854年。1854年，拉纳家族第一任首相忠格·巴哈杜尔·拉纳在自己的宫殿里开办了第一所英式学校。这所学校的课程设置非常全面，涉及英语、印地语、梵语、历史、地理、逻辑学、算

---

[1] 王宏纬. 尼泊尔 [M]. 北京：社会科学文献出版社，2004：300-302.

术等科目，标志着尼泊尔现代学校教育的开始。1918 年，时任首相昌德拉·苏姆谢尔建立了尼泊尔历史上第一所学院——特里布万·钱德拉中级学院（后改名为特里钱德拉学院）。而在此之前，社会地位较高的家庭通常会把子女送去印度上大学。到 1933 年，尼泊尔国内已经有 1 所学院、40 所中学、108 所小学、1 所医学学校和 9 所梵语学校。

（三）潘查亚特体制时期 [1] 现代教育的快速发展（1951—1990 年）

1951 年的人民运动把民主思想传播到了尼泊尔，尼泊尔的教育状况也因此发生了巨大变化。1951 年，尼泊尔组建了教育部，现代教育从此走上了快速发展的道路。1959 年，特里布文大学和一些农、林、工程技术学院相继建立。

1960 年 12 月，尼泊尔国王马亨德拉突然解散了执政仅 18 个月的尼泊尔大会党政府，取缔了所有的党派，终止了 1951 年以来实行了近 10 年之久的以多党竞争为基础的议会制，实行强调国民忠于国家和国王的无党派的潘查亚特体制，即无党派评议会制度。该体制的推行，不仅结束了尼泊尔动荡不安的民主试验期，开启了国家经济建设的新局面，而且使教育受到了前所未有的重视，一个种族平等和文化多元的和谐社会渐趋形成。[2]

1961 年，全面教育委员会成立。同年，尼泊尔实施大规模的教育体制改革，政府增加教育经费投入，并将各个学院并入特里布文大学。1971 年，

[1] 潘查亚特是印度教社会乡村由来已久的五人自治委员会，类似于村委会。马亨德拉国王在此基础上创立了一种从中央到地方的分级行政管理体制——村镇潘查亚特、县潘查亚特、区潘查亚特和国家潘查亚特。潘查亚特一词既指各级行政机构，又指它们各自管辖的范围。后来，县级潘查亚特被撤销，潘查亚特体系也就变成了三级体制。潘查亚特体制从 1961 年开始推行，1990 年在全国各界尤其是知识界的抗议和反抗声浪中终结。

[2] 王艳芬. 论尼泊尔潘查亚特体制的历史影响 [J]. 史学集刊, 2008（5）: 91-99.

尼泊尔实施第一个"教育发展五年计划",强调普及初等教育 [1],增加教育机会,使得学校数量与入学人数迅速增长。同年,尼泊尔政府发布《国家教育系统计划(1971—1976年)》,强调政府在教育规划、教育管理和教育投入等方面的角色和作用,并建议实行免费的初等教育。《国家教育系统计划(1971—1976年)》的发布,成为尼泊尔教育政策史上的里程碑之一,对尼泊尔的教育发展起到了积极的作用。

为进一步扩大教育覆盖面,1980年,尼泊尔政府利用联合国教科文组织、联合国开发计划署、联合国儿童基金会等国际组织的资助,发起农村发展教育项目,旨在发展农村地区的小学教育,为农村地区的发展提供动力。随着农村发展教育项目的成功实施,加上1984年世界银行和联合国儿童基金会的协助,尼泊尔在6个地区开展了初等教育工程。经过30多年的不懈努力,尼泊尔小学数量实现了显著增长,更多学龄儿童进入小学并完成学业,随后升入中学继续学习。

纵观潘查亚特体制下尼泊尔教育发展情况,结合国内外社会环境分析,这一时期尼泊尔教育快速发展的主要原因可以概括如下。

一是潘查亚特体制的推行使得国内政治局面相对稳定,为教育发展创造了有利的社会环境。这一体制的主要特征表现在政治上回归传统的国王集权,以消除党派之争。这一时期,国内政治斗争和动荡局面趋于缓和,实现了社会秩序的相对稳定。在实行一系列的措施之后,尼泊尔在政治领域基本实现了思想统一。马亨德拉国王强调传统价值,不断加强王权威信,同时重视城乡一体化发展,促进社会各方面的进步。此外,马亨德拉国王打破拉纳家族统治时期闭关锁国的外交政策,施展自身的外交才华,对外

---

[1] 尼泊尔的教育分为初等教育、中等教育和高等教育三个层级。初等教育即小学教育,其法定入学年龄为6岁,学制5年;中等教育包括初级中等教育、中级中等教育和高级中等教育。其中,初级中等教育即初中教育,学制3年;中级中等教育即高中教育,学制2年。高级中等教育即大学预科,学制2年。高等教育涵盖3年本科教育、2年硕士教育与3年博士教育。本书中尼泊尔的基础教育包括学前教育、初等教育(1—5年级)、初级中等教育(6—8年级)和中级中等教育(9—10年级),后三者是尼泊尔的10年免费教育阶段。

积极建立多边外交关系。在拉纳家族统治时期，与尼泊尔建交的国家只有5个，到 20 世纪 60 年代中期，与尼泊尔建立外交关系的国家达到 24 个。1969 年，尼泊尔还成为联合国安理会成员，国际地位大为提高。稳定的国内外社会政治秩序，为社会经济发展提供了良好的环境，使得政府可以集中主要精力推进国家的现代化。这些都大大有利于尼泊尔教育的发展。

二是经济发展为教育发展提供了有力的保障。在潘查亚特时期，尼泊尔政府以国家建设为明确目标，有序推动经济的现代化。马亨德拉国王继位后，规划了国家的发展目标，并实施了多个发展计划，加大对经济建设的投资。据统计，在第一个"五年计划"期间，政府总投资额仅为 3.34 亿卢比，到第二个"五年计划"时，投资额增至 6.7 亿卢比，且在随后的发展中，投资金额不断增加，到"七五计划"时，投资额已经增至 504.1 亿卢比。[1] 而且值得一提的是，在多个"五年计划"中，针对教育项目的投资占据了总投资相当的比重。同期，尼泊尔还加强对基础设施的建设。"一五计划"实施之前，全国公路总长 429 千米、铁路 81 千米、索道 22 千米、空中航路 576 千米。道路基础设施建设是国家经济、文化、教育发展的前提条件，为此，尼泊尔大力发展道路基础设施建设，从第一个"五年计划"开始，政府将发展公路建设放在各项基础设施建设的首位。截至 2000 年，尼泊尔公路总长已达 15 905 千米，其中沥青路面公路长 4 617 千米、碎石路长3 959 千米，还有 7 329 千米土路。[2] 公路的建设使特莱平原与首都等城市交通更加方便，也为经济落后地区的学生提供了更多的教育机会和教育资源。

三是为全面的教育计划提供政策支持。尼泊尔的教育规划比大多数发展中国家更为全面和有效，1953 年，由教育部部长组建了一个讨论尼泊尔教育问题和发展的委员会。这个由 56 名成员组成的委员会经过一年紧张的工作，根据尼泊尔的国内教育形势起草了一项长期、全面的教育计划。计

[1] 罗祖栋. 1986 年的尼泊尔经济 [J]. 南亚研究季刊, 1986（4）: 26-31.

[2] 驻尼泊尔使馆经商处. 尼泊尔公路建设现状及发展目标 [J]. 国际工程与劳务, 2005（1）: 32-33.

划不仅包括初等教育、高等教育、成人教育、职业技术教育的目标，还包括教师培训、教材开发、教育经费管理和监督等相关内容。具体内容如下：在 25 年内建立面向所有儿童的五年义务教育制；为全国 20% 的青年提供多用途的中学教育，并争取 10 年内在全国各行政区都建有高校；5 年内建立一所全国性住宿大学，并且在建成 5 年内为全国 5% 的青年提供高等教育；为所有希望在 15 年内获得高等教育的人提供成人教育（包括文学教育）。这个计划为日后尼泊尔的教育发展，以及尼泊尔参与联合国教科文组织亚洲教育项目的规划奠定了坚实的基础。

四是外国援助极大地推动了全国教育的发展。马亨德拉国王与世界上多个国家建立了外交关系，扩宽了本国的外交领域。他还利用自己的谈判才华与冷战时期各国的战略利益，吸引了美国、苏联、日本等国家和一些欧洲国家的大量援助。在潘查亚特时期，尼泊尔国内几乎所有的教育专业培训机构都是各国经济援助计划的一部分。例如，美国早期的援助帮助尼泊尔扩展了国家教育系统，并建立起相关的教师培训机构。1980—1990 年，美国对尼泊尔援助的重要部分是为尼泊尔留学生提供奖学金。苏联也在高等教育阶段特别是工程和医疗领域为尼泊尔学生提供了奖学金。自 20 世纪 70 年代开始，尼泊尔每年都有 60 多名学生获得奖学金并被苏联院校录取，他们在苏联留学的时间往往比在印度或者美国的同学的留学时间更长；在潘查亚特时期，共有 2 000 余名尼泊尔学生从这一项目中受惠。[1]

潘查亚特时期，尼泊尔教育取得了令人瞩目的成就：初等教育普及，中等教育发展，高等教育扩大，人口识字率显著提高，职业技术教育受到重视。虽然教育有了上述发展，但学生流失严重、男女教育不平等、师资力量薄弱等问题仍然存在。[2]

---

[1] 王艳芬. 论尼泊尔潘查亚特体制的历史影响 [J]. 史学集刊，2008（5）：91-99.

[2] 王艳芬. 论尼泊尔潘查亚特体制的历史影响 [J]. 史学集刊，2008（5）：91-99.

（四）国际合作与全民教育快速发展阶段（1990年至今）

1990年，尼泊尔重新组建了由16名委员组成的国家教育委员会。此后，政府开始鼓励私人办学，进一步促进了尼泊尔教育的长足发展。[1] 1991年，在联合国开发计划署的技术支持下，尼泊尔政府出台了《基础教育总计划（1997—2002年）》[2]。计划体现了尼泊尔初等教育的宏图，不仅为未来的发展制定了框架，也为尼泊尔政府和国际组织共同努力推动教育发展提供了方向。

《基础教育总计划（1997—2002年）》分两阶段实施，第一阶段工程是1992—1997年。1992年，借助与国际组织合作的经验，尼泊尔政府在世界银行、联合国儿童基金会等国际组织的帮助下，发布实施了《初等教育工程（1992—1997年）》，目标在于提高全国适龄儿童入学率、改善初等教育的教育质量和教育管理。1999年，初等教育工程在丹麦、芬兰、挪威和欧盟、世界银行、联合国儿童基金会等国家和国际组织一揽子筹资的帮助下开始实施第二阶段工程。

2000年4月，联合国教科文组织世界教育论坛在塞内加尔首都达喀尔召开，论坛通过了《达喀尔行动纲领》，为全民教育确定了六大目标并制定了时间表。[3] 全球164个国家和地区承诺要实现全民教育的六大目标，其中包括尼泊尔。为此，尼泊尔2003年出台了《全民教育国家行动计划（2001—2015年）》[4]，制定了尼泊尔全民教育发展的长期框架，目标便是使

---

[1] 王宏纬. 尼泊尔 [M]. 北京：社会科学文献出版社，2004：300-302.

[2] 《基础教育总计划（1997—2002）》原文件名为《基础和小学教育总计划（1997—2002）》(The Basic and Primary Education Master Plan for 1997—2002)，因基础教育包含小学教育，为避免读者产生歧义，故此处译为《基础教育总计划（1997—2002）》。

[3] 衣慧子，万秀兰. 南非与东非教育质量监测联盟运行机制研究 [J]. 基础教育，2012（5）：119-128.

[4] 行动计划的官方文件是2003年发布的。之所以写2001—2015年，是尼泊尔参考了2000年出台的《达喀尔行动纲领》（2001—2015年）。

3—5 岁儿童的入学率达到 80%，小学 1 年级入学率也达到类似的水平。尼泊尔全民教育计划主要在丹麦、芬兰、挪威、英国等国家的政府以及亚洲发展银行、世界银行、联合国儿童基金会、联合国教科文组织等机构的帮助下实施。

2009 年 8 月，尼泊尔政府在世界银行的帮助下，为《全民教育核心文件（2004—2009 年）》[1]制定了后续发展计划，即《学校部门改革计划（2009—2015 年）》。《学校部门改革计划（2009—2015 年）》是在受教育权、性别平等、包容和公平等关键政策目标和价值观的指导下编制的，将战略干预措施纳入改革计划。尼泊尔政府通过该计划从世界银行获得了贷款，贷款的 70% 用于初等教育阶段，30% 用于中等教育阶段。这些资金投入为促进尼泊尔基础教育阶段的教育平等起到了一定的作用。2016 年，世界银行继续对该计划予以贷款支持。

自 20 世纪 50 年代以来，尼泊尔在外国政府和国际组织的帮助下，出台了一系列的教育改革计划、规划、工程和政策，使尼泊尔的现代教育实现了从无到有的转变，有力地推动了教育的发展。但是，尼泊尔的教育发展受制于社会、经济、文化等多方面因素，仍有很长的路要走。教育质量的提升、教育公平的实现、基础教育的覆盖等问题始终困扰着尼泊尔教育的发展。

二、教育类型

尼泊尔的教育可分为正规教育和非正规教育，正规教育由初等教育、中等教育和高等教育组成，非正规教育主要由学前教育、校外教育、女童

---

[1]《全民教育国家行动计划（2001—2015 年）》框架内的第一个五年战略计划。

教育、职业教育、特殊教育、成人教育、远程教育和开放教育等组成。[1]

初等教育即小学教育，为期 5 年，从 1 年级到 5 年级；中等教育为期 7 年，其中包括初级中等教育 3 年、中级中等教育 2 年、高级中等教育 2 年，分别对应 6—8 年级、9—10 年级和 11—12 年级；高等教育为期 8 年，包括 3 年本科、2 年硕士、3 年博士。如今，尼泊尔实行 10 年免费教育制，初等教育、初级中等教育和中级中等教育学费全免。

尼泊尔的教育也有公立和私立之分。在尼泊尔，公立学校更受贫困学生的青睐，而私立学校则主要面向中产阶级家庭和富人家庭的学生。在过去的 20 年里，尼泊尔的私立高等教育获得了长足的发展，其发展势头甚至超过公立高等教育，政府对私立大学也提供了大量资助，如私立大学加德满都大学就获得了政府的大量资助，大学拨款委员会对其生均资助甚至超过了对特里布文大学附属公立学院的资助。

尼泊尔的校外教育始于 1992 年，其主要对象是 6—14 岁未入学的学龄儿童，是政府针对农村儿童入学率偏低而采取的一项措施。尼泊尔广大西部地区经济落后，办学条件极差，教师奇缺，学龄儿童入学率很低，但辍学率很高。校外教育是解决这些问题的重要举措之一。校外教育会定期或不定期地举行补习班，主要由一些国际组织或国内非政府组织举办。这类补习班在一定程度上可以帮助减少文盲儿童人数，但由于缺乏具体的统计数据，目前还不知道这一教育形式已使多少儿童受益。

近些年，尼泊尔政府大力支持和鼓励女童入学接受教育，但男童和女童的入学率差异依旧明显。随着年级的增高，女生在班级中所占的比例逐渐下降，年级越高所占比例越低。也就是说，女生辍学现象随着年级的增高愈发严重。[2]

---

[1] 后文有专门的章节对学前教育、初等教育、中等教育、高等教育、职业教育和成人教育进行介绍，此处省略。

[2] 资料来源于联合国教科文组织统计研究所官网。

尼泊尔政府制定了明确的政策，以满足特殊儿童的教育需要。尼泊尔于 1971 年通过了《国家教育系统计划（1971—1976 年）》，从根本上确立了国家对特殊教育所负的责任。尼泊尔政府还制定了一项教育智障儿童的计划，并于 1980 年建立了一所名为 "Nirmal 儿童发展中心" 的学校。《尼泊尔宪法》（2015 年）第 31 条也规定了特殊人群有受教育的权利，从法律上确保残疾人和经济上处于边缘地位的人都有接受教育的权利。[1] 目前，尼泊尔国内约有 34 所特殊学校，负责照顾严重残疾儿童。此外，尼泊尔还设有残疾儿童综合学校，来满足轻度残疾儿童和因各种原因需要特别照顾的儿童的需要，如身处冲突地区的儿童、由于贫困和地理原因被剥夺了教育机会的儿童等。

尼泊尔的远程教育发展缓慢。2001 年，特里布文大学开设了一年制远程教育学士课程。远程教育教材由尼泊尔国家教育发展中心审定，教学采用无线电广播、录音带和印刷资料相结合的方式进行。尽管接受远程教育的学生考试成绩比在正规学校接受教育的学生好，但远程教育文凭在尼泊尔社会的认可程度仍然非常低。[2]

第二节　教育人物

一、忠格·巴哈杜尔·拉纳

忠格·巴哈杜尔·拉纳，1846—1877 年担任尼泊尔首相。他在任职期

---

[1] JUNG, DAE-YOUNG, RABINDRA S, SHIWKOTI R. Special education policy in Nepal: a critical review from policy theory[J]. Journal of educational innovation research, 2017(4): 219-240.

[2] 雷尼，梅森，刘伟. 不丹和尼泊尔高等教育机构中分布式教育的发展 [J]. 教育观察，2013（8）：90-94.

间确立了拉纳家族世袭首相的制度。他为尼泊尔引进了英语教育，对促进尼泊尔英语教育的发展发挥了不容忽视的作用。

拉纳在访问欧洲国家期间，目睹了英国取得的成就，这给他留下了深刻的印象，使他认识到英语在与外界沟通时的重要性。他认为应该让自己的儿子接受西方教育，因此在回国的时候，他带了两位英国教师一同归国。1854 年，他在住所塔帕塔利宫建立了尼泊尔第一所英式学校（即后来的杜巴中学），但是这所学校的接收对象仅限于拉纳家族的子女，不对普通家庭开放。学校沿袭的是英国传统的学校教育路线。1876 年，学校开始对高级政府官员的子女开放。1900 年，学校改为公立学校。

二、迪迪·阿查日·迪赤 [1]

迪迪·阿查日·迪赤，《妇女教育》一书的作者。1914 年，《妇女教育》在印度孟买出版，这是首部有关尼泊尔性别教育不平等以及呼吁改革尼泊尔妇女教育的著作。在书中，迪迪·阿查日·迪赤特别强调社会应该为妇女教育提供条件，妇女在社会中应获得应有的地位，社会要重视妇女教育的作用和社会意义。这本书由于没有充足的资料来论述妇女教育的重大意义，在尼泊尔社会上并没有引起强烈的反响。但是，作为第一部有关尼泊尔妇女教育的书，它在尼泊尔教育历史上具有划时代的意义，在一定程度上促进了尼泊尔社会对妇女教育的重视。

---

[1] 赛苗. 尼泊尔女童教育研究 [D]. 保定：河北大学，2009.

第四章 学前教育

第一节 学前教育的发展和现状

尼泊尔的现代教育可以追溯到 19 世纪中叶拉纳家族统治时期，但是早期的现代教育专为贵族阶层和上层社会服务，扩大教育对象被认为是对统治者权力的威胁。直到 1950 年，尼泊尔才有了正规学校教育。自那以后，尼泊尔政府意识到教育在增强人民的生活技能、知识、经验智慧，在解决国家贫困问题和推动经济社会繁荣发展中的重要性，开始高度重视教育发展，视教育发展为国家最重要的优先发展事项之一。1951 年，尼泊尔开始发展小学教育。1954 年以来，尼泊尔的教育部门一直强调为所有尼泊尔公民提供基础教育的必要性。在接下来的几十年里，尼泊尔陆续建立了各种学校。

所谓"学前教育"，联合国教科文组织等国际组织通常使用 Early Childhood Education（ECE）、Early Childhood Education and Care（ECEC）、Early Childhood Care and Education（ECCE）几种提法，直译即"早期教育"或"早期保教"，而具体到不同国家，"学前教育"所指不尽相同，所适用的法律不同，法定行政主管部门也不同。[1] 尼泊尔《教育法第八修正案》明

---

[1] 沙莉，杨利民，刘园. 依法保障学前教育发展的国际经验及启示 [J]. 人民教育，2018（9）: 27.

确规定了基础教育包括从儿童早期教育和发展（Early Childhood Education and Development，以下简称 ECED）到 10 年级的全部教育。自此，ECED 正式纳入国家义务教育，儿童早期教育成为尼泊尔学前教育的基本形式。[1]

根据《全民教育国家行动计划（2001—2015 年）》，ECED 主要是针对 3—5 岁的儿童，旨在促进他们的身体、社交能力、情绪和心理得到全面发展。根据尼泊尔《全民教育国家行动计划（2001—2015 年）》，尼泊尔学前教育机构主要有以下几种，即基于学校本校的学前班、《基础教育总计划（1997—2002 年）》支持的基于社区的儿童早期教育和发展中心、不同的国际和国内非政府组织以及其他社会组织运行的基于社区的学前教育中心。此外，还有设在私立学校的托儿所和幼儿园。其中，公立学校为所有 4—5 岁的幼儿提供免费入园学习机会；社区学前教育中心主要面向 2—4 岁的儿童，可免费入园；私立学校通常面向 3—5 岁的儿童，并把儿童根据年龄分到幼儿园小班和幼儿园大班，但是收费较贵。在尼泊尔，几乎所有的私立学校都开设了学前三年课程，社区学前教育中心则开设两年课程，公立学校开设一年课程。

一、学前教育的发展历程

（一）学前教育的创立阶段

1948 年在加德满都建立的蒙台梭利学校标志着尼泊尔儿童早期教育和学前教育的开始。[2] 1951 年，尼泊尔教育部成立，负责全国的教育发展，

---

[1] 本章专门介绍尼泊尔的学前教育，而第五章则专门介绍尼泊尔基础教育中除学前教育以外的其他阶段，特此说明。

[2] 资料来源于尼泊尔教育部官网。

尼泊尔开始正式发展包括学前教育在内的基础教育。20 世纪 50 年代初，尼泊尔的开放政策促使各种学校快速发展。当时，许多家里无人照顾的低龄儿童跟着哥哥姐姐们一起进入学校，与他们一起上课。这是尼泊尔学前教育历史上的一段特殊时期。

在接下来的时间里，由于尼泊尔政局动荡，学前教育发展缓慢。1960 年 12 月，马亨德拉国王亲政。在他执政早期，尼泊尔儿童组织（Nepal Children Organization，简称 NCO）推出了儿童早期教育和发展计划，在各地建立了儿童保育中心，开展儿童保育教育。但是，儿童保育中心的覆盖范围很小，仅限于设有儿童组织分支机构的地区。20 世纪 70 年代初，尼泊尔的一些私立学校开设了学前教育课程，使更多的儿童获得了接受学前教育的机会。

（二）学前教育的发展阶段

20 世纪 80 年代至 20 世纪末是尼泊尔学前教育的早期发展阶段。随着私立学校的扩张，实施幼儿发展计划的私立学校越来越多，尤其是在经济较发达的城市地区，一些负担得起私立学校费用的家庭的儿童从中受益。1986—1987 年，尼泊尔的学前教育主要是由非政府组织"儿童协会"来实施的。"儿童协会"在尼泊尔的一些地区开办"儿童中心"来开展学前教育。20 世纪 80 年代，在尼泊尔的一些大城市，特别是首都加德满都，对能用英语授课的学前教育学校的需求越来越大。

此阶段学前教育发展的主要特征是儿童早期发展（Early Childhood Development，以下简称 ECD）[1] 项目的大力推广。20 世纪 90 年代，[2] 在农村

---

[1] ECD 中心还有许多其他的名称，如儿童早期发展中心、学前教育中心、托儿所、幼儿园和学前学校等。

[2] 1950—1990 年，其他一些非政府组织也积极致力于尼泊尔学前教育的发展，但学前教育总体来说规模较小，且集中在城市，能接受教育的儿童数量较少，在农村和偏远地区的儿童基本没有条件和机会接受学前教育。

地区，因为没有正规的幼儿园或学前班，加上许多家庭经济负担很重，很多父母把只有三四岁的孩子送到公立小学去上 1 年级，导致公立小学的压力骤增，而 1990 年制定的宪法和 1991 年制定的尼泊尔《儿童权利和福利法》都明确规定要保障儿童的权利。因此，尼泊尔政府决定在学前教育和基础教育项目下开发 ECD 项目。ECD 的概念起源于西方，关注的是 0—5 岁儿童 [1] 的身心健康发展。尼泊尔的 ECD 政策实施的主要对象是 3—5 岁的儿童，旨在促进他们的身体、社交、情绪和心理发展。

1990—1991 年，尼泊尔的小学引进 ECD 项目。1999 年，尼泊尔教育部把 ECD 项目推广到社区，领导和协调 ECD 项目的各项活动，以促进 3—5 岁儿童的全面发展。尼泊尔首先在 75 个地区中的 42 个地区实施了社区 ECD 项目，到 2004 年建成了 5 700 个社区 ECD 中心。[2] 公立学校的 ECD 中心为所有 4—5 岁的儿童提供 1 年的免费服务，社区 ECD 中心主要为 2—4 岁的儿童提供免费服务。这些中心能得到尼泊尔教育部和地区教育办公室的技术支持。

20 世纪 90 年代初，尼泊尔政府制定的第九个"五年计划"（1997—2002）明确了建立 1 万所学前教育学校的目标，但最终只建成了 2 915 所。[3] 2000 年，尼泊尔有 4 004 所私立学校开设了学前教育课程。[4] 1990—2005 年，虽然尼泊尔政府、私营组织、非政府组织重视并致力于儿童的早期发展，但是在就读小学 1 年级的学生当中，接受过学前教育的学生仍只占少数。

（三）学前教育的快速发展阶段

自 2006 年以来，尼泊尔的 ECD 项目发展迅速。2006 年，尼泊尔全国

---

[1] 也有文献称 ECD 关注的是 0—8 岁儿童的身心健康发展。

[2] 资料来源于儿童研究网（Child Research Net）官网。

[3] 资料来源于儿童研究网（Child Research Net）官网。

[4] 资料来源于儿童研究网（Child Research Net）官网。

有 12 062 个 ECD 中心，2008 年增加到 23 659 个，仅加德满都就从 2006 年的 732 个增加到 2008 年的 919 个。[1] 这些 ECD 中心分别设在社区、公立学校和私立学校。城市的 ECD 中心设在私立学校的较多。以 2008 年加德满都的 919 个 ECD 中心来说，只有 46 个设在社区，186 个设在公立学校，其余的都设在了私立学校。[2] 但就全国而言，设在公立学校的 ECD 中心的数量大于设在社区和私立学校的总和。例如，2008 年，全国有 23 659 个 ECD 中心，其中 6 332 个设在社区，3 636 个设在私立学校，其余的都在公立学校。[3] 2001 年，尼泊尔颁布《全民教育国家行动计划（2001—2015 年）》，设立的目标是截止到 2020 年在全国设立 74 000 个 ECD 中心。

随着 ECD 中心的增加，越来越多的儿童进入 ECD 中心学习。2006 年，对尼泊尔 23 个地区（不包括加德满都和其他大城市）的 4 168 所学校的调研报告显示，这些地区有 8.07% 的儿童进入 ECD 中心接受教育。2003 年，接受过 ECD 教育的儿童有 257 121 名，2006 年增长到了 553 983 名，年增长率为 29.2%。[4]

自 20 世纪 90 年代以来，尼泊尔通过推行 ECD 项目，提高儿童素质教育方面的投资，不断促进学前教育的进步和全面发展。尼泊尔政府和教育部门近年来也一直强调扩大公平和提供负担得起的儿童发展服务，将其工作重点先后从儿童早期教育、儿童早期护理和教育，转移到儿童早期发展上来。但是，ECD 项目仍未实现全民覆盖，而且 ECD 中心的可达性和可负担性也因社会经济群体而异，生活在偏远地区和经济落后地区的儿童往往无法获得高质量的服务。

---

[1] 资料来源于儿童研究网（Child Research Net）官网。
[2] 资料来源于儿童研究网（Child Research Net）官网。
[3] 资料来源于儿童研究网（Child Research Net）官网。
[4] 资料来源于儿童研究网（Child Research Net）官网。

二、学前教育的发展现状

自尼泊尔教育部成立以来，尼泊尔政府意识到学前教育以及儿童早期发展对稳定基础教育、解决贫困问题、持续推动社会经济发展的重要性，积极发展学前教育，学前教育的机构数量、师资和基础设施等也都得以快速发展。

（一）ECD 中心数量逐年递增但区域分布不均

2007—2017 年，尼泊尔的 ECD 中心数量逐年递增。2007 年，有 ECD 中心 19 936 个，2017 年增加到 36 568 个，增加了 16 632 个，年增速为 6.97%。2007—2011 年，每年最少增加 2 000 个 ECD 中心；从 2012 年起，增速放缓，每年增加的数量少于 1 000 个。详见图 4.1 所示。

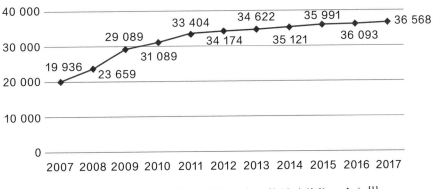

图 4.1 2007—2017 年尼泊尔 ECD 中心数量（单位：个）[1]

尼泊尔 ECD 中心增长迅速但区域分布不均。2017 年，尼泊尔有 ECD 中心 36 568 个。其中，第一省有 6 983 个，第二省有 4 946 个，巴格马蒂省有 6 948 个，甘达基省有 4 179 个，蓝毗尼省有 6 464 个，卡尔纳利省有 2 711 个，

---

[1] 资料来源于尼泊尔教育部官网。

远西省有 4 337 个。学校最多的第一省比最少的卡尔纳利省多了 4 272 个，学前教育机构的区域分布差异较明显。社区学校的增速也较为显著。2009—2016 年，社区学校逐年递增，其中 2011 年比 2010 年增加了 2 000 所。2017 年，尼泊尔共有社区学校 30 448 所，其中第一省 5 967 所，第二省 4 479 所，巴格马蒂省 5 017 所，甘达基省 3 307 所，蓝毗尼省 5 399 所，卡尔纳利省 2 512 所，远西省 3 767 所。同年，尼泊尔机构学校 6 120 所，其中第一省 1 016 所，第二省 467 所，巴格马蒂省 1 931 所，甘达基省 872 所，蓝毗尼省 1 065 所，卡尔纳利省 199 所，远西省 570 所，各省的学校数量存在着较大差距。[1]

（二）教学活动安排

尼泊尔的 ECD 中心针对儿童早期发展特点制定了相应的教学活动和日常活动。以 3—4 岁儿童为例，ECD 中心制定的教学活动和日常活动的具体内容及其时间安排见表 4.1 和表 4.2。

表 4.1 尼泊尔 ECD 中心为 3—4 岁儿童制定的教学活动及其时间安排 [2]

教学活动	3 岁	4 岁
健康习惯的养成，道德观和价值观的树立，生活技能的掌握	30 分钟	40 分钟
自由活动	60 分钟	45 分钟
语言表达	45 分钟	60 分钟
计划好的社交活动	30 分钟	45 分钟
体能锻炼	45 分钟	30 分钟
计划好的学习活动	30 分钟	60 分钟

---

[1] 资料来源于尼泊尔教育部官网。

[2] 资料来源于尼泊尔教育部官网。

表 4.2 尼泊尔 ECD 中心为 3—4 岁儿童制定的日常活动及其时间安排 [1]

日常活动	时间
户外活动	15 分钟
体育活动和社交活动	15 分钟
小组作业	30 分钟
个人游戏	15—30 分钟
计划好的活动	15 分钟
计划好的小组活动	20 分钟
健康、道德小知识 / 休息	10 分钟
午餐、上卫生间	—
音乐和角色表演	30 分钟
休息	10 分钟
个人自由活动	15—30 分钟
计划好的小组游戏	10 分钟
音乐表现力	10 分钟
课堂管理	15 分钟
放学准备活动	10 分钟

（三）入学率和在校学生情况

2017 年，尼泊尔按省划分的 ECD 毛入学率为 84.5%，其中，女生毛入学率 84.1%，男生毛入学率 83.7%。巴格马蒂省的毛入学率在尼泊尔 7 个省中最高，达 93.5%；第二省的毛入学率在 7 省中最低，仅 72.2%，见表 4.3。[2] 2017 年，7 个省中有 ECD 经历的儿童占 1 年级新生人数比例最低的是甘达基省，为 59.8%；其余 6 省的 1 年级新生中至少 62% 的新生有 ECD 经历。[3]

---

[1] 资料来源于尼泊尔教育部官网。

[2] 资料来源于尼泊尔教育部官网。

[3] 资料来源于尼泊尔教育部官网。

表 4.3 2017 年尼泊尔按省划分的 ECD 毛入学率（%）

省份	女生	男生	合计
第一省	90.5	92.1	91.3
第二省	70.8	73.5	72.2
巴格马蒂省	93.6	93.3	93.5
甘达基省	96.4	82.7	89.4
蓝毗尼省	82.8	85.2	84
卡尔纳利省	76.8	78.9	77.8
远西省	86	90.2	88.1
合计	84.1	83.7	84.5

2017 年，尼泊尔接受 ECD 教育的在校生共有 1 058 127 人，第一省有 255 778 人，第二省有 122 366 人，巴格马蒂省有 209 522 人，甘达基省有 99 413 人，蓝毗尼省有 213 611 人，卡尔纳利省有 53 002 人，远西省有 104 435 人；其中男生 605 868 人，女生 452 259 人。从性别来看，接受学前教育的男生比女生多，详见表 4.4。[1]

---

[1] 资料来源于尼泊尔教育部官网。

表 4.4 2017 年尼泊尔接受 ECD 教育的在校生人数 [1]

省份	在校生人数（人）[2]									在校生人数占学龄儿童总人数的比例（%）		
	共计			达利特族			本土民族			达利特族	本土民族	其他
	女生	男生	共计	女生	男生	共计	女生	男生	共计			
第一省	75 400	180 378	255 778	11 088	11 587	22 675	38 984	42 126	81 110	14.6	52.1	33.3
第二省	57 547	64 819	122 366	12 144	13 144	25 288	7 912	8 112	16 024	20.7	13.1	66.2
巴格马蒂省	97 827	111 695	209 522	7 882	8 726	16 608	57 144	64 628	121 772	7.9	58.1	34
甘达基省	46 469	52 944	99 413	11 701	12 872	24 573	20 416	22 785	43 201	24.7	43.5	31.8
蓝毗尼省	99 552	114 059	213 611	19 459	21 643	41 102	41 312	46 913	88 225	19.2	41.3	39.5
卡尔纳利省	25 944	27 058	53 002	7 893	7 994	15 887	3 820	4 151	7 971	30	15	55
远西省	49 520	54 915	104 435	13 174	13 439	26 613	7 934	8 928	16 862	25.5	16.1	58.4
合计	452 259	605 868	1 058 127	83 341	89 405	172 746	177 522	155 517	333 039	18	39.2	42.8

[1] 资料来源于尼泊尔教育部官网。

[2] 达利特族是尼泊尔的低种姓人群，在社会生活中处于不利或被边缘化的特殊境地。

2017 年，尼泊尔各省 ECD 在校生中的达利特族和本土民族儿童占比不是很均衡。第一省占比最高的是本土民族，高达 52.1%，其他族占 33.3%，达利特族占比最低，仅占 14.6%；第二省占比最高的是其他族，占比 66.2%，其次是达利特族，占 20.7%；巴格马蒂省、甘达基省和蓝毗尼省占比由高到低分别是本土民族、其他族和达利特族；卡尔纳利省和远西省占比由高到低依次是其他族、达利特族和本土民族。第一省、巴格马蒂省、甘达基省和蓝毗尼省本土民族的在校儿童明显多于达利特；相反，第二省、卡尔纳利省和远西省达利特族略多于本土民族。

ECD 入学率和有 ECD 教育经历的人数占 1 年级新生的比例可反映出尼泊尔学前教育的普及和发展程度。两者的占比越高，表明学前教育的普及发展程度越高，反之则越低。尼泊尔教育改革明确要求增加学前教育的入学机会和提高教育质量。《学校部门发展计划（2016—2023 年）》和《项目结果框架》提出，2016—2017 年度，尼泊尔的小学毛入学率从 81% 增至 82.6% 的目标。为此，尼泊尔"年度战略实施计划"规定，为最大限度地提供以学校为基础的学前教育和利用现有资源，在招生地区重新安排和合并 ECD 设施。[1] 经过多部门的齐心协力，尼泊尔学前教育的普及范围越来越广，发展程度也越来越高。

2017 年，各省 1 年级新生中，有 ECD 教育经历的人数占总人数的比例过半，从高到低分别是第二省（72.2%）、远西省（68.4%）、巴格马蒂省（65.7%）、第一省（65.5%）、蓝毗尼省（64.3%）、卡尔纳利省（62.4%）、甘达基省（59.8%）。值得一提的是，各省 1 年级新生中有 ECD 教育经历的男女生比例相差较小，且巴格马蒂省、远西省的女生比例还高于男生，这归功于尼泊尔政府长期致力于消除教育性别不平等的努力。《达喀尔行动纲领》的行动框架指出，应"更加重视到 2005 年消除中小学教育中的性别差

---

[1] 资料来源于尼泊尔教育部官网。

异，到 2015 年实现两性平等，重点是确保女孩充分平等地接受和完成优质基础教育。"尼泊尔政府的教育计划纳入了该协定的许多原则，其中包括两性平等原则。[1] 为此，尼泊尔教育部出台了多个战略发展规划并修订教育法，特别强调消除教育性别不平等。

（四）教师情况

2017 年尼泊尔各省学前教育教师无论从性别还是从地域分布看，都很不均衡，详见表 4.5。从性别来看，2017 年，全国共有学前教育教师 51 490 人，其中，女教师 45 600 人，男教师 5 890 人，女教师人数约为男教师的 8 倍。从地域分布看，教师人数分布不均，最多的是巴格马蒂省，有 11 912 人，占全国教师的 23.1%；蓝毗尼省 9 196 人，占全国教师的 17.9%；第一省 9 009 人，占全国教师的 17.5%；第二省 6 270 人，占全国教师的 12.2%；甘达基省 6 131 人，占全国教师的 11.9%；远西省 5 537 人，占全国教师的 10.8%；卡尔纳利省最少，有 3 435 人，占全国教师的 6.7%。2017 年，尼泊尔学前教育教师与学生比为 1∶19，说明了学前教育教师的工作强度较大。因此，扩大教师队伍、降低师生比、减低教师工作强度，是尼泊尔提升学前教育教学质量的必然需要。

---

[1] 资料来源于尼泊尔教育部官网。

表 4.5 2017 年尼泊尔学前教育教师情况 [1]

省份	教师人数（人）			占全国教师人数比例（%）	学生人数（人）	师生比
	女性	男性	合计			
第一省	7 952	1 057	9 009	17.5	155 778	1∶17
第二省	5 471	799	6 270	12.2	122 366	1∶20
巴格马蒂省	10 517	1 395	11 912	23.1	209 522	1∶18
甘达基省	5 323	808	6 131	11.9	99 413	1∶16
蓝毗尼省	8 395	801	9 196	17.9	213 611	1∶23
卡尔纳利省	3 061	374	3 435	6.7	53 002	1∶15
远西省	4 881	656	5 537	10.8	104 435	1∶19
合计	45 600	5 890	51 490	100.0	958 127	1∶19

（五）教育经费情况

2014—2017 年，尼泊尔学前教育的预算占教育总预算的比例分别为1.78%、1.47%、2.33%、2.03%，经费占比虽有小幅提高但增幅不大，且与其他教育经费相比，占比极低，仅比"识字与终身教育"和"其他"两项略高，详见表4.6。

表 4.6 2014—2017 年尼泊尔各类教育预算在教育总预算中的占比（%）[2]

教育预算	2014 年	2015 年	2016 年	2017 年
学前教育	1.78	1.47	2.33	2.03
1—8 年级教育	54.28	54.09	51.16	51.55

---

[1] 资料来源于《尼泊尔教育（2017 年）》。表中的人数包括在幼儿中心、社区学校和机构学校学前班工作的辅导员和教师。

[2] 资料来源于尼泊尔教育部官网，因为部分数据为约数，所以存在总和不等于 100% 的情况。

教育预算	2014 年	2015 年	2016 年	2017 年
9—12 年级教育	19.89	20.99	22.6	23.51
职业技术教育与技能发展	4.37	4	3.26	2.94
高等教育	8.19	8.19	8.55	8.26
教育管理	2.3	2.29	2.32	2.78
识字与终身教育	1.46	0.4	0.79	0.5
其他教育	0.65	0.1	0.31	0.33
教辅人员养老金	7.08	8.47	8.67	8.09

尼泊尔提升学前教育质量的目标是确保儿童在符合最低质量标准和最低有利学习环境的情况下接受学前教育，师资的数量和质量是实现这一目标的重要支撑力量，尼泊尔政府针对学前教育教师的培养也做了相应的计划和要求，详见表4.7。

表 4.7 尼泊尔 2015—2021 年学前教育教师计划与要求

项目		2015—2016 年度	2016—2017 年度	2020—2021 年度
接受过培训的学前教育教师占比（%）	总计	93.7	94.4	97
	男性	92.3	92.9	95.6
	女性	95.1	95.8	98.5
具备必要资格的学前教育教师占比（%）		93.7	—	97

第二节 学前教育的特点和经验

尼泊尔政府自 20 世纪 80 年代开始推行儿童早期发展政策以来,学前教育逐渐受到全社会的关注。通过对尼泊尔学前教育发展历史和现状的梳理,可以看出,尼泊尔的学前教育有着自身的特点和经验。尼泊尔学前教育的发展离不开尼泊尔政府在政策法规、经费支持、师资培训等方面的关注和重视。同时,政府也鼓励各类非政府组织、学校、社区团体和家庭等共同承担儿童早期教育和发展方面的具体工作。在多方的共同努力下,尼泊尔的学前教育得到了较快的发展,学前儿童入学率也有了显著提高。2011—2014 年,尼泊尔的学前教育入学率增长幅度达到了 76%。[1] 学前教育机构也从 1984 年的 153 个增加到了目前的 35 000 多个,在校生从近 15 000 人一年增加到目前的 100 多万儿童。[2] 由于尼泊尔是一个传统的农业国家,经济发展缓慢落后,农村地区贫困人数众多,学前教育还远远没有实现全民覆盖。从社会公平角度来看,生活在偏远地区和经济落后地区的儿童往往无法获得高质量的学前教育。

一、学前教育的特点

(一)起步较晚且发展面临较多困难

尼泊尔的学前教育历史只有短短几十年的时间。1948 年加德满都蒙台梭利学校的建立标志着尼泊尔学前教育的开始。在接下来的 40 年时间里,

---

[1] 杨成明,和震. 南亚全民教育发展:现状、愿景及挑战——基于 SAARC 国家 2000—2015 教育数据与 UNESCO 最新政策的分析 [J]. 外国教育研究,2017,44(7):98-114.

[2] 资料来源于研究之门(Researchgate)网站。

尼泊尔的学前教育发展相对缓慢。1960 年，尼泊尔儿童组织推出了建立儿童早期发展中心计划，在一些地区建立了儿童保育中心，但由于一个地区只有一个儿童组织的分支机构，每个主要区域只能建立地区总部儿童保育中心，因此远远不能满足其他地区，尤其是偏远地区的学前教育需求。1970年以后，一些私立学校开始开设学前教育课程，更多的儿童能享受到幼儿早期教育服务。20 世纪 80 年代，尼泊尔政府的农村发展项目强调建立儿童保育中心，为一部分母亲减轻负担，鼓励她们从事一些创收活动，这也在一定程度上促进了学前教育的发展。2001 年，尼泊尔颁布《全民教育国家行动计划（2001—2015 年）》，学前教育开始有了较好的发展，但是由于社会、文化、历史、种族、宗教等导致的社会不公平和贫富差距等问题，尼泊尔学前教育的发展受到了一定的影响。

（二）普及程度和教育资源供给不断提高

学前教育入学率能体现一个国家的学前教育普及程度。2004 年，尼泊尔全国儿童的入学率是 18%；根据 2009 年尼泊尔教育部的报告，升入小学的儿童当中有过学前教育经历（其中包括 1 年、2 年、3 年学前教育经历）的只有 64%；2013 年这一数字增长到 84%。[1] 可以看出，尼泊尔的学前教育普及程度在不断提高。尼泊尔的私立幼儿园在学前教育的早期发展中充分发挥了它的作用，特别是在城市高收入家庭子女的学前教育中扮演了重要的角色。随着尼泊尔教育体制的不断完善，公立幼儿园的比重在不断增加。

---

[1] 资料来源于尼泊尔教育部官网。

（三）越来越关注教育公平

教育公平又称教育机会均等，是当今世界范围内一个重要的教育理念和原则，也是国家对本国教育资源配置的合理规范和要求。西方一些国家如英国早在 1997 年就推出专为 5 岁以下儿童设计的"确保开端"计划。此计划特别关注国内弱势群体儿童的学前教育问题，提高了弱势群体儿童的学前教育入学率，促使英国学前教育得到进一步普及和向更均衡的方向发展，教育质量也得到了较大的提高。

尼泊尔是一个有着漫长封建历史的欠发达农业国家，经济水平落后，性别不平等现象较为普遍，加之种姓制度在人们心中根深蒂固，导致女童受教育的机会远远低于男童。这一社会问题已引起政府的关注。此外，政府对女教师、其他弱势群体和经济欠发达地区的教育问题也有所关注。近年来，尼泊尔从自身政治体制、经济发展以及学前教育管理体制出发，出台了提高学前儿童入学率，特别是提高女童等弱势儿童入学率的政策。目前来看，尼泊尔女童和其他弱势儿童的学前教育接受机会比以往要多一些，这对社会也产生了积极影响，改变了不少家庭的命运。[1]

《全民教育国家法（2012—2015 年）》规定，尼泊尔学前教育的总体目标是"面向国内所有适龄幼儿，保障其受教育权"。该法为尼泊尔《学校部门发展计划（2016—2023 年）》中学前教育政策的实施奠定了基础。按照该法，尼泊尔的学前教育目标可划分为三个层次。第一，面向尼泊尔的所有适龄幼儿，主要涉及使适龄幼儿在智力、体育、道德等各方面得到协调均衡发展，为幼儿将来进一步接受小学教育奠定良好的基础。第二，秉承教育公平公正的原则，确保学前教育面向种姓地位低的幼儿、残疾幼儿和女性幼儿等弱势群体。第三，从幼儿全面发展和终身教育的视角出发，确保

---

[1] 赛苗. 尼泊尔女童教育研究 [D]. 保定：河北大学，2009.

为全社会提供高质量、高效率、高水平的学前教育，为幼儿将来升入小学做好准备。

（四）集合多方资源扩大办学规模

尼泊尔政府和教育部门一直强调扩大学前教育办学规模，提倡为适龄儿童提供公平而且负担得起的教育服务。在政府的指导下，尼泊尔国内建立了不少儿童早期发展中心，这些中心的命名方式各不相同，如被称作日托中心、幼儿发展中心、幼儿中心、托儿所、幼稚园、学前班等，教育内容也有细微差别。联合国教科文组织强调各国儿童早期发展中心要致力于促进本国所有儿童的全面发展。在此背景下，尼泊尔政府也强调儿童早期发展中心的职责在于帮助适龄儿童实现心理、生理、情感和认知能力等方面的整体发展。

2002 年通过的《教育法第七修正案》确立了以学校为基础的学前教育和以社区为基础的儿童早期发展中心的合法地位。自尼泊尔的第七个"五年计划"制定以来，社区参与发展学前教育一直是尼泊尔政府的战略之一。[1] 政府鼓励地方社区积极主动参与学前教育的发展、运作和监测活动。在此战略下，尼泊尔基于社区的儿童早期教育发展中心在学前教育机构中占比较大。2011 年，全国共有 31 089 个儿童早期发展中心或学前班，其中 26 733 个（占 86%）是以社区为基础的。[2] 同时，尼泊尔各级政府积极与非政府机构合作，支持以社区为基础的儿童早期发展项目。目前，政府通过开展不同级别的师资培训、开发相关课程和所需资料、协助成立学前教育中心等措施来促进尼泊尔学前教育的整体发展。政府还充分调动地方机构

---

[1] BHANDARI R. Early childhood education and development in Nepal: access, quality and professionalism [J]. Prima educatione, 2018 (1): 129.

[2] 资料来源于儿童研究所（Child Reasearch Net）网站。

如乡村发展委员会、国内非政府组织和国际非政府组织等力量来维持和发展儿童早期发展中心。近年来，尼泊尔政府认识到一些私营机构在提供学前教育服务方面所起的重要作用，也加大了与这些机构的合作力度。

《全民教育国家行动计划（2001—2015 年）》原计划到 2015 年建立 70 000 个儿童早期发展中心。虽然这一计划未能完成，但总体数量有了显著提高，学前教育的整体水平也有了较大的提升。

二、学前教育的发展经验

（一）政府重视学前教育的发展

2015 年联合国教科文组织发布的《教育 2030 行动框架》把提供高质量的学前教育作为可持续发展目标当中的一个子目标，并将学前教育纳入包容性、公平性与高质量的全民终身教育体系中。目前，世界各国都在努力构建、完善学前教育质量保障体系以实现高质量的学前教育。尼泊尔政府也非常重视本国的学前教育发展，特别是在出台了《学校部门改革计划（2009—2015 年）》之后，加大了对学前教育的财政支持力度，使学前教育从入园率、儿童早期发展中心数量、师资培训、教学质量等方面都取得了较大的发展。

自 1948 年尼泊尔开启学前教育发展之路至今，尼泊尔政府先后颁布了多项政策和法律法规以充分保障学前教育的健康发展。进入 21 世纪以来，尼泊尔的学前教育走上了较快的发展之路，这与政府的政策和教育法律制度的保障是分不开的。尼泊尔宪法要求维护儿童权益，对免费教育做出了明确规定，同时在《地方自治法（1999 年）》中赋予地方政府运用自身资源建立和运营学前教育学校的权限。尼泊尔先后颁布的《教育法（1971 年）》

《教育条例（2001 年）》《全民教育核心文件（2004 —2009 年）》《尼泊尔儿童早期发展战略》《学校部门改革计划（2009—2015 年）》《多部门营养计划》《全民教育国家行动计划（2001—2015 年）》《全民教育国家法（2012—2015 年）》《国家幼儿发展战略文件》《学校部门发展计划（2016—2023 年）》等一系列教育法规和政策文件，都为学前教育发展提供了必要的政策支持和法制保障。同时，相关文件一再突出学前教育的重要地位，将普及学前教育列为优先政策，并在尼泊尔《教育法第八修正案》中将学前教育正式列为尼泊尔义务教育的一部分。

（二）国际组织的支持与参与

近几十年，国际组织的积极参与对尼泊尔学前教育，乃至整个尼泊尔的教育发展都形成了极大的推动力。在尼泊尔的教育政策制定中，国际组织扮演着重要角色。例如，在《全民教育国家行动计划（2001—2015 年）》中，尼泊尔政府和联合国教科文组织展开合作，制定了有关管理和资助儿童早期教育及发展的政策和计划，设定了为所有儿童提供全面的早期教育及发展服务的宏观目标。世界银行开发的"获得更好的教育成果的系统方法"测评系统出具了尼泊尔儿童早期发展相关报告，为尼泊尔学前教育政策的制定和实施提供了系统的评估，帮助尼泊尔政府系统地改善其教育系统。尼泊尔政府的《学校部门改革计划（2009—2015 年）》提出优先发展学前教育，在增加 ECD 中心数量的过程中也得到了国际组织的大力支持。在国际组织的参与和帮助下，ECD 中心从 2004 年的 5 023 个迅速增长到 2015 年的 35 121 个。2010 年，国际货币基金组织将优先发展学前教育政策列为"人力资源发展项目的关键性战略措施"，并为尼泊尔《学校部门改革计划（2009—2015 年）》的实施提供了资金支持和项目保障。

第三节 学前教育的挑战和对策

一、学前教育面临的挑战

尼泊尔政府不断致力于提高本国学前教育质量，但是在发展过程中依旧面临不少困难和挑战。

（一）政策法规与制度体系建设有待完善

学前教育立法是世界各国发展学前教育过程中的重要一环，学前教育立法能有力保障学前教育的健康发展。以美国为例，1979 年，美国联邦政府颁布了《儿童保育法》；1990 年通过了《儿童早期教育法》，同年还颁布《儿童保育和发展基金法》；2002 年颁布了《不让一个孩子掉队法》。2007 年，美国教育部正式发布了《2007—2012 年战略规划》。这些法律充分体现了政府和全社会对儿童学前教育的重视程度，既保护了幼儿的权益，又使学前教育机构的各项工作有法可依、有章可循，推动了美国学前教育的全面发展，成效显著。[1]

尼泊尔政府根据本国实际和学前教育发展的需要，也陆续颁布了一些政策、法律与法规，如上文提到的《教育法（1971 年）》《教育条例（2001年）》《全民教育核心文件（2004—2009 年）》《尼泊尔儿童早期发展战略》《学校部门改革计划（2009—2015 年）》等，确定了尼泊尔学前教育的基本政策法规体系。但是，尼泊尔专门针对学前教育发展的法律、政策仍然较少，而且其颁布时间也较晚，其中大多数只是简单提及学前教育的某些方

---

[1] 吴荔红. 学前教育的比较研究与国际借鉴——"入园难、入园贵"问题之策 [J]. 求索，2010（12）：177-179.

面，未能形成系统的学前教育政策法规体系。而且，这些政策法规的执行效果也不理想。例如，《学校部门改革计划（2009—2015年）》的目标是到2015年建立7万所儿童早期发展中心，可是由于2005—2006年拟建设的6 000个儿童早期发展中心没有列入政府预算，且地方教育部门又没有足够的资金来支持此项建设，所以这项建设任务最终没能完成。[1] 截至2017年，实际只建成35 000多个儿童早期发展中心，[2] 与原计划相差较大。

为了让所有适龄儿童都能接受学前教育，尼泊尔政府还须进一步加强学前教育立法，加大学前教育财政支持力度，加强学前教育基础设施建设，提高学前教育资源配置效率。同时，政府应立足国情，采取激励措施，发挥公立学校与私立学校的优势，使两种力量在学前教育的发展中充分发挥作用，让更多儿童从中受益。

（二）经费投入不足且缺乏完善的监管机制

从学前教育投入占教育总投入的比例能看出一个国家对学前教育的投入程度。尼泊尔学前教育机构的经费投入主要来自政府、私人捐款和社区捐款。尽管政府多次强调学前教育的重要性，并颁布了不少与儿童早期发展有关的政策，但政府经费投入仍然严重不足。2009年，尼泊尔政府对学前教育的投入只占教育总投入的1.5%，学前教育财政性经费占国内生产总值的0.07%，学前教育经费支出占政府总支出的0.30%。[3] 2015—2016年度，尼泊尔学前教育预算仅占教育总预算的1.47%，其中政府支出约占1.09%，其他部门的支出约占0.38%。[4] 由此可以看出，尼泊尔政府对学前教育的投入不足。尼泊尔属于经济落后的国家，政府对学前教育的投入偏低，学前

[1] 资料来源于研究之门（Researchgate）网站。
[2] 资料来源于研究之门（Researchgate）网站。
[3] 资料来源于尼泊尔教育部官网。
[4] 资料来源于全球伙伴关系（Globalpartnership）官网。

教育经费在很大程度上依靠国际支援。

此外，尼泊尔学前教育经费管理比较混乱，专门针对学前教育经费管理的法律法规还不够完善，这也阻碍了学前教育事业的发展和学前教育质量的提升。尼泊尔缺乏政府、地方机构、社区和私营部门对儿童早期发展中心的具体投资数据，各组织和机构之间也没有进行有效的资金协调。在许多情况下，供资机构直接向非政府组织提供资金，而不向有关政府机构报告，这导致政府机构统计、协调和管制各类投资经费的能力受限。[1] 例如，推动儿童早期发展是《学校部门改革计划（2009—2015年）》的一项重要内容，该项目拨款总额为 6 287 万美元，建设期限为 5 年，旨在让更多的幼儿享受到学前教育服务，同时期望通过多种途径筹集到更多的资金。然而，由于该计划的执行机构比较分散，缺乏系统管理，无论在地区层面还是国家层面都很难给出一份综合的支出报告。

尽管尼泊尔政府先后出台了一些法律条文和政策文件，但相关政府部门很难与学前教育机构开展合作并对其进行有效管理，也缺乏跨部门协调合作和完善的监管机制。这些都是尼泊尔学前教育面临的重大挑战。薄弱的管理和各部门之间缺乏合作也为尼泊尔学前教育的资金筹措带来不便。地方政府虽具有一定的教育权限，但无法提供足够的资金，且中央和地方政府之间缺少明确的问责机制，导致地方政府缺乏充分履行其职责的动力。

现有的政府文件虽然确立了学前教育发展的最低标准，但实际上，这些标准很难操作，实施政策的过程中经常出现偏离。许多学前教育机构只重视幼儿看护工作，忽视了授课工作；教师缺乏系统、专业的培训，不能满足当地的需要，开发适合儿童多样性发展所需的课程和学习材料。这些都对学前教育的质量造成了不利影响。

---

[1] 资料来源于研究之门（Researchgate）网站。

（三）教师数量和质量难以满足发展需求

师生比是影响学前教育质量的关键因素。2013 年，尼泊尔学前教育师生比为 1：23，受过培训的教师占教师总人数的 86.7%，说明尼泊尔学前教育师生比仍然较高，但教师培训比较受重视。尼泊尔 2016—2017 年度学前教育相关项目实施目标与完成情况详见表 4.8。从实际投入和实施效果来看与预期目标仍有差距，仍需加强教师的培养和培训，实现高质量的学前教育。

表 4.8 尼泊尔 2016—2017 年度学前教育项目实施目标与完成情况 [1]

项目 / 活动	实施目标（人）	完成情况（人）	说明
发给 ECD 教师工资	30 381	29 543	比计划少 838 人
按教师专业发展模式对未经培训的 ECD 教师进行培训	725	725	完成目标
儿童人人基金会 ECD 拨款	551 095	470 240	根据所有注册儿童人数提供
ECD 职员进修培训	827	827	完成目标
对曾接受过 16 天培训的 ECD 职员进行 14 天再培训	765	696	取得重要进展
对未经培训的 ECD 职员进行为期一个月的在职培训	65	24	41 名 ECD 职员放弃培训，进展较慢

优质的师资和教育管理队伍是提升教育质量的重要保障。尼泊尔在学前教育发展过程中，严重缺乏专业的高素质教师队伍，教师队伍的管理也存在诸多问题，更缺乏高素质的教育管理人员来制定、实施、监控教育发

---

[1] 资料来源于尼泊尔教育部官网。

展政策和教育计划，并对教育发展项目效果进行有效评估。这些都阻碍了尼泊尔学前教育质量的提升。

（四）教育公平原则难以切实贯彻

虽然尼泊尔的学前教育政策明确提出教育公平原则，强调贫困地区和弱势群体儿童同样享有接受学前教育的权利，但由于尼泊尔社会、文化和地区差异以及贫富差距较大等原因，在具体实施过程中，教育公平难以得到有效保证。此外，从性别来看，尼泊尔女童的学前教育入学率虽然较过去有大幅提升，但部分偏远地区的性别歧视现象仍极大地影响了女童入学率的提高。政府应进一步制定学前教育全民普及计划，确保贫困人口中的学龄前儿童，尤其是女童、残疾儿童及其他特殊群体儿童的不同需求得到满足。此外，改变家长教育观念也是政府在实现教育公平方面应重点关注的内容。

（五）国际学前教育发展对尼泊尔提出了新要求

目前，国际社会在以下五个方面对发展学前教育达成了共识：一是促进学前教育的全面普及是国际学前教育发展战略的基本方向，二是推进学前教育公平是国际学前教育发展战略的价值追求，三是促进学前教育优质发展是国际学前教育发展战略的重要目标，四是以政府为主导是实施国际学前教育发展战略的根本原则，五是以公共财政为支撑是实施国际学前教育发展战略的坚实保障。世界主要国家和地区在综合考虑自身经济、社会、文化、人口和教育等发展现状与需求的基础上，先后制定并出台了专门性的学前教育发展战略，对学前教育事业的发展方向、目标以及实现发展目标的方针、途径、政策和策略等进行了宏观统筹与规划，以保障并促进学前教育事业的健康发展。这些都对尼泊尔学前教育的发展提出了新的要求。

二、学前教育的发展对策

（一）借鉴国际经验积极改革，促进学前教育发展

尼泊尔在学前教育发展领域面临着减轻贫困、提升教育重视程度、健全教育体制、促进教育公平等重要问题。为了提升学前教育质量，让更多的儿童从中受益，尼泊尔政府借鉴国际经验，努力走出学前教育发展面临的困境并进行相应的改革。例如，自 2016 年起，尼泊尔政府通过资助一年制学前教育，提高全国儿童早期开发项目的质量，并鼓励社区和非政府组织参与扩大和改进 ECD 项目。同时，政府进一步健全和落实相关政策法规，加大政府及其他组织、机构和团体对学前教育事业的投入，带领和鼓励社会力量来发展学前教育，加强对弱势儿童特别是女童的学前教育的关注。

（二）继续加强立法，保障学前教育的发展

尼泊尔政府先后颁布了一系列教育法规和政策文件，突出学前教育的重要地位，将普及学前教育列为优先政策，并在尼泊尔《教育法第八修正案》中将学前教育正式列为尼泊尔义务教育的一部分，为学前教育发展提供了基本的法律和政策支持。这些法规和政策具体由尼泊尔教育部、卫生服务部、妇女儿童和社会福利部以及联邦事务和地方发展部共同推进和落实，以保障学前教育更快更好地发展。

（三）制定战略性文件明确目标，改善学前教育的发展困境

尼泊尔政府陆续推出了几十项政策性指导方针为本国的教育发展注入新动力，集中解决社会公平、教师管理、私立学校与公立学校建设、教育

质量等相关问题。例如，为了全面扩大儿童特别是弱势群体儿童保育和教育的受益面并提升质量，尼泊尔《全民教育国家行动计划（2001—2015年）》制定了相关政策与战略，提出持续巩固和扩大以社区为基础的儿童教育和发展中心、加强与非政府组织的伙伴关系以发展学前教育等举措。

《学校部门发展计划（2016—2023年）》于2016年7月开始实施，尼泊尔政府承诺，为提高全国幼儿发展项目的质量，政府为儿童提供一年的学前教育资金。同时还大力鼓励社区和非政府组织参与，以改善幼儿发展条件。[1] 尼泊尔政府还明确提出要提高 ECD 中心的服务质量，并且制定了具体的指标和阶段性发展目标，详细内容见表4.9。

表 4.9 ECED/PPE [2] 指标与阶段性发展目标 [3]

指标		2015—2016 年度	2016—2017 年度	2020—2021 年度
建立的 EDC 中心数量（个）		30 448	30 448	32 000
4 岁前至少接受过一年 EDC 教育的儿童人数（人）	总计	454 757	473 207	554 800
	男生	233 417	242 887	284 767
	女生	221 340	230 320	270 033
EDC 的毛入学率（%）	总计	81.0	82.6	89.4
	男生	81.2	82.8	89.4
	女生	80.9	82.5	89.3
1 年级新生中有 EDC 教育经历的人数占比（%）	总计	62.4	64.4	73.0
	男生	62.5	64.5	73.1
	女生	62.3	64.3	72.9
满足最低标准的 EDC 中心（个）		—	1 500	8 000

---

[1] 资料来源于尼泊尔教育部官网。

[2] PPE 是学前教育（Pre-Primary Education）的缩写。

[3] 资料来源于尼泊尔教育部官网。

第五章 基础教育

第一节 基础教育的发展和现状

尼泊尔的教育体系基本上由基础教育和高等教育构成。基础教育包括学前教育、初等教育和中等教育。初等教育相当于小学教育，法定入学年龄是 6 岁，学制 5 年。中等教育包括初级中等教育、中级中等教育和高级中等教育。[1] 其中，初级中等教育即初中教育，学制 3 年；中级中等教育即高中教育，学制 2 年，在高中教育最后一年，学生须取得全国统一毕业证书（School Leaving Certificate，以下简称 SLC 证书），方可顺利毕业。高级中等教育即大学预科 [2]，学制 2 年。高等教育涵盖 3 年本科教育、2 年硕士教育与 3 年博士教育。

尼泊尔《教育法第八修正案》明确规定了尼泊尔的基础教育包括从学

---

[1] 高级中等教育是 1989 年以后尼泊尔教育体制改革的结果，旨在借鉴印度 12 年的中小学教育体制，并与南亚其他国家学制同步。在此之前，尼泊尔中小学实行的是 "5+3+2" 共 10 年的教育模式。改革之后，中小学全程教育变为 "5+3+2+2"，即小学 5 年，中学 7 年，共 12 年，原来两年的大学预科也归为中等教育系列。

[2] 尼泊尔高级中等教育（10+2）目前仍在探索和试行阶段。按照政府的设想，高级中等教育应该包括五大类型：普通型、职业型、政治型、技术型和文化型，但目前只有普通型得以实施。教育部下属的高级中等教育委员会负责对 "10+2" 学校进行资格审定和监管。每年通过 SLC 考试的学生，根据志愿或是进入 "10+2" 学校，或是进入专科学校学习。选择进入 "10+2" 学校的学生经过两年的学习之后，通过考试升入大学。截至 2014 年，"10+2" 学校还没有完全形成自己的教育体系。因为许多家庭无法承担高昂的学费，所以高级中等教育在尼泊尔的普及程度远远不如初级中等教育和中级中等教育。

前教育到 10 年级的全部教育。学前教育在本书第四章已专门论述，本章所研究的基础教育指尼泊尔的小学教育（1—5 年级）、初级中等教育（6—8 年级）和中级中等教育（9—10 年级），也就是尼泊尔的 10 年免费教育阶段。[1]

基础教育是整个教育体系的关键部分，主要向学生传授基本的文化知识和社会生活的基础技能。基础教育不仅是人一生发展的宝贵财富，而且对全民素质的提高和国民经济社会的可持续发展影响深远。尼泊尔基础教育的使命是提高人口识字率，实行基础教育的普及化。

一、基础教育的发展历程

1951 年拉纳政权被推翻，20 世纪 60 年初，潘查亚特体制登上历史舞台，开始了教育体制改革，使受教育权不再为贵族垄断，教育迅速向大众普及开来。尼泊尔效仿美国教育模式，经过 20 年的教育改革，于 1971 年正式建立全新教育体系。到了 20 世纪 90 年代，尼泊尔推行的全民教育和免费学校教育政策成效显著，小学数量由 1970 年的 7 256 所增至 1992 年的 19 498 所，为基础教育的全面普及奠定了基础。进入 21 世纪，尼泊尔政府通过将教育权力向社区、学校等基层教育组织下放，保障了重大教育政策的有效落实。[2] 回顾 70 年来尼泊尔基础教育的改革历程，从最初的高文盲率发展至 2005 年小学净入学率高达 87% [3]，再到 2016 年小学学龄儿童入学率达 96% [4]，其成就令人瞩目。

---

[1] 王宏纬. 尼泊尔 [M]. 北京：社会科学文献出版社，2004：3.

[2] 资料来源于尼泊尔《全民教育国家行动计划（2001—2015 年）》。

[3] 资料来源于国际货币基金组织官网。

[4] 资料来源于尼泊尔 CEIC 统计数据库网站。

（一）基础教育的初创期（1951 年之前）

1854 年，拉纳家族第一任首相忠格·巴哈杜尔·拉纳在自己的宫殿开办了第一所英式学校，课程设置非常全面，包括英语、印地语、梵语、历史、地理、逻辑学、算术等科目。

1901 年，教育部部长德夫·沙木舍·拉纳任职，对教育体制进行了大刀阔斧的改革。他倡议广泛建立公立初级学校，为适龄儿童提供基础教育，并聘请专家用尼泊尔语编写新的教材。由于尼泊尔民族众多，不同的民族有自己的语言，语言体系庞杂，德夫·沙木舍·拉纳提出统一用尼泊尔语来传授知识，希望借助统一的语言来实现知识的有效传播。他开创了非拉纳家族的儿童在杜巴中学就学的先例，在一定程度上推动了教育的普及，也在一定程度上动摇了特权阶层的教育垄断地位。

德夫·沙木舍·拉纳的改革也涉及女童教育。在他的倡议下，加德满都、帕坦、巴克塔布尔等地开办了专门的女童学校。在这些女校，女童在专职教师的指导下学习裁剪、缝纫等各种技能。如今，这些学校仍然在为女童提供教育服务。虽然德夫·沙木舍·拉纳提出的教育新主张后来大部分都被拉纳政府抛弃，但是这个时期成立的以尼泊尔语为教学语言的初级学校被保留了下来，中低种姓的儿童也可以就读于杜巴中学。因此，这一时期的改革不仅推动了教育的发展，也促进了民间教育意识的增强。

（二）基础教育的发展期（1951 年至 21 世纪初）

1951 年，拉纳政权垮台，尼泊尔政府开始大力实施教育改革政策，为健全国家教育体系保驾护航。[1] 同年，尼泊尔教育部成立。基础教育在教育

---

[1] 朱嘉婧. 试述潘查亚特体制下尼泊尔教育发展的成就及其原因 [J]. 西部学刊，2019（14）：121-123.

层级中受众最为广泛，因此成为这一时期教育改革的着力点。1953 年，尼泊尔政府提出用 25 年的时间让所有适龄儿童都接受五年义务教育以及为全国 20% 的青少年提供综合的中学教育。[1]

1954 年，尼泊尔基础教育改革开始。除提高适龄儿童入学率、减少社会文盲基数、提高基础教育的覆盖率，政府在强化小学教师培训、完善小学教材开发等项目中也逐步加大教育经费投入，力求提高教育质量。同年，国家教育规划委员会成立，开始拟定全国各级教育事业发展规划与各类学校建设标准。1955 年，尼泊尔小学的数量、入学人数开始稳步增长，全国的基础教育开始逐渐步入正轨。此后，尼泊尔小学入学率持续增长，小学教育也在持续发展中。20 世纪 50 年代到 90 年代，大力普及基础教育是当时尼泊尔的一大特色。这一时期小学数量和注册人数情况参见表 5.1。[2]

表 5.1 尼泊尔 1951—1992 年小学数量和注册人数 [3]

年份	1951	1961	1970	1985	1992
学校数量（所）	321	4 001	7 257	11 869	19 498
注册人数（人）	85 000	182 000	449 000	1 812 000	3 034 000

进入 20 世纪 60 年代，尼泊尔先后成立了全面教育委员会、国家教育咨询委员会等辅助制定重大教育决策的专门机构。这些机构通过开展调查研究、论证评议重大教育政策与改革事项，为教育改革发展中出现的理论问题与现实问题提出建议，以提高包括基础教育改革在内的新时期教育改革的科学性、协调性与时效性。20 世纪 60 年代中后期，尼泊尔与 20 多个国家建

---

[1] 朱嘉婧. 试述潘查亚特体制下尼泊尔教育发展的成就及其原因 [J]. 西部学刊，2019（14）：121-123.

[2] 王艳芬. 共和之路：尼泊尔政体变迁研究 [M]. 北京：社会科学文献出版社，2013：158.

[3] HOFTUN M, RAEPER W, WHELPTON J. People, politics & ideology: democracy and social change in Nepal[M]. Kathmandu: Mandala Book Point, 1999: 211.

立了外交关系，并成为联合国安理会成员，国际地位有了极大的提升。利好的国内外环境为尼泊尔推进现代化提供了契机，基础教育事业也得到了快速发展。

20 世纪 70 年代，尼泊尔发布了《国家教育系统计划（1971—1976 年）》，当中提到要在 1971 年到 1976 年这 5 年时间里，让尼泊尔 64% 的 6—8 岁的儿童接受小学教育，由政府拨款支付小学教师的全额工资，并为在偏远地区的小学生提供免费的教材，使这些地区的儿童不会因缺少教材而被剥夺受教育的机会。[1] 到 1970 年，尼泊尔全国有 100 多个乡村开始实施国家免费发放小学课本，并针对失去上学机会的成年人实行扫盲计划。1972 年比兰德拉国王登基之后，全国大力普及小学教育，将小学义务教育扩展到全国各地，在全国 75 个县级行政区划中，最偏远的 18 个县的学生均获得了从小学到高中免费受教育的权利。[2]

20 世纪 80 年代，尼泊尔政府致力于改革和扩大小学教育，在联合国教科文组织和世界银行的主持下实施了农村发展教育项目和小学教育项目。[3] 此后，尼泊尔政府在发展基础教育、全面提高国民素质方面继续采取积极的财政政策，把基础教育放在了优先发展的地位。1981—1982 年度，用于小学教育的经费占整个教育预算经费的近 30%；1995—1996 年度，小学教育预算经费所占比例占到了整个教育预算经费的一半。[4]

进入 20 世纪 90 年代，因受自然地理环境等因素影响，尼泊尔各区域文化教育发展差异较大的情况日益明显。尼泊尔政府意识到了这种高度差异化给全面贯彻落实基础教育改革带来的阻力，开始推行地方课程政策，以

[1] 资料来源于尼泊尔《国家教育系统计划（1971—1976 年）》。

[2] 朱嘉婧. 试述潘查亚特体制下尼泊尔教育发展的成就及其原因 [J]. 西部学刊，2019（14）：121-123.

[3] KHANIYA T, WILLIAMS J H. Necessary but not sufficient: challenges to (implicit) theories of educational change: reform in Nepal's primary education system[J]. International journal of educational development, 2004, 24 (3): 315-328.

[4] 王宏纬. 尼泊尔 [M]. 新版. 北京：社会科学文献出版社，2015：312-313.

避免教育改革中的"一刀切"现象。在借鉴 20 世纪 70 年代欧美校本课程成功实践的基础上，[1] 尼泊尔国家教育委员会于 1992 年出台了《小学教育课程》，提出在基础教育阶段以强制性的校本课程开发取代国家统一课程，赋予地方学校自主设计校本课程的权力。

校本课程的实质是将国家部分教育行政权下放，学校可以根据国家、地方和本校基础教育事业发展规划，在授权范围内将课程设置与自身办学宗旨、教师资源优势、学生个性化发展需求协调整合，同时与国家课程、地方课程紧密结合，丰富基础教育课程的选择性。而且，一线教师在一定程度上比课程开发专家更了解本地小学的教学专业化水平和学生核心素养，因此，由其开发的校本课程可以更好地提高课程的实用性和有效性。

尼泊尔的基础教育体系经过四十余年的建设，在积极借鉴西方国家校本课程理论研究与实践经验的基础上，取得了长足的进步。到 20 世纪 90 年代，全国 10 岁以上人口识字率较 20 世纪 50 年代初提高了 6.5 倍（见表 5.2）。尽管如此，尼泊尔的校本课程仍然面临两个主要问题。一是校本课程质量不高。各地小学因教学资源匮乏，负责开发校本课程的教师难以获取有价值的一手资料和二手资料，而尼泊尔教育主管部门也无法为全国数万所小学的校本课程开发人员提供培训指导，因此一线教师开发的校本课程存在内容粗浅、知识结构不合理、科学化水平低、难以激发学生的学习兴趣等问题。二是负责校本课程开发的教师主体意识不强。很多学校的管理人员和教师教学观念保守陈旧，认为只有国家统一课程才是权威，应是各校教材首选，因此他们开发校本课程的积极性不高，也不能很好地理解校本课程的开发宗旨与要求，最终导致开发的校本课程名不副实。

[1] 曹秀娟. 校本课程开发的现状及其对策研究 [D]. 长沙：湖南师范大学，2013.

表 5.2 1952—1991 年尼泊尔 10 岁以上人口识字率 [1] （单位：%）

年份	1952	1961	1971	1981	1991
人口识字率	5.3	8.9	14.3	23.5	39.8
男性识字率	9.5	16.3	24.7	34.9	56.2
女性识字率	0.7	1.8	3.7	11.5	23.5

2005 年，尼泊尔课程发展中心发布了多项地方小学校本课程开发的指导方针和政策，但在具体实施过程中效果欠佳。尼泊尔国内学者也意识到校本课程开发过程中的各种阻力，呼吁教育部在全国范围内对地方课程开展需求评估，分析各地区校本课程执行不到位的根本原因。他们提出建立和推广地方课程体系、转变学校管理层和一线教师的观念、提高校本课程开发的积极性，以及强化校本课程开发培训等建议，推动校本课程向科学化、系统化与全面化的方向发展。

虽然尼泊尔基础教育阶段的校本课程开发没有完全实现预期目标，但是在此过程中，政府积极学习先进教育改革的范例与经验，倡导所有小学采用英语教学以取代本地语言教学，培养尼泊尔小学生的英语学习能力和全球化视野，事实上推动了尼泊尔基础教育普及在取得"量"的突破后，积极寻求教学形式和内容的"质"的提升。

（三）基础教育的完善期 [2] （21 世纪初以来）

进入 21 世纪，伴随全球化和区域化的纵深发展，尼泊尔的工商业、旅

---

[1] MANANDHAR T B. Education development, "population and literacy" in population monography of Nepal[M]. Kathmandu: CBS, 1995: 358.

[2] 赵娜.《2009—2015 年尼泊尔学校教育改革计划》述评 [D]. 兰州：西北师范大学，2015.《2009—2015 年尼泊尔学校教育改革计划》与本书《学校部门改革计划（2009—2015 年）》为同一所指，翻译不同。

游业与服务业呈现出前所未有的繁荣态势，国民生产总值中农业占比不断下降，公共设施日趋完善。尼泊尔在政治、经济和社会等方面的发展改变了尼泊尔民众的传统观念，激发了人民追求更好教育的信心。为更好地推动教育发展，从 2007 年起，尼泊尔教育部颁布了一系列教育改革文件，确立了教育改革的政策与战略，其中最重要的是 2009 年 8 月发布的《学校部门改革计划（2009—2015 年）》。

《学校部门改革计划（2009—2015 年）》是由尼泊尔教育部出台并统筹实施的国家长期教育战略计划。该改革计划在政策内容上依据新国情和国际新形势引入了全新的改革内容，旨在通过提供和改善学校的软硬件设施，确保所有适龄儿童有学可上、有好学上。《学校部门改革计划（2009—2015 年）》的内容主要涵盖四个方面：学前教育、小学教育和中学教育、职业技术教育、教师专业发展。该计划在实施过程中，政府、社会、学校、家庭和学生等多方主体参与其中，付出了诸多努力。

《学校部门改革计划（2009—2015 年）》中关于中学教育政策涉及学费减免、职业教育课程引入、教师招聘资质以及学生的初级中等教育结业考试等方面的改革，具体内容如下。第一，在 2015 年之前，逐步加大尼泊尔中学教育的免费力度，先是进行学费的减免，然后是逐步减免课本费用。在贫困地区和经济不发达地区，尤其要重视减免工作，以减少因贫困问题而导致的辍学问题的发生，从而提高这些地区学生的入学积极性。第二，在中学教育中，要根据学生的不同需求，为学生提供多元化的教育选择，引入并开展职业教育课程。而对于后进学生，要积极鼓励和支持，督促其后来居上。第三，加大中学教师的招聘力度，尤其是班主任和管理人员的招聘，要按照资质标准严格把关，招聘公开透明，同时侧重女性教师的招聘，以调整尼泊尔性别失衡的教师队伍。第四，在考试改革方面，尼泊尔国家考试中心负责编制和执行全国 8—12 年级所有的公共考试、证书考试，包括国家级考试和地方性考试。其中，初级中等教育的结业考试在 8 年级末举行。这些学生要先在地方参加能力资格考试，之后方可参加国家统一考试。该考试的成绩有效期为两年。[1]

《学校部门改革计划（2009—2015 年）》还制定了涉及教育公平、政府执行力、学校教学管理等基础教育相关政策，尤其对教育公平问题予以高度重视。为改善教育不平等现象，计划规定，对于经济不发达地区的教师和种姓地位低的教师，要严格按照教师的资质进行招聘和选拔，以保证教师素质和教学质量，同时要减少尼泊尔女学生受侵害事件的发生。

二、基础教育的发展现状

尼泊尔的基础教育体系从无到有，再到不断发展，是不同层级组织通力合作的产物。[2] 在宏观层面，政府、救助中心、国际组织等是尼泊尔基础教育发展的关键推动力量。得益于尼泊尔各级政府制定计划、实施计划、建立监测机制、提供反馈报告等系统化和规范化的组织行为流程，以及彼此的通力合作，尼泊尔的基础教育政策得到了有力的执行，基础教育体系也日趋完善。在微观层面，学校内部机构的高效运作提高了教育资源的优化配置与使用效果，学校内部的教学体系改革保障了教学工作计划的有序开展。

---

[1] 资料来源于联合国教科文组织官网。

[2] MANGAL S M. 尼泊尔教育发展现状 [C]// 中国国家留学基金管理委员会，联合国教科文组织. 2006 亚洲教育北京论坛论文集. 2006：22-23.

（一）小学教育的发展现状

1．学校数量和师生情况

近年来，尼泊尔小学的数量和教师数量呈现逐年递增的趋势，但是增长幅度不大。在校生总人数略有减少，男生与女生所占比例几乎持平，其中女生数量略多于男生，师生比基本保持在 1：20 以上的水平，详见表 5.3。

表 5.3 2014—2017 年尼泊尔小学数量与师生情况 [1]

年份	2014	2015	2016	2017
学校数量（所）	34 335	34 362	34 736	35 211
学生总人数（人）	4 335 355	4 264 942	4 135 253	3 970 016
男生人数（人）	2 134 042	2 099 556	2 049 088	1 960 702
女生人数（人）	2 201 313	2 165 386	2 086 165	2 009 314
男生占比（%）	49.2	49.2	49.6	49.4
女生占比（%）	50.8	50.8	50.4	50.6
教师数量（人）	187 684	190 219	197 797	201 075
师生比	1：23	1：22	1：21	1：20

从尼泊尔 7 个省的小学数量来看，存在着区域分布不均衡的情况。2017年，巴格马蒂省小学数量居于首位，第一省次之；卡尔纳利省的小学数量最少，其次是远西省，见表 5.4。巴格马蒂省是尼泊尔首都加德满都所在地，教育发展水平最高；而卡尔纳利省和远西省在尼泊尔西部偏远地区，教育资源匮乏，教育发展水平最低。

---

[1] 资料来源于尼泊尔教育部官网。

表 5.4 2017 年尼泊尔各省小学数量及其全国占比 [1]

省份	学校数量（所）	全国占比（%）
第一省	6 673	19.0
第二省	3 819	10.8
巴格马蒂省	7 240	20.6
甘达基省	4 544	12.9
蓝毗尼省	5 728	16.3
卡尔纳利省	3 161	9.0
远西省	4 046	11.5
总计	35 211	100.1 [2]

2．社区学校学生人数多于机构学校

尼泊尔小学主要有社区学校和机构学校两类。其中，就读于社区学校的小学生数量远超机构学校。两类学校的学生性别分布有差异，社区学校的女生数量略高于男生，机构学校则男生比女生多，各省详细数据参见表 5.5。

表 5.5 2017 年尼泊尔各省小学社区学校与机构学校招生情况 [3]

省份	社区学校			机构学校		
	女生人数（人）	男生人数（人）	学生人数占比（%）	女生人数（人）	男生人数（人）	学生人数占比（%）
第一省	257 410	238 817	84.2	40 378	52 455	15.8
第二省	393 934	367 761	95.1	17 216	22 228	4.9

---

[1] 资料来源于尼泊尔教育部官网。

[2] 因部分数据为约数，故存在总和不等于 100% 的情况。

[3] 资料来源于尼泊尔教育部官网。

续表

省份	社区学校			机构学校		
	女生人数（人）	男生人数（人）	学生人数占比（%）	女生人数（人）	男生人数（人）	学生人数占比（%）
巴格马蒂省	240 514	224 619	65.3	117 319	130 003	34.7
甘达基省	129 736	122 164	76.1	38 558	40 593	23.9
蓝毗尼省	305 770	296 257	82.5	59 983	67 550	17.5
卡尔纳利省	161 446	156 275	93.8	9 908	11 099	6.2
远西省	215 856	201 503	89.2	21 286	29 378	10.8
总计	1 704 666	1 607 396	83.4	304 648	353 306	16.6

3. 不同性别学生接受小学教育的情况

在尼泊尔，不同性别学生接受小学教育的情况有所不同。2017 年，尼泊尔小学在校学生共有 3 970 016 人，其中第二省人数最多，蓝毗尼省次之，甘达基省最少。从学生的性别分布看，男生占 49.4%，女生占 50.6%，女生人数略高于男生人数，说明尼泊尔在基础教育事业的男女平等工作中取得了初步成效（见表 5.6）。但是，女生受教育权利的保障力度仍然有待加强。以 2019 年为例，尼泊尔完成小学教育并进入初级中等教育继续学习的男女生百分比的情况是 7 个省的女生百分比均低于男生（见表 5.7）。

表 5.6 2017 年尼泊尔各省小学招生情况 [1]

省份	女生人数	男生人数	女生占比（%）	男生占比（%）	总人数
第一省	297 788	291 272	50.6	49.4	589 060
第二省	411 150	389 989	51.3	48.7	801 139

---

[1] 资料来源于尼泊尔教育部官网。

省份	女生人数	男生人数	女生占比（%）	男生占比（%）	总人数
巴格马蒂省	357 833	354 622	50.2	49.8	712 455
甘达基省	168 294	162 757	50.8	49.2	331 051
蓝毗尼省	365 753	363 807	50.1	49.9	729 560
卡尔纳利省	171 354	167 374	50.6	49.4	338 728
远西省	237 142	230 881	50.7	49.3	468 023
总数	2 009 314	1 960 702	50.6	49.4	3 970 016

表 5.7 2019 年尼泊尔完成小学教育并进入初级中等教育的男女生百分比

性别	第一省	第一省	巴格马蒂省	甘达基省	蓝毗尼省	卡尔纳利省	远西省	总计
女	94.7	69.2	94.3	95.4	89.1	91.0	94.5	88.7
男	95.0	74.5	94.4	95.7	91.8	93.5	95.2	90.7
总计	94.9	71.9	94.3	95.6	90.5	92.2	94.8	89.7

4．教师地区分布不均衡

尼泊尔各省小学教师配备情况，无论是从性别来看还是从地域分布来看，都存在着不均衡的现象。从性别来看，2017 年，全国共有教师 201 075人，其中女教师 89 672 人，男教师 111 403 人，女教师人数远低于男教师人数。2017 年，尼泊尔小学教师与学生的比例为 1：20，详见表 5.8。教师工作强度较大，对教学质量的提升形成一定的压力。

表 5.8 2017 年尼泊尔各省小学师生人数和师生比情况 [1]

省份	教师人数（人）			学生人数（人）	师生比	小学教师人数占教师总数的百分比（%）
	女性	男性	合计			
第一省	13 853	19 630	33 483	589 060	1：18	16.7
第二省	5 077	11 501	16 578	801 139	1：48	8.2
巴格马蒂省	28 149	23 836	51 985	712 455	1：14	25.9
甘达基省	13 624	14 105	27 729	331 051	1：12	13.8
蓝毗尼省	18 556	22 240	40 796	729 560	1：18	20.3
卡尔纳利省	4 046	7 557	11 603	338 728	1：29	5.7
远西省	6 367	12 534	18 901	468 023	1：25	9.4
合计	89 672	111 403	201 075	3 970 016	1：20	100

（二）初级中等教育和中级中等教育的发展现状

1．接受初级中等教育和中级中等教育的人数

近年来，尼泊尔接受初级中等教育的人数虽然个别省份出现波动，但是从全国来看总体上还是有所增加。2016—2018 年尼泊尔各省初级中等学校学生人数情况详见表 5.9。在入学人数中，女生人数略微多于男生。

---

[1] 资料来源于尼泊尔教育部官网。

表 5.9 2016—2018 年尼泊尔各省初级中等学校入学人数 [1]

省份	2016—2017 年度		总计	2017—2018 年度		总计
	女生	男生		女生	男生	
第一省	158 744	154 770	313 514	157 239	154 231	311 470
第二省	128 329	121 796	250 125	131 432	125 189	256 621
巴格马蒂省	193 604	199 253	392 857	198 543	197 281	395 824
甘达基省	97 125	96 671	193 796	98 714	97 408	196 122
蓝毗尼省	166 335	169 654	335 989	167 888	165 943	333 831
卡尔纳利省	80 256	75 567	155 823	78 245	75 717	153 962
远西省	114 899	102 356	217 255	111 349	107 537	218 886
总计	939 292	920 067	1 859 359	943 410	923 306	1 866 716

表 5.10 2016—2018 年尼泊尔各省中级中等学校入学人数 [2]

省份	2016—2017 年度		总计	2017—2018 年度		总计
	女生	男生		女生	男生	
第一省	85 028	74 004	159 032	86 256	77 959	164 215
第二省	57 432	55 430	112 862	61 192	60 837	122 029
巴格马蒂省	111 970	107 381	219 351	111 939	106 976	218 915
甘达基省	57 518	54 643	112 161	57 435	54 058	111 493
蓝毗尼省	83 677	80 609	164 286	84 469	79 301	163 770
卡尔纳利省	38 378	35 305	73 683	37 988	34 053	72 041
远西省	62 341	54 783	117 124	62 109	56 148	118 257
总计	496 344	462 155	958 499	501 388	469 332	970 720

[1] 资料来源于尼泊尔教育部官网。

[2] 资料来源于尼泊尔教育部官网。

从表 5.10 中可以看出，2016—2018 年，尼泊尔中级中等学校的入学人数虽然有所增加，但相比初级中等学校的入学人数来说大为减少。主要原因除了升学难度加大外，还和家庭无力承担学费被迫辍学、学生自身学习意愿不强、成绩不达标等因素有关。

2．初级中等教育和中级中等教育的学校数量

近年来，尼泊尔初级中等教育发展较快，初级中等学校的数量有较大增长。1971 年，全国初中仅有 677 所，2018 年增加到了 17 887 所；中级中等教育也有长足的发展，1971 年，全国高中仅有 494 所，2018 年达到 9 447 所。[1] 其中，公立学校占比较大，公立学校占全国学校的 96.1%。[2]

表 5.11 2016—2018 年尼泊尔各省初级、中级和高级中等教育学校数量 [3]（单位：所）

省份	2016—2017 年度			2017—2018 年度		
	初级	中级	高级	初级	中级	高级
第一省	2 824	1 593	630	2 897	1 643	676
第二省	1 182	644	377	1 348	740	401
巴格马蒂省	3 860	2 673	969	3 884	2 727	978
甘达基省	1 974	1 306	570	2 054	1 361	561
蓝毗尼省	2 489	1 446	533	2 476	1 463	532
卡尔纳利省	1 084	506	204	1 182	574	230
远西省	1 757	916	390	4 046	939	403
总计	15 170	9 084	3 673	17 887	9 447	3 781

---

[1] 资料来源于尼泊尔教育部官网。

[2] 资料来源于尼泊尔教育部官网。

[3] 资料来源于尼泊尔教育部官网。

从表 5.11 可以看出，尼泊尔基础教育阶段各省的初级中等学校的数量要明显多于中级中等学校的数量，而非基础教育阶段的高级中等学校的数量则更少。

3．教师人数和师生比

2016—2018 年，尼泊尔初级中等学校的教师人数呈现增长趋势，在性别比例方面，男性教师数量远远大于女性教师的数量，详见表 5.12。

表 5.12 2016—2018 年尼泊尔各省初级中等学校教师人数 [1]

省份	2016—2017 年度		总计	2017—2018 年度		总计
	女性	男性		女性	男性	
第一省	2 178	7 564	9 742	2 876	7 938	10 814
第二省	444	2 780	3 224	864	3 886	4 750
巴格马蒂省	7 450	9 411	16 861	6 439	8 660	15 099
甘达基省	2 142	5 527	7 669	2 795	5 111	7 906
蓝毗尼省	2 384	6 198	8 582	2 667	6 446	9 113
卡尔纳利省	496	2 488	2 984	978	3 160	4 138
远西省	715	4 847	5 562	1 177	5 348	6 525
总计	15 809	38 815	54 624	17 796	40 549	58 345

2014—2017 年，尼泊尔初级中等学校的教师数量也在逐渐递增，师生比虽然从 1∶35 下降到了 1∶32，但仍保持在一个较高水平，说明教师资源虽然在一定程度上有所改善，但还是存在师资不足的问题，详见表 5.13。

---

[1] 资料来源于尼泊尔教育部官网。

表 5.13 2014—2017 年尼泊尔初级中等学校师生人数和师生比 [1]

年份	2014	2015	2016	2017
教师人数（人）	52 348	53 301	54 624	58 345
入学人数（人）	1 835 313	1 862 873	1 859 359	1 866 716
师生比	1∶35	1∶35	1∶34	1∶32

2016—2018 年，尼泊尔各省中级中等学校的教师人数也呈现出增长趋势，而且男性教师的人数远远大于女性教师，详见表 5.14。

表 5.14 2016—2018 年尼泊尔各省中级中等学校教师人数 [2]

省份	2016—2017 年度		总计	2017—2018 年度		总计
	女性	男性		女性	男性	
第一省	873	5 713	6 586	1 082	5 613	6 695
第二省	255	2 251	2 506	246	2 827	3 073
巴格马蒂省	3 981	10 205	14 186	3 916	10 084	14 000
甘达基省	775	4 994	5 769	1 174	5 136	6 310
蓝毗尼省	968	5 432	6 400	1 074	5 922	6 996
卡尔纳利省	212	1 440	1 652	322	1 809	2 131
远西省	293	2 853	3 146	517	3 211	3 728
总计	7 357	32 888	40 245	8 331	34 602	42 933

表 5.15 的数据显示，2017 年尼泊尔中级中等学校师生比为 1∶23，虽然较前两年有所降低，但师资紧张的情况依然存在。

---

[1] 资料来源于尼泊尔教育部官网。

[2] 资料来源于尼泊尔教育部官网。

表 5.15 2014—2017 年尼泊尔中级中等学校师生人数和师生比 [1]

年份	2014	2015	2016	2017
教师人数（人）	38 858	39 690	40 245	42 817
入学人数（人）	900 585	938 897	958 502	970 720
师生比	1：23	1：24	1：24	1：23

（三）课程设置

尼泊尔的学校对语言学习非常重视，每天至少有两节语言课，且语言教学分得较细，开设有专门的语法课、写作课、阅读课等。一般学校都有英语和尼泊尔语课程，一些私立学校还会加开汉语、法语、西班牙语、日语等课程。尼泊尔的各类学校和教育机构里还有大量的语言志愿者提供语言教学服务，大量外国游客的到来也使尼泊尔学生的语言学习热情非常高。

宗教学习在普通学校中并没有设立独立的课程，而是贯穿整个学习过程。大部分学校每天上学和放学都会有祈祷仪式。尼泊尔宗教节日众多，在重大节日来临之前，学校都会专门为学生介绍即将到来的宗教节日，还会举行仪式进行祈祷。以灯节为例，学校在节日来临之际，会在校门口绘制财富女神拉克西米的画像，制作彩灯，给学生讲述拉克西米女神的故事，有条件的学校还会带学生外出参观一些著名的庙宇。

尼泊尔从小学 1 年级开始都会开设自然、社会、历史等课程，教师除了按照教材授课，还会因地制宜地带学生走出课堂参观学习。虽然尼泊尔自然资源丰富，但是全国并没有统一的自然课程教材。

尼泊尔一般的中小学学校都会有体育、音乐、美术这些课程，但是在

---

[1] 资料来源于尼泊尔教育部官网。

偏远地区和农村，很多学校教师资源短缺，也没有专门的场地和器材，因此很难开展相关教学活动。

（四）教育经费和教育政策

教育经费是保障教育质量的物质条件，尼泊尔的基础教育预算占全国教育预算的比例近年来有了较大的提升。1991—1992 年度，尼泊尔基础教育预算占全国教育预算的比例为 61.6%；[1] 2015 年，尼泊尔初等教育支出占政府教育支出的比例达 53.77%，[2] 中等教育支出占政府教育支出的比例为 33.32%。[3] 2015 年，尼泊尔初等教育和中等教育的支出占全国教育支出的比例达到了 87.1%。[4]

增加教育预算可以提高学生的入学机会，尤其是女童的入学机会。在增加教育经费的同时，尼泊尔政府还通过设立农村教育发展基金、向私立学校和其他行业征收教育税等方式来补充教育经费。在教育政策的实施方面，尼泊尔基础教育中有关中等教育政策实施的主要内容见表 5.16。[5]

表 5.16 尼泊尔中等教育政策实施情况一览 [6]

政策	负责机构	具体内容
新教室建设	教育部、学校管理委员会	教育部制定条例并拨款，由学校管理委员会与社团进行施工，区教育局提供技术支持并监督

---

[1] 资料来源于联合国教科文组织官网。

[2] 资料来源于尼泊尔 CEIC 统计数据库网站。

[3] 资料来源于尼泊尔 CEIC 统计数据库网站。

[4] 资料来源于联合国教科文组织官网。

[5] 资料来源于联合国教科文组织官网。

[6] 资料来源于联合国教科文组织官网。

续表

政策	负责机构	具体内容
图书馆和实验室建设	教育部、区教育局、学校管理委员会	教育部制定条例并拨款，由学校管理委员会与社团进行施工，区教育局提供技术支持并监督
特殊学校建设	教育部、区教育局、学校管理委员会	教育部制定条例并拨款，由学校管理委员会与社团进行施工，区教育局提供技术支持并监督
多种语言的教材开发	教育部、教材研发中心	教材研发中心为研发不同语言的教材提供必要的技术和资料支持
促进学校进步	教育部、区教育局	根据教育部已制定的学校等级标准，教育部与区教育局以年为单位，共同对学校进行综合性评估
教材的检查与更新	教材研发中心	教材研发中心全权负责，委派专家对教材进行检查评估，并将问题记录在案，及时反馈并修正
女生奖 / 助学金（9—10 年级）	教育部、区教育局、当地社区	格尔纳利区 [1] 的所有女生和其他地区 50% 的女生可获得奖 / 助学金
残疾学生奖 / 助学金	教育部、区教育局	所有残疾学生根据残疾程度可通过学校获得不同数额的奖 / 助学金
烈士子女奖 / 助学金	教育部、区教育局	所有的烈士子女可通过学校获得奖 / 助学金（烈士子女的身份需要正规程序认定）
地方课程	课程研发中心	课程研发中心制定小学教育的课程框架，区教育局委派专家编纂地方教材，学校负责地方教材的授课
学生评估	教育部、课程研发中心、区教育局、考试办公室	课程研发中心制定小学教育的课程框架，学校接受技术支持，区教育局在 8 年级末组织终期考试，学校记录成绩并对学生的表现进行评估，评估内容记录在册，并与高一级的教育挂钩

---

[1] 格尔纳利区是尼泊尔最不发达的地区之一，也是受长达 10 年的冲突影响最大的地区。在格尔纳利区进行教育政策对象的重点考核有助于了解弱势社区的需求和愿望，并将这些需求适当地纳入教育政策和优先事项。

第二节 基础教育的特点和经验

近年来，尼泊尔的基础教育获得了社会的广泛支持，为教育改革政策的顺利推行奠定了基础，也在一定程度上保障了尼泊尔教育事业的长足发展。尼泊尔社会对基础教育需求的明显增加，不仅促进了公立学校的迅速增长，也为私立学校的发展提供了契机，促进了尼泊尔教育体系的完善和教育市场的繁荣。而且，私立学校凭借办学自主、机制灵活、市场反应灵敏等优势，逐渐成为尼泊尔基础教育发展的新兴力量。

一、基础教育的特点

（一）重视学校教育，深化教育体系改革

学校具备专业的教师队伍、稳定的教育经费、精心设计的教学课程，以及及时的学业评估体系和学习反馈机制，因此，学校教育是尼泊尔教育体系中最基本的教育形式。尼泊尔教育主管部门高度重视学校教育，通过成立分工细致的专项职能部门，充分调动教育体系中的相关主体，以提高教育工作的统筹能力和教育体系的纵深化水平，保障基础教育各项职能运转的专业化水平和效率。以小学教育为例，在课程制定过程中，学校管理委员会会参与编纂教材；针对弱势群体学生，政府会制定相应政策并拨款给学校，由学校为他们发放奖/助学金；在引入新教学课程方面，则由学校和课程改革委员会通力合作实施；同样，维修、建设教室和图书馆也是以学校为载体进行的。此外，学校教育质量与教师专业素养息息相关，因此，尼泊尔教育主管部门不仅高度重视学生的人才培养，还在教师资格认证、教师专业能力培养和教师专业化发展等方面投入了大量资金。

（二）紧跟社会需要，改革学校课程

尼泊尔的基础教育课程设置考虑弱势群体的相关利益，关注少数民族的语言问题，并将学生所在民族的语言纳入课程设置的考虑范畴。[1] 这对于培养尼泊尔学生保护和传承本民族文化意识具有重要意义，是尼泊尔基础教育最具时代特色的表现。

尼泊尔的基础教育课程改革还综合考虑社会发展的实际情况和需求，把课程知识体系与职业技能有机结合，不仅培养了具有一定职业技能的学生，提高了毕业生的就业率，而且提高了学生的入学积极性和入学率，有力地促进了基础教育的可持续发展和社会的稳定。

（三）努力消除社会歧视，促进教育公平

尼泊尔作为一个有着漫长封建历史的国家，种姓等级观念依然有所残留，女性一直处于弱势地位。[2] 尼泊尔政府长期以来，一直以消除教育中的不平等与歧视现象为目标，多措并举，力争实现教育公平。例如，为贫困小学生提供奖 / 助学金，以抵消他们接受义务教育过程中需要额外支付的部分款项，间接提高了小学入学率；出台相关政策保证女生奖 / 助学金的发放比例不低于男生；加派志愿者和提供教育救援，着重保障女生的受教育权，降低女生受侵害事件的发生概率，保障女生的身心安全；在某些地区，注重女教师的培养，缓解男女教师比例严重失衡的状况；关注烈士子女的入学问题，对其发放奖 / 助学金；对残疾学生、低种姓学生发放奖 / 助学金。尼泊尔政府的这些举措有力地减少了基础教育中的不公平现象，维护了教

---

[1] NEPAL J. 尼泊尔教育概况 [C]// 中国国家留学基金管理委员会，联合国教科文组织. 2006 亚洲教育北京论坛论文集. 2006: 93-99.

[2] SHYAM K S. 对尼泊尔基础教育阶段的平等与均衡化发展的特别建议 [C]// 中国联合国教科文组织全委会国家教育发展研究中心. 2009 亚洲教育论坛暨欧亚教育合作会议论文集. 2009: 114-119.

育公平，促进了基础教育的长足发展。

（四）鼓励非公力量办学，繁荣教育市场

在尼泊尔教育发展的传统认知中，公立学校起着主导作用，但其弊端也日趋突显，其中既有因行政干预而造成的教育职能机构设置冲突，也有因官僚作风和卸责动机而导致的结构松散问题。这些问题因公有制学校的本质属性而起，其解决并非易事。相较而言，私立学校具有更强的办学自主性和灵活性，对教育市场的变化反应更加灵敏，且在办学条件、师资力量、学生管理水平等方面具有公立学校所没有的优势。近年来，尼泊尔政府加大了对私立学校的办学支持力度，这使得全国的私立学校占比由 2008 年之前的三分之一，增加到了 2011 年的五分之二。2015 年，尼泊尔初等教育和中等教育的私立学校高达 5 673 所，占全国基础教育学校的 16.3%。[1] 尼泊尔政府还积极鼓励私立学校研发和编纂新教材，鼓励私营出版社出版这些教材，同时支持私人团体协助推行教学计划。这些举措在一定程度上推动了尼泊尔教育市场的繁荣发展，有效地促进了尼泊尔各项教育政策的落实。

（五）各方通力合作，推进学校教育改革

教育问题的解决不仅仅是教育部门单方面的职责，更需要跨部门的通力合作。只有各方通力合作，才能保证各项教育举措的顺利实施和有效开展，才能促进教育事业的长足发展。在学校教育改革计划实施中，尼泊尔极其重视政府、学校与机构间的通力合作。例如，尼泊尔小学的顺利运转就得益于各主要机构的通力合作，各方分工明确，责任明晰。在教室、图书馆的建设

---

[1] 资料来源于尼泊尔教育部官网。

过程中，教育部负责制定条例并拨付款项，学校管理委员会与社团负责施工，区教育局提供技术支持并监督施工过程和施工结果，避免出现重大的资金漏洞问题和工程质量问题。在教师短期培训上，国家教育发展中心和国家培训中心研发培训课程，学校管理委员会选择合适的培训课程为教师提供培训，学校和其他政府相关部门各司其职，为教师培训工作提供支持。整个过程体系完备，各环节得到有效落实，保证了培训工作的质量。

（六）建立监督机制，确保政策有效执行

重视对学校关键活动的监督是尼泊尔基础教育的一大特点。缺乏正规有效的监督体制，就难以保证政策的实施成效。只有建立强有效的监督机制，经由相关部门对活动主体予以监督并及时提出修改意见促其修正，才能保障学校的高效运转。

尼泊尔政府高度重视对校方政策落实情况的有效监督。以小学教育的奖／助学金资格认证为例，政府要求学校必须要有专门机构负责核实学生的烈士子女身份，以确保奖／助学金发放无误，避免徇私舞弊等不良现象。在教师资格认证中，政府要求设立专门监督教师资格认证的程序，避免在准入环节暗箱操作，以保障教师队伍的正规化建设与学校声誉。在教学环节，学校领导者注重监察学校教师的工作，密切关注其工作情况和授课进展，一旦发现问题，会及时给予教师修正意见并监督其整改。此外，在基础设施建设、文化管理建设等涉及资金支持与技术支持的项目中，尼泊尔政府在向校方提供资源的同时，也有相应的监督机制来保证资源的利用效率与项目的建设质量。

二、基础教育的发展经验

基础教育是尼泊尔教育体系的基础，通过近 70 年的发展，尼泊尔的基础教育事业取得了划时代的进步，也积累了很多发展经验，为其他国家的教育事业提供了借鉴。

（一）积极开展校园建设并关注弱势群体学生，重视学生受教育的权利

尼泊尔政府希望每个适龄儿童都能公平公正地享有接受教育的权利，学校积极为学生提供安全、和谐的学习和生活氛围，努力减少校园犯罪和校园侵害事件的发生，保障学生安全，促进学生德育、智育、体育、美育等方面的全面和谐发展。尼泊尔政府不仅对小学教育的财政投入力度大，还对教材、学费以及各类考试费用都实行减免，以减少因贫困导致的辍学问题。尼泊尔还专门设有针对弱势群体学生的奖 / 助学金制度，旨在提高他们接受小学教育的积极性，并切实保障他们享有受教育的权利和高质量的教育服务。

（二）强调小学教育的普及性和强制性，注重小学生的全面发展

尼泊尔义务教育的目标受众为国内所有的 5—12 岁的适龄儿童。该年龄段的儿童按照尼泊尔义务教育法，必须接受小学教育，并在完成规定的学业后有权利升入更高一级的学校学习。尼泊尔小学教育关注每个学生的个性发展需求，学校会根据学生的个体差异确定适合每个学生的学习方法，重视每个学生自主学习能力的提高。

（三）建立学生评估制度，保障校园安全

尼泊尔所有适龄儿童都会接受连续的、长期的评价与评估。此举的目的是力争尽早预防、发现和矫正学生的问题。尼泊尔还成立了教育评审局，对学校的教学质量进行严格把控，监督学校学生培养任务的完成情况。学校、社区和当地政府很重视校园安全问题，把校园安全放在重要位置，共同承担起保障学生安全的责任。

（四）职能部门各司其职，确保政策的有力执行

尼泊尔教育部负责制定教育总体方针政策，地方教育部门发挥连接教育部和地方学校管理部门的纽带作用，传达、落实国家教育方针政策。学校管理部门负责在基层执行教育政策，保障教育政策的有效实施。

（五）关注教师专业发展，提升基础教育质量

教师在推动教育事业的可持续发展过程中起着举足轻重的作用。尼泊尔政府高度重视教师培训工作，并为此建立了尼泊尔教师培训中心，在全国范围内联合众多教育机构为教师专业发展提供长期职业技能培训，以提高教师的文化水平和专业素质，建立一支高水平的教师队伍。同时，尼泊尔基础教育阶段实行女性教师优先的招聘政策，高度重视教师队伍中女教师的规模和培养。

（六）依靠国际援助和社会组织，大力发展基础教育

自 20 世纪 80 年代以来，越来越多的国际组织和机构向尼泊尔提供教育

援助。国际教育援助早期多集中在高等教育阶段，20 世纪 90 年代后转向基础教育、农村教育和女童教育。尼泊尔政府也积极参与各种国际会议和行动，来促进本国基础教育的发展。

2004 年和 2005 年，联合国教科文组织在尼泊尔首都加德满都办事处开展了一个关注女童的研究行动项目，特别关注弱势群体女童，旨在为她们提供更多的就学机会和就业机会。亚洲开发银行和其他国际机构合作，也在尼泊尔实施了多个教育援助项目。例如，非政府组织"教育儿童"为尼泊尔贫困地区和边远地区的儿童提供奖 / 助学金，改善学校基础建设，为教师提供各种培训机会等。该组织的"教育儿童"奖 / 助学金每年资助数以百计的尼泊尔儿童，尤其是女童。[1]

第三节 基础教育的挑战和对策

一、基础教育面临的挑战

（一）社会歧视现象影响教育公平

性别、种姓、宗教等造成的社会歧视现象依然存在，成为尼泊尔普及基础教育的重要阻碍因素。尽管在基础教育阶段，尼泊尔在性别平等方面做了许多工作，也取得了显著的成效，但性别不平等影响教育公平的问题依旧突出，尤其是在贫困家庭，很多女童无法享受应有的受教育权利。[2] 女性歧视现象在尼泊尔社会根深蒂固，早婚、重男轻女与将女性视为私人财

[1] 赛苗. 尼泊尔女童教育研究 [D]. 保定：河北大学，2009.
[2] 资料来源于联合国教科文组织官网。

产的传统观念阻碍着女性获得教育的机会，给国家的现代化文明进程带来了负面影响。此外，虽然尼泊尔法律明确规定废除种姓制度，但是种姓歧视依然是普及基础教育的主要障碍之一，大多数低种姓人群在经济、政治和教育中处于社会边缘地位。语言歧视在基础教育中也有所体现。2011 年全国人口普查结果表明，尼泊尔共有 123 种民族语言，作为国家官方语言的尼泊尔语，使用人数不到一半，而编写出版的基础教育教材最多只覆盖 24 种语言。因此，母语为非尼泊尔语的学生在学习与生活中通常处于不利境地，其接受教育的机会和学习质量受到很大影响。

（二）全面普及基础教育的形势依旧严峻

尽管尼泊尔通过持续努力来提高基础教育的普及率，以实现政府的预期目标，但由于贫穷、区域差异等因素，这个预期目标的实现困难重重。尼泊尔的小学教育入学率一直较低，辍学率也一直保持在较高水平。尼泊尔初中的毛入学率也较低，游离于中等教育体系之外的学龄儿童人数一直居高不下。

（三）公立学校行政效率低下

尼泊尔公立学校在国家教育体系中起着重要的基础性作用，但这些学校教育资源种类与数量不足、配置效率低下，使得学校发展规划在实施进程中受到限制，这严重制约了尼泊尔基础教育的发展。尼泊尔现行教育政策虽然强调应注意学生的个性化发展，要求教师按照学生个体差异制定不同的教学计划，但在实际执行中，教师的行政工作量很重，以致个性化的学生培养模式很难落实。

此外，公立学校在教育政策执行过程中，各主体之间责任划分不够明确，极大影响了教育政策的实施效率。例如，在尼泊尔公立小学中，教育资金分配滞后导致奖/助学金难以按时发放，极大地影响了政府与学校的公信力。

（四）教师的工作积极性有待提高

尼泊尔社会长期以来一直提倡教师在艰苦的教学环境下保持对教育工作的积极性，强调教师的社会价值，却在很大程度上忽视了教师的实际需求。尼泊尔教师的工资水平一直较低，教育部门为保障教师质量，一味要求教师持续参加专业培训项目，却忽视对教师的薪酬激励。很多教师在偏远地区，工作环境艰苦，工作任务繁重，而学校的费用报销制度却不完善，工作期间产生的大部分费用需要由教师个人承担，极大地影响了教师的工作积极性。

（五）高素质的教师及管理人员严重缺乏

优质的师资和教育管理队伍是提升教育效率的重要保障，而尼泊尔教育发展过程中高素质教师和教育管理人员的严重匮乏成为制约基础教育质量提升的重要瓶颈。尼泊尔中等教育阶段现有师资队伍中训练有素的教师所占比例较低，而且教师的招聘和合理分配也面临各种困难。此外，尼泊尔中小学缺乏高素质的教育管理人员来落实各种教育发展政策和教育计划，以及对教育发展项目的效果进行评估。随着基础教育规模的不断扩大，如何培养高素质的教师和教育管理人员是今后尼泊尔基础教育发展亟须关注的问题。[1]

---

[1] 资料来源于联合国教科文组织官网。

二、基础教育的发展对策

（一）全面推行学校改革计划

随着全球化和区域化的不断深入，尼泊尔教育机构和政府部门开始反思现行教育体制中出现的各种问题，并将学校改革计划提上议事日程。

2004 年，尼泊尔教育部成立学校改革机构，颁布了相关文件，分析了尼泊尔教育系统中存在的各种问题及其优势和机会，这为学校改革计划的实施铺平了道路。2005 年，尼泊尔教育部再次拟定关于教育改革的指导性文件。该文件在中央、地方、社区和学校广泛征求意见，经专家学者讨论后，于 2007 年获得尼泊尔议会通过。基于此文件，尼泊尔教育部起草了学校改革计划的核心文件，确立了改革的政策和战略。2008 年 6 月，在尼泊尔财政部和国家规划委员会的支持下，学校改革计划核心文件最终由尼泊尔教育部通过。经过一年的修订，《学校部门改革计划（2009—2015 年）》于 2009 年 8 月正式颁布。

《学校部门改革计划（2009—2015 年）》是由尼泊尔教育部出台并组织实施的国家长期教育战略计划，涵盖了尼泊尔从初等教育阶段一直到高等教育阶段的学校改革计划的内容，包括政策方向、实施目标、实施效果、经费保障等，涉及技术和职业学校、教师专业发展、终身学习、监测评估、财政支出分析等方面。[1]

该计划在政策内容上依据新国情和国际新形势引入了新的改革特色，诸如学校教育机构的结构性重组，注重教学质量的提高和教育执行责任的制度化，旨在通过提供和改善学校的软硬件服务设施来提高政策的实施效率，保障政策的实施效果。在学校改革措施当中，尼泊尔教育部还采取诸

---

[1] 资料来源于联合国教科文组织官网。

多措施改善学校的现有服务质量水平。这些措施的总体目标是提高学校教育的总体质量、增强学校各教育阶段的相关性。因改革计划将重点放在了学校教育服务的质量、效率和有效性上,《学校部门改革计划（2009—2015年）》已经成为尼泊尔"公共财政支持下直面教育新挑战、新需求、新愿景的主要措施。"[1]

（二）积极开展课程和教学方式改革

过去，尼泊尔教师的主要教学方式是课堂授课。现在，他们可以使用所有可能的教学材料，包括音频、视频、软件、互联网等教学工具和手段，尼泊尔的教育正朝着适应新技术的方向做重大转变。尼泊尔政府重视信息通信技术在教学中的运用，提出对传统的课堂和教学方式进行改革，力争在所有学校都推广和使用信息通信技术，以促进尼泊尔基础教育的更快发展，使尼泊尔能更好地参与全球发展，并提高本国在全球市场上的竞争力。

---

[1] 资料来源于联合国教科文组织官网。

第六章　高等教育

第一节　高等教育的发展和现状

一、高等教育的发展历程

（一）高等教育的创立期（1850—1950 年）

尼泊尔的现代教育始于拉纳家族统治时期。1850 年，拉纳家族第一任首相忠格·巴哈杜尔·拉纳访问英国，回国后有感于西方先进的教育模式，于 1854 年在自己的塔帕塔利宫开设了第一所英式学校。学校设有英语、梵语、印地语、历史、地理、逻辑学、算术等多门课程，除梵语和印地语外，其他课程都用英语讲授。后来，学校又增设了孟加拉语和波斯语课程，甚至还开设了汉语课程。这所英式学校的多学科建设为尼泊尔高等教育的创立奠定了一定的基础，英国教育体系也在一定程度上影响了尼泊尔的高等教育模式。1877 年，忠格·巴哈杜尔·拉纳去世后，这所学校迁往王后湖附近。1918 年，首相昌德拉·苏姆谢尔建立了尼泊尔历史上第一所学院——特里布万·钱德拉中级学院（后改名为特里钱德拉学院）。这是尼泊尔当时唯一一所开展高等教育的学院，隶属于印度加尔各答大学。特里布万·钱德拉中级学院在成立初期只开设文科课程，1919 年和 1954 年分别增设了科学学院和商业学院。

（二）高等教育的初步发展期（1951—1989 年）

1951 年，尼泊尔组建教育部，教育开始走上发展的道路。同年，在政府和社区的倡议下，一些学位学院在加德满都谷地建立校园提供教育服务，如香卡德夫校园提供优质的管理学高等教育。1959 年，在印度和美国的帮助下，特里布文大学成立。[1] 此后，一些农、林、工程技术学院也相继建立。1961 年，尼泊尔成立全面教育委员会，实施教育体制改革，将特里布文大学图书馆和拉尔·杜巴尔的中央图书馆合并，并在教育中引入硕士课程。在《国家教育系统计划（1971—1976 年）》出台之前，特里布文大学拥有一所大学学院以及数量有限的附属学院。1968 年，大学学院的教职员工总共有 125 人。[2] 1973 年，依据《国家教育系统计划（1971—1976 年）》，所有公立学院和私立学院并入特里布文大学，该校的规模大大增加。特里布文大学不属教育部管辖，由国王亲任校长，下设人文社科、商业管理、教育、法学、农业畜牧、林业、工程技术、医学、梵文、美术等多个学院，校本部设在首都的基尔提普尔。[3]

（三）私人办学快速发展期（1990—1996 年）

1990 年尼泊尔恢复多党制以后，成立了新的由 16 名委员组成的国家教育委员会，开始鼓励私人办学。在此期间，涌现了一大批私立大学，如加

---

[1] 在特里布文大学建立之前，尼泊尔曾仿照印度比哈尔邦巴特那大学的必修课开设过一些课程，建立了自己的考试制度，并向完成学业的学生授予学位。

[2] 资料来源于学者之星（Starscholars）官网。

[3] 资料来源于学者之星（Starscholars）官网。

德满都大学、东部大学、博克拉大学等。加德满都大学于 1991 年由私人集资兴办，建在首都东北郊区，设有科学、工程、管理、教育、艺术、医学 6 个学院。经过几年的发展，招生人数有了大幅的增长，1998—1999 年度，在校生达到 2 635 人；1999—2000 年度，在校生达 3 293 人。[1] 东部大学位于东部重要城市比腊特纳加，设有人文、管理、教育、科学技术 4 个学院，1999—2000 年度在校生有 468 人。[2] 博克拉大学位于西部重要城市博克拉，成立之初设有科学技术和管理学院，1999—2000 年度在校学生为 698 人。[3]

到 2000 年，尼泊尔全国私立学院已由 1999 年的 155 个增加到 158 个，加上特里布文大学所属的 61 个公立学院，全国共有 219 所学院。[4] 此外，这一时期，在原梵文学院的基础上还成立了马亨德拉梵文大学（后改名为尼泊尔梵文大学）。这所大学 1999—2000 年度在校学生达到 2 952 人。[5]

（四）高校合并和新建期（进入 21 世纪以来）

进入 21 世纪以来，尼泊尔的高等教育也进入了快速发展时期，一方面，政府开始筹建新的大学，如国家医学科学院和蓝毗尼佛教大学；另一方面，政府积极对一些大学进行合并，如农业和林业大学。[6]2010 年，尼泊尔政府还依托特里布文大学在西部和中西部地区的校区，成立了中西部大学和远西部大学等高等教育学校。

---

[1] 资料来源于尼泊尔财政部官网。

[2] 资料来源于尼泊尔财政部官网。

[3] 资料来源于尼泊尔财政部官网。

[4] 王宏纬. 尼泊尔 [M]. 北京：社会科学文献出版社，2004：308-311.

[5] 资料来源于尼泊尔财政部官网。

[6] 资料来源于尼泊尔财政部官网。

二、高等教育的发展现状

本节将从现有高校、学制、入学率、招生情况、专业设置等方面对尼泊尔的高等教育发展现状进行介绍。

（一）高等教育院校

尼泊尔目前共有 12 所大学，其中 9 所综合性大学，分别是特里布文大学、加德满都大学、博克拉大学、东部大学、尼泊尔梵文大学、蓝毗尼佛教大学、中西部大学、远西部大学以及农业和林业大学；3 所医学院，分别是 B. P. 柯伊拉腊健康科技学院、国家医学科学院和帕坦健康科学院。[1]

特里布文大学始建于 1959 年。1973 年尼泊尔实施教育改革后，全国所有高等院校统一归特里布文大学管理。2008 年尼泊尔联邦民主共和国成立后，由国家总理任该校校长，教育部部长任校监，另有一名执行副校长，实际总管全校事务。经过长期发展，特里布文大学成为尼泊尔招生人数最多的高校。2017 年，特里布文大学共有 1 161 个校区，总招生人数为 284 453 人，其中 524 个社区校园招收 110 013 人，60 所学校学院招收 102 085 人，577 所私立校园招收 72 355 人。[2] 目前，特里布文大学下设 62 个直属分院、33 个中央教学部和 4 个研究中心，此外还管辖几乎遍布全国的上千个附属机构。特里布文大学及其附属机构 2018—2019 年度的在校生为 415 482 人，按学科来划分，技术学科学生 79 378 人，文科学生 336 104 人；按机构来划分，学校学院在校生 157 169 人，附属机构在校生 258 313 人。[3]

尼泊尔梵文大学建立于 1986 年，原名马亨德拉梵文学院，2006 年改为

---

[1] 资料来源于《尼泊尔教育（2017 年）》。

[2] 资料来源于《尼泊尔教育（2017 年）》。

[3] 资料来源于尼泊尔财政部官网。

现名，总部设在尼泊尔西部地区当格县的贝尔琼迪，是尼泊尔第二所国立大学，目的是保护和传承古老的梵文。目前该校有 14 个直属学院和 11 个附属机构。[1]

加德满都大学建立于 1991 年，由私人投资兴办，位于加德满都以东 30公里的杜利凯尔，是占地面积仅次于特里布文大学的第二大高校。[2] 该校设有科学院、工程学院、管理学院、教育学院、艺术学院、医学院 6 个分院和一些独立学院。

东部大学又名普尔阪查尔大学，建立于 1993 年，也是一所私立大学，校址位于东南部重镇比腊特纳加。目前该大学有人文学院、管理学院、教育学院、科学技术学院和一些独立学院。

博克拉大学位于西部重要城市博克拉，1997 年由私人投资兴办。该校设有科学技术学院、管理学院、教育学院、艺术学院和一些独立学院。

蓝毗尼佛教大学创建于 2004 年，是一所保护和研究佛教的国立大学，校长由国家总理担任，校址位于佛祖诞生地蓝毗尼。该校于 1998 年第一次世界佛教大会召开时提议建立，2004 年第二次世界佛教大会之后正式建立。

中西部大学建立于 2010 年，是一所综合性的公立大学，位于中西部地区苏尔克特县的比兰德拉纳加市。

远西部大学创建于 2010 年，是一所综合性的公立大学，位于远西部地区的坎昌普尔县的马亨德拉纳加市，设有管理学院、教育学院等 4 个分院。

农业和林业大学创立于 2010 年，由原来特里布文大学下属的兰普尔农业学院和黑陶达林业学院合并而成，大学总部位于奇特旺县的兰普尔。

B. P. 柯伊拉腊健康科技学院建立于 1993 年，以尼泊尔前首相 B. P. 柯伊拉腊的名字命名，位于尼泊尔东部山区城市特兰。该校是一所私立大学，有医学院、口腔学院、护理学院和公共卫生学院，还有一个拥有 700 张床位

---

[1] 资料来源于尼泊尔财政部官网。

[2] 资料来源于加德满都大学官网。

的中心教学医院。

国家医学科学院，也称比尔医院，成立于 2003 年，位于尼泊尔首都加德满都市中心，是尼泊尔第一家开始现代医学实践的医院。2005 年开设护理学学士学位基础课程。2014 年招收 886 名学生，520 名学生通过考试，并开设护理硕士课程。[1]

帕坦健康科学院，位于帕坦市，是一所公立的非营利性高等教育学术机构，致力于通过培训农村卫生工作者来改善尼泊尔的农村健康状况。帕坦健康科学院 2010 年开始招生，培养医学人才。2017 年开始招收公共卫生专业硕士研究生。[2]

国家医学科学院和帕坦健康科学院 2017 年仅在巴格马蒂省招生，招生人数分别为 90 人和 350 人。[3] 由于上述两所高校面向高等教育招生的时间较晚，且招生规模较小，故后文在尼泊尔高等教育发展现状的数据分析中只分析前 10 所高校的情况。

（二）高等教育的学制

尼泊尔高等教育的学制为 8 年，其中本科 3 年，硕士研究生 2 年，博士研究生 3 年，即"3+2+3"学制。在实行改革以前，尼泊尔高等教育的学制是"2+2+3+3"制，即从全国统一升学考试后升入大学的学生，先接受 2 年 IA 级（证书级）教育和 2 年本科教育，获学士学位后，再接受 3 年硕士教育获硕士学位，最后再接受 3 年博士教育获博士学位。1993 年，尼泊尔政府实行改制，目的是为了与其他南亚国家学制统一，提升高等教育质

[1] 资料来源于国家医学科学院官网。
[2] 资料来源于帕坦健康科学院官网。
[3] 资料来源于《尼泊尔教育（2017 年）》。

量。改制后，原来的 IA 级教育被取消，新增了高级中等教育（10+2）[1]。也就是说，中等教育年限从 5 年延长至 7 年，高等教育年限从 10 年缩短至 8 年，大学本科学制由 2 年增至 3 年，硕士由 3 年减为 2 年，博士 3 年不变。1997 年，特里布文大学改变课程设置，改革正式付诸实施。[2]

（三）高等教育的入学率

高等教育入学率是指在学人数与适龄人口之比，适龄人口通常指 18—22 岁年龄段人口。国际上通常将 15% 以下的高等教育入学率划为精英教育阶段，15%—50% 为高等教育大众化阶段，50% 以上为高等教育普及化阶段。从表 6.1 中可以得知，2000—2013 年，尼泊尔高等院校入学率整体呈增长趋势，按国际标准属于精英教育阶段。2013 年后，尼泊尔进入高等教育大众化阶段，2015—2017 年，受 2015 年尼泊尔大地震的影响，高等教育入学率呈下降趋势，到 2018 年才逐步回升，但仍没有回到 2013 年的水平。通过以上数据可知，尼泊尔的高等教育基本上处于精英教育阶段，离高等教育大众化仍有差距，距离高等教育普及化还非常远。

---

[1] 高级中等教育（"10+2"或大学预科）是 1989 年以来尼泊尔教育体制改革的结果，旨在借鉴印度 12 年中小学教育一贯制，并与南亚其他国家学制同步。在此之前，尼泊尔中小学实行的是"5+3+2"共 10 年的教育模式，即小学 5 年、初中 3 年、高中 2 年。体制改革之后，中小学全程教育成为"5+3+2+2"模式，即小学 5 年、中学 7 年，共 12 年。原来属于大学的两年预科教育，归入中等教育系列。但由于历史原因，10 年级以后的全国统一毕业认定考试（School Leaving Certificate，SLC）仍然保留。学生 10 年级毕业后须参加全国统一毕业认定考试，成绩合格的学生可进入"10+2"阶段或专科学校学习。要想获得大学本科以上学历，必须首先进入"10+2"阶段学习。"10+2"的课程安排和教学模式与原来属于高等教育的大学预科基本相同，由大学下设的各个学院执行，行政上未与大学剥离。

[2] 王宏纬. 尼泊尔 [M]. 北京：社会科学文献出版社，2004：308-311.

表 6.1 2000—2020 年尼泊尔高等院校入学率 [1]（单位：%）

年份	入学率	年份	入学率
2000	4.19	2011	14.45
2001	4.50	2012 [2]	—
2002	5.18	2013	17.11
2003	5.24	2014	15.99
2004	6.14	2015	14.97
2005	7.74	2016	11.62
2006	8.22	2017	11.59
2007	10.13	2018	12.41
2008	11.15	2019	13.33
2009	11.16	2020	13.46
2010	14.34		

2015—2020 年尼泊尔高等院校男、女生入学人数占总人数的比例见表 6.2。

表 6.2 2015—2020 年尼泊尔高等院校男、女生入学人数占总人数的比例 [3]

（单位：%）

年份	男生	女生
2015	15.54	14.54
2016	11.76	11.50
2017	11.53	11.64

[1] 根据世界银行数据库数据整理得出。
[2] 2012 年尼泊尔高等教育入学率数据缺失。
[3] 根据世界银行数据库数据整理得出。

续表

年份	男生	女生
2018	11.96	12.82
2019	12.94	13.70
2020	13.15	13.75

2015—2020 年，尼泊尔高等教育院校男女生的入学率在时间上有一个小的波动和变化，即 2015、2016 年男生入学率略高于女生，但是 2017—2020 年，女生入学率略高于男生，不过总体上相差幅度并不大。

根据联合国教科文组织采用的国际教育标准分类法（International Standard Classification of Education，以下简称 ISCED），学历层次共分为 9 级（ISCED 0—8），其中高等教育阶段为 ISCED 5—8 级。ISCED 5 等同于大学预科，ISCED 6 等同于学士或同等水平（下文简称本科），ISCED 7 等同于硕士或同等水平（下文简称硕士），ISCED 8 等同于博士或同等水平（下文简称博士）。[1]

就本科来看，2015—2018 年，尼泊尔的入学人数基本保持在 30 万人以上，其中以 2017 年的入学人数为最多。2015 年，尼泊尔发生了 8.1 级地震。地震不仅使尼泊尔的文化古迹遭到严重破坏，而且损毁了约 100 万座建筑物，其中包括 1.6 万所学校，给尼泊尔造成了超过 50 亿美元的巨大经济损失（约合人民币 310.5 亿元），高等教育的发展也受到了严重的影响。[2] 受 2015 年大地震等因素影响，2016 年高等教育的入学人数有所减少，尤其是女生的入学人数下降较多。就硕士来看，2015—2017 年，尼泊尔的入学人数出现了严重递减的情况，2015 年的入学人数在 11 万人以上，2016 年和 2017 年锐减至 4 万余人。就博士来看，尼泊尔全国的入学人数很少，但相对于本科和

[1] 资料来源于联合国教科文组织官网。

[2] 数据来源于尼泊尔教育部官网。

硕士阶段而言，却一直呈现上升的趋势，其中男生数量远高于女生。这说明尼泊尔高等教育在高学历教育阶段存在着较大的性别差异，且随着学历的提升性别差异越加明显，女生数量减少明显。详细情况见表6.3。

表6.3 2015—2018年尼泊尔高等教育各阶段（本硕博）男女生入学人数 [1]

年份	本科生			硕士生			博士生		
	总计	男生	女生	总计	男生	女生	总计	男生	女生
2015	332 313	152 189	180 124	112 563	62 568	49 995	448	380	68
2016	318 753	150 606	168 147	41 361	21 357	20 004	963	819	144
2017	361 077	188 295	172 782	40 652	20 861	19 791	963	819	144
2018	314 688	—	—	—	—	—	1 222	—	—

（四）高等教育招生情况

受地理、经济、政策等因素的影响，尼泊尔的大学在各省的分布不均衡，在各省的招生情况也不尽相同。以巴格马蒂省为例，巴格马蒂省是尼泊尔首都加德满都所在地，是全国的政治、经济、文化中心，因此拥有良好的教育条件，省内高等院校较多，招生能力较强。而位置偏远的远西省则因为历史原因，经济基础差，产业发展水平较低，直到2010年，远西省才成立农业和林业大学、中西部大学和远西部大学三所高校，填补了省内无高校的历史空白。2017年尼泊尔10所大学在各省的招生人数情况详见表6.4。

[1] 数据来源于尼泊尔教育部官网。

表6.4 2017年尼泊尔10所大学在各省的招生人数[1]

大学	第一省	第二省	巴格马蒂省	甘达基省	蓝毗尼省	卡尔纳利省	远西省	总计
特里布文大学	33 908	20 005	142 680	23 477	36 464	11 188	16 731	284 453
尼泊尔梵文大学	62	159	838	139	220	0	53	1 471
加德满都大学	1 236	0	12 880	955	1 587	0	0	16 658
东部大学	4 696	3 496	13 968	514	562	0	303	23 539
博克拉大学	0	0	16 488	4 295	4 135	0	1 114	26 032
蓝毗尼佛教大学	0	0	119	0	77	0	0	196
农业和林业大学	0	0	1 583	0	0	0	0	1 583
中西部大学	0	0	0	0	0	0	3 046	3 046
远西部大学	0	0	0	0	0	0	2 211	2 211
B. P. 柯伊拉腊健康科技学院	1 448	0	0	0	0	0	0	1 448

[1] 资料来源于《尼泊尔教育（2017年）》。

由表 6.4 可知，除了专业性高校（如尼泊尔梵文大学、B. P. 柯伊拉腊健康科技学院）、佛教大学（如蓝毗尼佛教大学）和新成立的高校（中西部大学、远西部大学、农业和林业大学）外，尼泊尔高校的招生数基本达到每所万人以上。特里布文大学在尼泊尔的 7 个省份都有招生，其中以第一省、巴格马蒂省和蓝毗尼省的招生人数最多，达 3 万人以上。加德满都大学、博克拉大学、东部大学在全国大部分省份招生。蓝毗尼佛教大学、B. P. 柯伊拉腊健康科技学院、农业和林业大学、中西部大学和远西部大学只在个别省份招生，招生人数从几百人到上千人不等。

（五）高等教育的专业设置

尼泊尔高等教育主要培养人文社会科学方面的人才，同时也培养理工科和医学方面的人才。尼泊尔高校的专业设置主要有 12 种，分别为佛学、教育学、工程学、人文社会科学、法学、管理学、医药科学、科学技术、梵文、农学、林学、畜牧兽医与渔业。尼泊尔高校的专业设置以应用型专业为主，因此培养的学生能够较快地投入国家的社会经济建设中。2017 年尼泊尔各省按专业划分的学院数量详见表 6.5。

表 6.5 2017 年尼泊尔各省按专业划分的学院数量 [1]（单位：个）

专业	第一省	第二省	巴格马蒂省	甘达基省	蓝毗尼省	卡尔纳利省	远西省	总计
管理学	125	74	420	84	142	25	65	935
教育学	102	71	150	69	108	39	70	609
人文社会科学	47	24	154	20	40	10	34	329

[1] 资料来源于《尼泊尔教育（2017 年）》。

续表

专业	第一省	第二省	巴格马蒂省	甘达基省	蓝毗尼省	卡尔纳利省	远西省	总计
科学技术	15	11	52	5	9	3	6	101
医药科学	9	11	43	6	5	0	0	74
工程学	1	1	18	4	4	1	2	31
法学	2	2	5	1	2	0	0	12
梵文	0	2	0	3	2	0	1	8
佛学	0	0	5	0	1	0	0	6
畜牧兽医与渔业	0	0	1	0	0	0	0	1
农学	0	0	1	0	0	0	0	1
林学	0	0	1	0	0	0	0	1
合计	301	196	850	192	313	78	178	2 108

由表 6.5 的数据可知，在尼泊尔高等教育的 12 个专业中，管理学、教育学、人文社会科学的学院数量位居前三，随后是科学技术、医药科学、工程学、法学、梵文和佛学学院，最少的是畜牧兽医与渔业、农学、林学学院。此外，各大高校在尼泊尔的 7 个省大都设有学院（分院），将高等教育资源提供给全国各地，但各省学院分布不均，其中巴格马蒂省、蓝毗尼省的专业资源较多，其他省份较少。2017 年尼泊尔 10 所高校按专业招生情况见表 6.6。

表 6.6 2017 年尼泊尔 10 所高校按专业招收的学生人数[1]

专业	特里布文大学	尼泊尔梵文大学	加德满都大学	东部大学	博克拉大学	蓝毗尼佛教大学	农业和林业大学	中西部大学	远西部大学	B.P. 柯伊拉腊健康科技学院	总计
科学技术	27 349	0	1 235	5 993	632	0	0	255	161	0	35 625
佛学	0	0	0	0	0	196	0	0	0	0	196
管理学	124 568	0	2 209	7 996	15 783	0	0	1 032	967	0	152 555
人文社会科学	35 541	0	1 263	591	272	0	0	913	206	0	38 786
教育学	82 805	1 181	894	3 546	0	0	0	501	735	0	89 662
工程学	7 322	0	1 327	0	7 795	0	0	345	142	0	16 931
医药科学	1 582	0	9 651	4 603	1 550	0	0	0	0	1 448	18 834
法学	5 286	0	79	810	0	0	0	0	0	0	6 175
梵文	0	290	0	0	0	0	0	0	0	0	290
畜牧兽医与渔业	0	0	0	0	0	0	353	0	0	0	353
农学	0	0	0	0	0	0	945	0	0	0	945
林学	0	0	0	0	0	0	285	0	0	0	285
合计	284 453	1 471	16 658	23 539	26 032	196	1 583	3 046	2 211	1 448	360 637[2]

[1] 资料来源于《尼泊尔教育（2017 年）》。

表 6.7 为 2017 年尼泊尔高校主要专业招生人数的性别构成情况。2017 年，尼泊尔高校招收的男生和女生的人数基本持平，总数达到 36 万余人，但是在不同专业的招生上男女生还是存在一定的性别差异。教育学、人文社会科学、管理学、医药科学 4 个专业，女生人数多于男生人数；佛学、工程学、法学、科学技术、梵文、农学、林学、畜牧兽医与渔业 8 个专业，男生人数多于女生人数。

表 6.7 2017 年尼泊尔高校各专业招生人数的性别构成 [1]（单位：人）

专业	女生	男生	总计
佛学	57	139	196
教育学	57 101	32 561	89 662
工程学	2 383	14 548	16 931
人文社会科学	20 753	18 033	38 786
法学	2 081	4 094	6 175
管理学	80 540	72 015	152 555
医药科学	11 805	7 469	19 274
科学技术	13 029	22 596	35 625
梵文	59	231	290
农学	285	660	945
林学	110	175	285
畜牧兽医与渔业	92	261	353
总计	188 295	172 782	361 077

2017—2018 年度，尼泊尔 6 所代表性大学共有 412 718 名不同专业的本科及以上学历层次学生毕业，与 2014—2015 年度这 6 所大学毕业生 44 335

---

[1] 资料来源于《尼泊尔教育（2017 年）》。

名相比较来说有了一个较大的飞跃。[1] 其中，特里布文大学 335 126 名，加德满都大学 17 942 名，博克拉大学 29 419 名，东部大学 26 128 名，尼泊尔梵文大学 3 742 名，B. P. 柯伊拉腊健康科技学院 361 名，详见表 6.8。从表 6.8 可见，尼泊尔高等教育无论在招生人数上还是在专业培养的毕业生人数上，个别专业尚未形成规模，如法学、林学、畜牧兽医与渔业等专业。

表 6.8 2017—2018 年度尼泊尔 6 所大学不同专业本科及以上学历层次毕业生人数 [2]

专业	特里布文大学	加德满都大学	博克拉大学	东部大学	尼泊尔梵文大学	B. P. 柯伊拉腊健康科技学院	总计
科学和技术	25 324	1 289	1 598	1 149	—	—	29 360
管理学	168 135	2 214	16 972	8 566	—	—	195 887
人文社会科学	52 495	1 508	66	600	—	—	54 669
教育学	67 040	1 012	—	2 489	2 844	—	73 385
法学	765	166	—	1 108	—	—	2 039
工程学	12 576	1 666	8 957	3 756	—	—	26 955
医药科学	5 032	10 087	1 826	7 225	181	361	24 712
林学	1 796	—	—	—	—	—	1 796
畜牧兽医与渔业	1 963	—	—	1 235	—	—	3 198
梵文	—	—	—	—	717	—	717
总计	335 126	17 942	29 419	26 128	3 742	361	412 718

---

[1] 资料来源于尼泊尔中央统计局 2015 年年报。

[2] 资料来源于尼泊尔中央统计局 2019 年年报。

（六）高校学历层次

尼泊尔的蓝毗尼佛教大学只招收硕士生。此外，除了东部大学、中西部大学、远西部大学、B. P. 柯伊拉腊健康科技学院不招收博士生，尼泊尔其他高校均开展了大学预科、本科、硕士和博士教育。2017 年尼泊尔 10 所大学不同学历层次的招生人数见表 6.9。

表 6.9 2017 年尼泊尔 10 所大学不同学历层次的招生人数 [1]

大学	本科生	硕士生	博士生	总计
特里布文大学	251 657	32 319	477	284 453
尼泊尔梵文大学	919	252	300	1 471
加德满都大学	14 450	2 075	133	16 658
东部大学	21 335	2 204	0	23 539
博克拉大学	23 636	2 387	9	26 032
蓝毗尼佛教大学	0	196	0	196
农业和林业大学	1 161	378	44	1 583
中西部大学	2 160	886	0	3 046
远西部大学	2 004	207	0	2 211
B. P. 柯伊拉腊健康科技学院	1 081	367	0	1 448
总计	318 403	41 271	963	360 637

如表 6.9 所示，2017 年，尼泊尔的硕士招生人数约为同年本科招生人数的八分之一。尼泊尔的博士招生人数在所有招生层次里最少，2017 年全国的博士招生人数不足千人。2017 年，在尼泊尔 10 所大学中，特里布文大学

---

[1] 资料来源于《尼泊尔教育（2017 年）》。

招收的本科生人数最多，约为 25 万人，博克拉大学、东部大学、加德满都大学的本科招生人数也在 1 万人以上。尼泊尔梵文大学主攻梵文专业，属于单一教学性质的高校，因此招生人数较少。在硕士招生方面，仍然是特里布文大学招收的人数最多，达 3 万余人，其余高校招收硕士人数从几百人到几千人不等。蓝毗尼大学属于专门的佛教大学，其专业的单一性限制了学生的报考选择，招生人数很少。在博士招生方面，特里布文大学招收的博士生人数最多，有近 500 人，尼泊尔梵文大学和加德满都大学次之。尼泊尔高校博士招生人数较少除了能培养博士研究生的高校数量很少、师资力量薄弱、高等教育发展水平有待提高等因素外，还有一个重要的原因就是部分学生选择了出国留学深造。

2015 年的 4·25 大地震对尼泊尔的高等教育造成了很大的冲击，在 2014—2015 年度，在特里布文大学、加德满都大学、博克拉大学、东部大学、尼泊尔梵文大学、B. P. 柯伊拉腊健康科技学院这 6 所高校毕业生中，获得学士学位的有 32 748 人，获得硕士学位的有 10 719 人，获得博士学位的仅有 63 人。[1] 近年来，尼泊尔政府利用国际机构和其他国家提供的各种奖学金选派学生前往国外大学学习，自费出国的留学生人数也不断增加，留学生前往的国家主要有印度、美国、英国、中国等，主要学习工科和医科。2017—2018 年度，在尼泊尔上述 6 所高校毕业生中，获得学士学位的有 356 387 人，硕士学位的有 54 468 人，博士学位的有 1 863 人，详见表 6.10。从数据来看，尼泊尔高等教育的恢复情况较为乐观。

---

[1] 资料来源于尼泊尔中央统计局 2015 年年报。

表 6.10 2017—2018 年度尼泊尔部分大学获得各级学位的人数 [1]

学位	特里布文大学	加德满都大学	博克拉大学	东部大学	尼泊尔梵文大学	B. P. 柯伊拉腊健康科技学院	总计
学士学位	289 796	15 652	26 778	21 644	2 320	197	356 387
硕士学位	44 366	2 184	2 626	4 484	644	164	54 468
博士学位	964	106	15	—	778	—	1 863
总计	335 126	17 942	29 419	26 128	3 742	361	412 718

第二节 高等教育的特点

一、分布式高等教育 [2]

　　分布式教育来源于"分布式资源"的概念，这种教育允许教师、学生和课程分布在不同的非中心的地方，从而使教和学可以相对独立进行。例如，英国高地和岛屿大学的分布式教学模式享誉全球。该校的 13 个学院分布在苏格兰北部各大城市，其分布式教学通过网络技术将课程传授给各个学院的学生。英国开放大学的学生也是遍布世界各地，该校采用的混合式学习模式将分布式教育与传统面授教育相结合，也取得了较好的教学效果。

　　尼泊尔高等教育由于受到英国高等教育的影响，也呈现出分布式的特点。例如，尼泊尔著名的特里布文大学的主要教学基地位于首都加德满都，但在全国各地设有 1 000 多个学院和校区，各校区的所有课程都由加德满都

---

[1] 资料来源于尼泊尔中央统计局 2019 年年报。

[2] 弗兰克，罗宾，刘伟. 不丹和尼泊尔高等教育机构中分布式教育的发展 [J]. 教育观察（上旬刊），2013，2（8）：90-94.

主校区专业学院的教师教授，采用卫星视频会议的方式开展教学。尼泊尔许多大学的附属学院也可以为远距离教学和研讨会等提供技术支持。以亚洲大学网络视频会议合作伙伴特里布文大学为例，特里布文大学的分布式教学采用的方式是把专家的讲座视频传送到亚洲大学网络，利用互联网中继技术，让学生在网上进行学习和课堂互动。

尼泊尔分布式高等教育的体现就是高校一般都拥有多个直属学院和附属学院，或者是有独立学院或分院分布在全国各地。这种教育方式有利于全国各地的学生更便捷地接受高等教育，帮助尼泊尔实现高等教育从"精英式"教育向"大众化"教育的发展。2017 年，尼泊尔 10 所高校下属学院在全国各省的分布情况详见表 6.11。

表 6.11 2017 年尼泊尔 10 所高校下属学院在各省的分布情况 [1]（单位：个）

大学	第一省	第二省	巴格马蒂省	甘达基省	蓝毗尼省	卡尔纳利省	远西省	总计
特里布文大学	161	100	479	107	172	54	88	1 161
尼泊尔梵文大学	1	3	3	3	6	0	2	18
加德满都大学	1	0	17	1	2	0	0	21
东部大学	32	23	67	4	4	0	1	131
博克拉大学	0	0	37	9	12	0	4	62
蓝毗尼佛教大学	0	0	5	0	1	0	0	6
农业和林业大学	0	0	2	0	0	0	0	2
中西部大学	0	0	0	0	0	1	0	1
远西部大学	0	0	0	0	0	0	1	1
B. P. 柯伊拉腊健康科技学院	1	0	0	0	0	0	0	1

[1] 资料来源于《尼泊尔教育（2017 年）》。

由表 6.11 可知，作为尼泊尔的老牌著名大学，特里布文大学和东部大学的下属学院相比其他高校，有着显著的数量优势。特里布文大学的下属学院在尼泊尔的 7 个省均有分布，尼泊尔梵文大学、加德满都大学、东部大学、博克拉大学的下属学院在尼泊尔的大部分省份都有分布。蓝毗尼佛教大学、农业和林业大学、中西部大学、远西部大学和 B. P. 柯伊拉腊健康科技学院仅在尼泊尔的个别省份设立有学院，远未达到全国覆盖。

二、精英化和私有化特征明显

尼泊尔的高等教育基本上处于精英教育，且尼泊尔的私立高等学校在过去的几十年里获得了长足发展，有超过公立高等教育发展的势头。例如，加德满都大学作为一所私立大学，获得了政府的大笔资助。大学拨款委员会对加德满都大学的生均资助超过了对特里布文大学附属的公立学院的资助。尼泊尔的公立院校主要面向贫困学生，私立院校则面向来自中产阶层和富裕阶层的学生。虽然高等教育入学率提高了，但偏见、边缘化、社会排斥和执法不公等仍影响着尼泊尔的社会生活和公立高等教育的发展。

此外，尼泊尔高等学校的校区可分为学校学院和附属校园，其中附属校园又分为社区校园和私立校园。学校学院是大学的主体部分，接受政府资助；社区校园是私人的非营利机构，接受有限的政府资助；私立校园是商业机构。2017 年尼泊尔 10 所大学不同校区的数量见表 6.12。

表 6.12 2017 年尼泊尔 10 所大学三类校区的数量（单位：个）[1]

大学	社区校园	学校学院	私立校园	总计
特里布文大学	524	60	577	1 161
尼泊尔梵文大学	2	14	2	18
加德满都大学	0	6	15	21
东部大学	6	5	120	131
博克拉大学	0	4	58	62
蓝毗尼佛教大学	0	1	5	6
农业和林业大学	0	2	0	2
中西部大学	0	1	0	1
远西部大学	0	1	0	1
B. P. 柯伊拉腊健康科技学院	0	1	0	1
总计	532	95	777	1 404

由表 6.12 可知，在尼泊尔目前 10 所大学的不同校区中，以私立校园为最多，其次是接受有限政府资助的社区校园，数量最少的就是接受政府资助的学校学院，这在某种程度上也体现出尼泊尔高等教育突出的私有化特征。

三、国际化特征初步显现

尼泊尔高等教育虽然只有近 70 年的发展历程，但作为世界不发达国家之一，尼泊尔也为高等教育的国际化做出了贡献。尼泊尔的高校数量较少，

---

[1] 资料来源于《尼泊尔教育（2017 年）》。

且教育水平和教学质量不高，很难满足本国高等教育发展的需求，因此出国留学成为很多尼泊尔学生的一大选择。加德满都谷地有超过 200 个教育咨询公司帮助有能力支付大学费用的学生到国外求学。同时，大多数就读于印度大学的国际留学生也来自尼泊尔，这是因支付能力、质量、信誉、地理邻近性，以及印度政府提供的奖学金等多种因素造成的。此外，尼泊尔也吸引了来自印度的教育投资，为本国建立提供医学教育的机构。这些机构吸引了来自印度和其他国家的外国留学生，如印度私立教育集团马尼帕尔教育和医疗集团在尼泊尔建立的医学和牙科学院。[1]

第三节 高等教育的挑战和对策

一、高等教育面临的挑战

（一）分布式高等教育质量难以保障

随着分布式教育的发展，尼泊尔出现了大学附属学院迅速增长的情况。这些大学的附属学院大多数是非常小的专业教学中心，或者是少数学科专业预科生的一个集中学习点。附属学院的迅速扩张带来的一个挑战就是教学质量得不到保障。尼泊尔的分布式高等教育虽然有一定的历史，也符合尼泊尔的国情，但由于社会经济发展条件和互联网技术落后，其质量和发展水平在一定程度上受到了制约。

---

[1] NIKKU B R. 尼泊尔高等教育：公立与私立的较量 [J]. 国际高等教育，2013（2）：21.

（二）公立高等教育发展缓慢

尼泊尔作为经济欠发达国家之一，普通民众受教育的机会，尤其是接受高等教育的机会很有限，而且尼泊尔正经历着一系列社会转型和重组，社会的很多政治、生态和知识需求迫切地需要解决。在尼泊尔，一些政府官员认为高等教育对政府来说是昂贵的支出，因此需要家庭"投资"，学生"购买"。这种观点也影响了尼泊尔高等教育公立院校的发展。尼泊尔的公立大学主要面向贫困家庭的学生招生，而中产家庭和富裕家庭的子女多选择私立大学求学。[1] 私立大学的办学经费不仅有政府的大量财政投入，还能得到各种社会组织和社会人士的捐赠。此外，由于大学被视为培养学生成为"党派政治"人物的重要地方，因此高等教育的政治化也在一定程度上阻碍了尼泊尔普通大众接受高等教育。

尼泊尔公立高校的办学经费来源单一，仅依靠政府的财政拨款，因此，公立高校的发展和建设受到严重制约，影响了公立高等院校的办学质量和入学率。此外，尽管公立院校能得到国际机构的支持，但是高等教育的政治化、10 年（1996—2006 年）国内冲突等因素都进一步阻碍了尼泊尔高等教育的发展。[2] 目前，尼泊尔公立高等教育发展缓慢，私立高等院校和公立高等院校之间的资源争夺和竞争激烈，这些都不利于尼泊尔高等教育的良性发展。

---

[1] NIKKU B R. 尼泊尔高等教育：公立与私立的较量 [J]. 国际高等教育，2013（2）：21-22.

[2] NIKKU B R. 尼泊尔高等教育：公立与私立的较量 [J]. 国际高等教育，2013（2）：21.

二、高等教育的发展对策

（一）加快信息技术建设，促进分布式高等教育的发展

尼泊尔的政府、企业、教育工作者和学生都坚信分布式高等教育的有效性。尼泊尔分布式高等教育的发展取决于技术障碍的攻克。为解决分布式教育对信息技术的需求，尼泊尔政府在分布式教育计划部署的早期加大了城市信息技术网络的建设力度，互联网宽带接入用户大量增加。近几年来，尼泊尔移动电话的增加优于固定电话的安装也表明了政府对新技术网络的重视。政府的投入也起到了积极的作用，在一定程度上促进了尼泊尔分布式高等教育的发展。

（二）通过立法保障公立高等教育的发展

一个国家社会文化和观念的转变与教育制度和教育政策的改革不无关系。尼泊尔目前只有较少的人能接受高等教育，为了解决经济、环境、社会、政治等诸多问题，迫切需要扩大社会包容性来保障更多的人接受高等教育。尼泊尔的公立高等教育的发展通过立法得到了一定的保障。2015年9月，尼泊尔颁布了新宪法，在多项法律条文中强调将教育视为公民的基本权利。为了满足公民的基本教育需求，宪法规定高等教育要高质量、可获得且更容易获得，并逐步实现免费。

第七章 职业教育

第一节 职业教育的发展和现状

职业教育作为与现代经济社会发展最为密切的教育类型之一，在帮助尼泊尔经济转型的进程中发挥着重要的作用。习得职业知识和技能、培养职业精神，对个人来讲，可以提高自身竞争力，增加就业机会；对社会来讲，可以有效提升社会生产力，使人才培养与产业需求相一致。职业教育的本质属性是全民性，即职业教育的对象可以针对所有有需求的人。职业教育在减少贫困、提升社会公平、促进社会和谐稳定等方面具有重要的意义。[1]

一、职业教育的发展历程

（一）职业教育的萌芽阶段（1960 年以前）

尼泊尔的传统手工艺历史悠久，出现过很多著名的人物，他们不仅铸就了诸多辉煌，而且通过各种方式把知识传承下来，其中就包括通过

---

[1] 任君庆，王琪. "一带一路" 职业教育研究蓝皮书·南亚卷 [M]. 厦门：厦门大学出版社，2018：22-45.

培训来传承技艺。这种技艺传承活动可视为尼泊尔早期的非正式职业教育。1929 年，印度传统医学院的成立成为尼泊尔现代职业教育的先行尝试。[1] 1956 年，尼泊尔国家教育规划委员会发布《尼泊尔教育报告》，其中就强调中学应具有多重教育目的，6—10 年级的学生要学习核心基础课程、副业类课程和职业培训类课程，并随着年级的升高将重点从核心基础课程逐渐转向职业培训类课程。这是尼泊尔发布的第一份涉及职业教育的报告。该报告包括两项具有政策导向的内容：一是丰富中学教育的功能，赋予中学培养青少年具备适应工作的知识和技能的教育功能；二是确立发展职业教育的理念，将职业教育课程设置在中学阶段，把职业教育和普通教育融合在一起。

（二）职业教育的探索阶段（1961—1980 年）

20 世纪 60 年代，尼泊尔的很多中学相继转变成综合性中学。这些综合性中学开设的职业类科目较多，主要有农业、商贸、工业、秘书、家政等实用性科目。与此同时，尼泊尔政府继续强调把职业教育融入初中阶段和高中阶段，以便这两个阶段的学生能掌握部分职业知识和技术技能。为了加强综合性中学的教师职业教育培训，1967 年，尼泊尔成立了国家职业培训中心，为教师提供工业、农业、家政等领域的基本技能培训。在此阶段，普通教育和职业教育并行分流、双向回归的教育模式得到了社会各界的高度肯定。这种模式是指在初中和高中教育中融入职业教育，同时又通过独立的职业培训中心开展职业教育，两种类型的教育在教学内容和目标上互相渗透和衔接，让学生既掌握某一专门的职业技能，又具备牢固的理论基础知识。[2] 可惜的是，由于尼泊尔新教育制度的出台和国际援助的撤销，这

---

[1] 张菊霞. 尼泊尔职业教育政策演进历程、动力因素及改革调适 [J]. 中国职业技术教育，2018（30）：78-84.

[2] 张干平. 论普通教育与职业教育的互动分流与双向回归 [J]. 教育科研通讯，1997（2）：10-12.

种对职业教育的探索在 20 世纪 70 年代初被迫停止。

1971 年，尼泊尔《国家教育系统计划（1971—1976 年）》出台，提出职业教育要作为中学教育的一个组成部分，并尝试将职业教育贯穿于所有中学，要求无论是公立学校还是私立学校，无论地理位置如何，每所学校至少要开设一门职业课程，使农学、畜牧、会计、文秘、家政等科目进入课堂。但是，相比在职业学校中职业类课程 40% 的学分占比，普通中学的职业类课程学分只占 20%。而且，普通中学的学生很难获得职业技能培训机会，因此其职业教育的质量并不高，毕业生在就业市场上也竞争不过职业学校的毕业生。政府也认识到，要更好地促进职业教育的发展，就应该为学生提供更专业、更高层次的职业技能教育，使毕业生具有更强的职业技能和就业能力。因此，1979 年，尼泊尔政府将部分综合性中学改为职业学校，实现了职业教育从专业科目到专业学校的转变，为尼泊尔职业教育进入新的发展阶段奠定了重要基础。

以《国家教育系统计划（1971—1976 年）》的发布为标志，尼泊尔职业教育探索期政策导向的突出特点体现在两方面：一是将职业教育与社会生产联系起来，不断提高社会对职业教育的重视程度；二是将职业教育全面贯穿于所有中学的教学，进一步提高了职业教育的地位与作用。

（三）职业教育的发展阶段（1981 年至今）

1982 年，朱姆拉格尔纳利技术学校建立，这是尼泊尔第一所技术学校，标志着尼泊尔现代职业技术学校体系开始建立。1982 年，技术与职业教育委员会成立，负责管理职业技术学校。随后，教育部下属的技术与职业教育理事会成立，负责协调职业技术学校的培训活动、课程设计、考试实施和学生认证等工作。1988 年颁布的《技术教育与职业培训委员会法》为尼泊尔的职业教育开启了新篇章。由于尼泊尔国内急需大量的初级和中级职业技术人才，国家教育委员会提出建立一个专门的职业技术教育与培训部门。1989 年，尼泊尔成立技术教育与职业培训委员会。作为国家职业教育与培训的政策制定者和管理者，技术教育与职业培训委员会的成立是尼泊尔职业教育发展历史上的重要里程碑，使尼泊尔职业教育的地位与作用得到了进一步的明确和提升。

技术教育与职业培训委员会成立后，尼泊尔职业教育逐步进入正轨，政府对职业教育也越来越重视。1992 年，国家规划委员会明确了尼泊尔可以开展职业教育培训的机构，主要包括技术教育与职业培训委员会管辖下的技术学校与培训中心、特里布文大学下属的科技学院、乡村工业部门的培训中心、劳动部的劳工供应中心，以及其他行政部门（涉及旅游、交通、土地改革与管理、林业、地方发展、健康等部门）下设的培训机构和部分私立机构。

鉴于职业教育在尼泊尔教育体系中的地位还没有明确的规定，相应的学制、课程、培训、认证标准也没有统一，且对劳动力市场的调查研究不充分等一系列问题，国家规划委员会还颁布了《"九五"规划（1997—2002年）》，其中对职业教育的主要目标、具体政策和实施项目做出规定（详见表 7.1 ）。

表 7.1 尼泊尔《"九五"规划（1997—2002 年）》中职业教育相关内容 [1]

职业教育	具体内容
主要目标	• 在全国范围内加强技能、知识和信息素养的培训工作 • 在地方（县、村）层级提供技术与职业教育机会，以培养具有初级和中级技能的人力资源 • 加强高层次职业技术教育，以开发和提供高技能人力资源

[1] 资料来源于尼泊尔教育部官网。

续表

职业教育	具体内容
具体政策	• 为促进职业技术和技能的发展，开发以就业为导向的教育体系，并在中学（9—12 年级）实施，同时建立中等职业学校，培养初级和中级技能人才，并开发相应的课程 • 建立农业、林业及其他技术大学，为国家发展培养高级技能人才 • 开展技术和职业教育研究，并建立适当的机制以转化和应用研究成果
实施项目	• 技术学校至少培养 5 000 名熟练人才，并为 2 万人提供各类技能培训 • 与各类非政府组织合作，开展各种短期培训 • 技术教育与职业培训委员会不断更新相关政策，以促进项目与计划的有效实施

2003 年，国家规划委员会颁布了《"十五"规划（2002—2007 年）》，[1] 强调发展职业技术教育是人力资源开发的重要战略，并提出实施细则：为了提高尼泊尔公民接受技术教育与职业培训的机会，需要增加附属于大学技术教育机构 [2] 的职业项目的开发数量；[3] 支持和鼓励地方机构开展和私营部门的合作，使其积极参与到职业技术教育项目的开发和运转中；在全国每个县设立一所职业学校，开展中等技能导向的教育。同年，《教育面向人人——教育行动计划（2001—2005 年）》发布，其中规定职业教育目标为"确保每个公民都能公平接受职业教育，以满足其学习要求"。[4] 具体措施有：进行职业教育课程改革，使课程和社会生活更加贴近，突出职业教育课程的实用性；通过调查研究，对有意向进入劳动力市场的中学生开展职业教育和技能培训；针对成年人群体开发一些以市场为导向的培训方案；针对辍学青少年群体开发培训项目。[5]

2006 年，国家规划委员会发布《三年中期规划（2007—2010 年）》，将职

[1] 张菊霞. 尼泊尔职业教育政策演进历程、动力因素及改革调适 [J]. 中国职业技术教育，2018（30）：78-84.

[2] 如特里布文大学在很多校区开展技师培训项目，其他很多大学的私立附属机构也开展技术培训项目。

[3] 李玉静，程宇. 尼泊尔：追求高质量的人力资源开发 [J]. 职业技术教育，2007，28（9）：28-30.

[4] 资料来源于尼泊尔《技术教育与职业培训委员会法》。

[5] 资料来源于尼泊尔《全民教育国家行动计划（2001—2015 年）》。

业教育的未来发展描述为："向青年和边缘群体提供职业教育，使其活跃于经济发展活动中，以减少贫困和促进社会和平。"[1]《三年中期规划（2007—2010年）》中与职业教育相关的内容见表7.2。

表 7.2 尼泊尔《三年中期规划（2007—2010 年）》中与职业教育相关的内容

职业教育	具体内容
发展举措	• 建立新的教育体系，将中学教育分为普通教育与职业教育
发展方案	• 开发普通教育与职业教育双向融通的系统，便于学生多样化选择 • 针对处境不利和边缘化社区群体，制定并实施以创收为导向的职业培训项目 • 基于企业（私营机构）需求，制定多样化的职业培训计划 • 将职业教育纳入更高层次的教育范畴 • 实施技能测试方案以促进传统技能[2]的发展等

1991—2006 年，通过数次国家政策和规划的颁布实施，职业教育在尼泊尔国家教育体系中的地位得到了确定，职业教育的可持续发展获得了坚实的基础。

2007 年，尼泊尔政府出台了《技术职业教育与培训发展政策》，从五个方面提出了技术培训与职业教育的发展目标：一是扩大、拓展培训机会和服务领域；二是强调机会公平，力求所有有培训需求的公民都有接受职业教育和技能培训的机会；三是整合各种教育与培训形式，形成统一、完整的教育体系；四是职业教育培训的内容必须与经济社会的发展需求相适应；五是确保提供充足且可持续的国家财政支持，促进技术教育和职业培训市场的良好发展。

---

[1] 资料来源于尼泊尔教育部官网。

[2] 如尼泊尔传统的制陶工艺、雕刻技艺、编织技艺等。

2009 年，尼泊尔教育部出台《学校部门改革计划（2009—2015 年）》，其中针对职业教育的目标提出：通过职业教育使学生掌握就业技能，以便学生毕业后能够实现快速过渡，为在国内或国际劳动力市场上获取多种职业发展机会奠定基础；使中学生获得更多的职业教育软技能 [1]。具体内容见表 7.3。

表 7.3《学校部门改革计划（2009—2015 年）》中与职业教育相关的内容 [2]

职业教育	具体内容
政策导向	• 学校提供软技能课程和一些职业技术主要领域的基础性课程，为学生提供多样化选择以满足其需求，以开放的方式拓展学生职业道路 • 搭建职业教育与普通教育融通的桥梁，打通正规学习与非正规学习的互通渠道 • 在国家职业技术教育和培训政策框架下，技术教育与职业培训委员会继续规划、实施及协调政府与相关机构开展的职业教育活动
预期结果	• 将基本生活技能与职业技能的相关内容整合到 6—8 年级课程中 • 开发基于软技能的职业课程并应用于整个中学教育阶段 • 在 100 所公立中学开设不同的职业技术课程，进行试点示范建设

2012 年，尼泊尔教育部对 2007 年的《技术职业教育与培训发展政策》进行修订，出台了《技术职业教育与培训政策》，对职业教育的普及范围、机会公平、相关性、可持续资金和系统性进行了规定。具体包括三个发展目标：一是持续扩大技术教育与职业培训委员会的覆盖范围和知晓度，为尼泊尔经济发展提供有技能、有职业素养且具备职业竞争力的人力资源，提供惠及广大公民的具有公平和包容性的学习机会；二是加强对传统工艺技能，如制陶工艺、雕刻技艺、编织技艺等的鉴定、传承和保护，为国内

---

[1] 即沟通能力、倾听能力、说服能力、自我激励能力、影响力、团队建设能力等。

[2] 资料来源于尼泊尔教育部官网。

外劳动力市场接轨提供人力资源支持；三是有效协调技术教育与提供机构的关系，使教育和教学的效果达到最优。

2014年，技术教育与职业培训委员会发布《技术教育与培训战略规划（2014—2018年）》，提出：扩大职业教育与培训项目，确保机会与公平；确保建立优质、相关和有效的职业教育与培训体系；加强技术教育与职业培训委员会的管理效能与效率；建立国家职业职责框架，确保其与教育框架的兼容与协调；增加技术投入，建立职业教育与培训基金；与职业教育利益相关者建立有效的协调关系。[1]

在《学校部门改革计划（2009—2015年）》的基础上，2016年，尼泊尔教育部出台了《学校部门发展计划（2016—2023年）》，继续对中学阶段的职业教育进行强化，以求建立覆盖面更广的国家职业教育框架。具体措施包括：借助人力资源的开发与教育培训，为学生更好地融入社会提供技能准备；为在技术学校和普通中学之间进行选择的学生提供多样化的学习途径；开展中学阶段的技术教育和培训工作，并将其作为技能基础教育，以便让青少年更好地掌握技能；对职业教育的公平、质量和有效性进行详细说明。

二、职业教育的发展现状

经过几十年的不断积累和发展，尼泊尔的职业教育体制基本完善，管理机构逐渐规范稳定，职业教育的覆盖面逐步扩大。以下将从尼泊尔职业教育的定位、管理机构、课程项目与专业三个方面介绍尼泊尔职业教育的现状。

---

[1] 资料来源于尼泊尔技术教育与职业培训委员会官网。

（一）职业教育的定位

2009 年之前的尼泊尔教育体系见表 7.4。从表中很难看出职业教育在整个教育体系中的影子。尼泊尔的职业教育只是以职业学科的身份存在于教育体系中，其地位和作用没有得到凸显。

表 7.4 2009 年之前的尼泊尔教育体系

教育阶段	初等教育	初级中等教育	中级中等教育	高级中等教育	高等教育
年级	1—5 年级	6—8 年级	9—10 年级	11—12 年级	13—17$^+$ 年级

2009 年，尼泊尔教育部出台《学校部门改革计划（2009—2015 年）》，重点把"重组教育体系"作为提高教育和经济发展关联性的举措，并对 2009 年之前的教育体系进行调整，形成了新的教育体系。新体系重新审视本国教育的实际发展和社会需求，将教育划分成三个阶段：初等教育阶段（1—8 年级）、中等教育阶段（9—12 年级）、高等教育阶段（13—17$^+$ 年级）。中学教育阶段又分成两个阶段：9—10 年级和 11—12 年级。完成 9—12 年级学业、参加并通过国家级考试者，可获得高中毕业证书，而只完成 9—10 年级学业、参加并通过 10 年级全国统一毕业认定考试者获得的是 SLC 证书。

尼泊尔的正规职业教育位于现行教育体系的中学教育阶段（9—12 年级）。学生可以选择两个层次的职业教育。第一个层次是 9—10 年级，即学生通过 8 年级末的县级考试后，可以选择进入职业技术学校，学习 2 年后，在 10 年级末参加规定的考试，通过者可获得预科文凭证书，并进入劳动力市场就业。第二个层次是 11—12 年级，即学生通过 10 年级的考试后，可选择在职业技术学校继续接受 2—3 年（11—12/13 年级）的更高层级的职业教育。尼泊尔现行职业教育体系详见图 7.1。

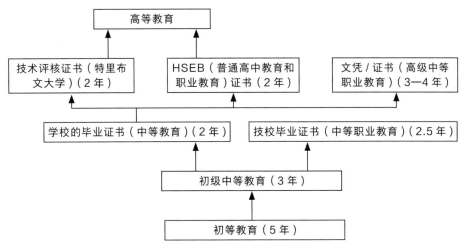

图 7.1 尼泊尔现行职业教育体系 [1]

根据尼泊尔现行教育体系,学生在 10 年级后离开学校,通过考试者可获得 SLC 证书。获得 SLC 证书的学生有资格继续进入所选择的两所高等院校中的其中一所学习两年,并有机会获得高等教育委员会颁发的证书,即普通高中教育和职业教育(High School General Education and Vocational Education,简称 HSEB)证书。由此可以看出,SLC 证书在尼泊尔职业教育中具有非常重要的作用。事实上,只有大约一半的考生能够通过该证书考试,其中公立学校的学生通过率在 30%—40%,私立学校在 70%—80%。[2]

自 2015 年 7 月起,获得技校毕业证书的学生可以选择修读高等教育委员会下设的普通科、高中科、技术科或由技术教育与职业培训委员会提供文凭的课程。[3] 尼泊尔的大学也提供专业学位和技术学位,并有短期的技能发展项目。类似附属于大学的技术教育机构,一些大学在其多个校区开展技师培训

[1] 资料来源于荷兰高等教育国际交流协会(Nuffic)网站。

[2] 资料来源于联合国教科文组织官网。

[3] 资料来源于尼泊尔技术教育与职业培训委员会官网。

课程，如特里布文大学，有的大学的私立附属机构也开展技术培训课程。[1]

由表 7.5 可知，2017 年，在职业教育课程方面，一般学校的技术和职业课程（9—12 年级）在尼泊尔国内 5 个省份的分布相对均衡，都在 50 个左右，而卡尔纳利省和远西省的课程数较少，只有 20 个左右。在颁布预科文凭证书项目的技术学校 / 机构总数方面，分布较不平均：第一省、蓝毗尼省和巴格马蒂省开设数目较多，都在 100 个以上；其他 4 省开设数目较少，都不足 100 个。在专科学校 / 大专院校数量方面，也表现出分布不均的情况：巴格马蒂省最多，达 208 个；其次是蓝毗尼省，有 88 个，卡尔纳利省最少，只有 11 个。总体来讲，尼泊尔国内的职业教育机构在经济环境较好的第一省、第二省、巴格马蒂省和蓝毗尼省分布较多，设置的课程种类也较多，而甘达基省、卡尔纳利省和远西省因为地处高原和偏远地区，职业教育发展较慢，职业教育机构数量较少，职业教育课程种类也较少。

表 7.5 2017 年尼泊尔职业技术教育机构和课程在各省的分布情况 [2]

课程内容	第一省	第二省	巴格马蒂省	甘达基省	蓝毗尼省	卡尔纳利省	远西省	总计
一般学校的技术职业课程（9—12 年级）（种）	48	50	55	43	46	16	25	283
颁发预科文凭证书项目的技术学校 / 机构（个）	116	84	158	72	143	67	84	724
专科学校 / 大专院校（个）[3]	57	63	208	35	88	11	34	496

尼泊尔的国家职业资格分为四个等级。国家职业资格 1 级等同于基础教

---

[1] 李建求.“一带一路”沿线国家职业教育概览 [M]. 北京：商务印书馆，2018：363-369.

[2] 资料来源于《尼泊尔教育（2017 年）》。

[3] 可称之为高等职业院校。高等职业院校毕业后，学生还可以继续攻读学士学位、硕士学位和博士学位。

育水平（8 年级），2 级等同于预科文凭证书（9—10 年级），3 级等同于 3 年的学历教育（11—12 年级），4 级等同于非大学学历的水平。[1] 2017 年，尼泊尔共有 42 371 人参加了职业资格等级的技能测试，25 070 人通过测试，通过率接近 59.2%。参加人数最多的是第一等级，有 35 185 人参加，其中 22 532 人通过测试，通过率为 64.0%；其次是第二等级，有 6 529 人报名参加，其中 2 436 人通过测试，通过率为 37.3%；第三等级有 657 人报名参加，其中 102 人通过测试，通过率为 15.5%；第四等级无人报名参加。

表 7.6 2017 年尼泊尔国家职业资格技能测试情况（单位：人）[2]

等级	参加人数	通过人数
第一等级（NVQ 1）	35 185	22 532
第二等级（NVQ 2）	6 529	2 436
第三等级（NVQ 3）	657	102
第四等级（NVQ 4）	0	0
总计	42 371	25 070

由上表可知，随着测试等级难度的加大，通过率逐渐降低，参加测试的人数逐渐减少，说明测试等级的难度大小直接影响着人们获取国家测试证书的积极性，也从侧面反映了国家高等级职业技术人才的严重不足。

（二）职业教育的管理机构

1989 年，尼泊尔在教育部下成立了技术教育与职业培训委员会，行使

---

[1] 张菊霞. 尼泊尔职业教育政策演进历程、动力因素及改革调适 [J]. 中国职业技术教育，2018（30）：78-84.
[2] 资料来源于《尼泊尔教育（2017 年）》。

协调和支持职业技术教育与培训系统的法定权力，也管理很多职业技术学校，但其经费来源主要依赖捐赠。[1] 尼泊尔技术教育与职业培训委员会秉持"技能的尼泊尔，促进人民繁荣"的理念，怀着"促进技术教育和职业培训发展，为国家和国际劳动力市场培养技能人才"的使命，管理国内职业技术教育。

尼泊尔技术教育与职业培训委员会的职能包括制定政策、控制质量、开发能力课程、开发技能标准、开展技能检测、评估研究和培训需求等。具体内容见表 7.7。

表 7.7 尼泊尔技术教育与职业培训委员会的职能

技术教育与职业培训委员会的职能	向尼泊尔政府提供关于技术教育和职业培训的政策建议
	确定技术教育与培训方案的范围与标准
	安排和实施从基础教育到高等教育的技术教育和职业培训项目
	保持与国内外技术教育和职业培训机构的协调与联络
	认证政府、非政府组织及私立机构运行的项目与机构
	协调、维护和提供培训课程标准和教材
	通过提供课程与教学资料协调和维护培训标准
	监督与管理政府和非政府组织的技术教育和职业培训项目
	适当安排和实施短期职业培训、学徒培训和流动培训项目
	建立和运行各级技能培训项目与课程，通过技术学校、流动培训班及理事会建议的其他技术教育与培训项目，培养技能人才
	开展技术教育和职业培训领域的研究活动，包括培训需求评估、劳动力市场分析和跟踪研究等
	实施技术指导和管理培训方案，提高技术教育和职业培训方案的质量

[1] 李玉静，程宇. 尼泊尔：追求高质量的人力资源开发 [J]. 职业技术教育，2007，28（9）：28-30.

续表

技术教育与职业培训委员会的职能	开展技术指导与管理培训项目，提高技术教育与职业培训委员会的管理质量
	进行技能、职业分类，开发技能标准，建立独立的评估和认证体系，开展管理技能测试等，并为通过测试者颁发证书
	争取国内外援助，促进技术教育和职业培训的发展
	与国内外机构和大学建立制度性联系，促进技术教育和职业培训项目认证
	与国内外组织订立关于技术教育和职业培训的合作协议等

总体来讲，尼泊尔技术教育与职业培训委员会的管理职能涵盖了计划、组织、领导等方面，职能定位比较科学。从组织框架来讲，尼泊尔技术教育与职业培训委员会下辖9个职能部门，分别是行政管理司、政策和规划司、技能司、研究与信息司、理工司、课程开发司、职业培训司、认证司和公立中学技术教育司。其中，技能司负责管理技术学校，理工司负责管理理工学院，职业培训司负责管理职业培训中心，公立中学技术教育司负责管理公立中学中的技术教育。尼泊尔技术教育与职业培训委员会设有3个分委员会，分别是考试委员会、国家技能鉴定委员会和管理委员会，分别管理考试监督办公室、国家技能测试机构、技术指导培训中心。此外，还设有技术教育和职业培训拓展部、区域办公室、内部审计部和法律部等部门。

（三）职业教育的课程项目与专业

尼泊尔技术教育与职业培训委员会从尼泊尔社会经济发展的主要领域入手，开设了三个层次的职业教育课程项目：学历课程、预科文凭课程、短期培训课程。学历课程以三年制为主，学习周期相较于其他两个层次要长。三种课程的准入条件、学制和证书类型见表7.8。

表 7.8 尼泊尔职业教育课程的准入条件、学制与证书颁发 [1]

项目	准入条件	学制	证书
学历课程	已通过 10 年级结业考试	3 年为主	学历证书
预科文凭课程	已通过 8 年级考试	2 年	预科文凭证书
	已通过 10 年级结业考试	15 个月	
	完成 10 年级课程但未通过 10 年级结业考试	29 个月	
短期培训课程	无	100—1 000 个小时	无

  尼泊尔职业教育的专业主要包括农业、工程、医疗健康、旅游和酒店管理专业。工程专业的学历课程包括土建、电气、电子机械、测绘、计算机和建筑等，预科文凭课程包括土建、电气、电子、机械、制冷与空调、计算机、测绘、汽车等，短期培训课程基于市场需求而设立，包括摩托车维修、食品和蔬菜保鲜、旅游和酒店管理、徒步旅行导游、烹饪与烘焙等。医疗健康专业的学历课程包括一般健康、护理药剂、牙科科学和眼科学等，预科文凭课程有辅助护士助产学，辅助阿育吠陀保健工作者学，针灸、穴位按压和艾灸学等。农业专业的学历课程包括农业科学、食品工艺等，预科文凭课程包括兽医、植物学、社会动员和办公室管理等。医疗健康、工程、农业这三种专业在尼泊尔颇受青睐，所以国家开设的培训项目也向这三种专业倾斜，开设项目数量最多。2017 年尼泊尔职业技术教育不同专业提供学历证书和预科文凭证书的机构数量详见表 7.9。

---

[1] 资料来源于尼泊尔技术教育与职业培训委员会官网。

表 7.9 2017 年尼泊尔职业技术教育不同专业提供学历证书和预科文凭证书的

机构数量（单位：个）[1]

证书类型	医疗健康	工程	农业	酒店管理	社会项目	其他	共计
学历证书	298	124	69	3	2	—	496
预科文凭证书	234	247	222	—	—	21	724

　　虽然学历证书类开设总数比预科文凭证书类少 200 多项，但是学历证书类比预科文凭证书类多了酒店管理和社会项目这两个专业。预科文凭证书类具有培训时间短的优势，能够适应职业技术教育培训市场的小众需求，其具体表现为还开设了一些"其他"专业。

表 7.10 2017 年尼泊尔职业技术教育专业招生人数（单位：人）[2]

证书类型	医疗健康	工程	农业	酒店管理	社会项目	其他	共计
学历证书	10 922	5 824	2 768	120	80	—	19 714
预科文凭证书	9 340	9 763	8 884	—	—	790	28 777

　　从上表可以看出，医疗健康、工程、农业这三个专业的招生人数较多，而且医疗健康专业的招生人数远超其他专业。在医疗健康这个专业中，选择学历证书和预科文凭证书的人数相差不大。在工程和农业这两个专业中，均是预科文凭证书类招生较多。学历证书类在酒店管理和社会项目这两种专业领域具有招生优势，原因是这两个专业领域只提供学历证书类型的职业技术

---

[1] 资料来源于《尼泊尔教育（2017 年）》。

[2] 数据来源于《尼泊尔教育（2017 年）》。

项目培训。但是，预科文凭证书类型在"其他"专业领域具有招生优势，且招生数量超过了学历证书类型的酒店管理和社会项目两个专业的招生人数之和。2017 年，预科文凭证书类型的招生人数比学历证书类型多 9 000 余人。

第二节　职业教育的特点和经验

一、紧密结合国情开展职业教育改革

尼泊尔的职业教育紧密结合本国经济社会发展现实，围绕提升就业率以减轻和消除贫困的需求来开展各种项目。尼泊尔是世界上经济不发达的国家之一，减轻与消除贫困是其主要目标。在此推动下，尼泊尔职业教育不断发展。在 1956 年以来的多份职业教育相关的政策文件中，屡次提及让青年人接受职业教育，使其具备基本的劳动知识和技能以提高就业能力，逐步消除贫困。尼泊尔是一个在社会文化和生态遗产方面都充满多样性的国家，地理多样性也显示出农业和其他经济活动的巨大潜力。因此，尼泊尔职业教育无论是学历课程，还是预科文凭课程和短期培训课程，均涉及旅游、人文、农业、种植等相关领域。

二、将职业教育引入中等教育

随着《国家教育系统计划（1971—1976 年）》的发布，尼泊尔将教育整合为一个有机的系统，尤其是将职业教育贯通在中等教育系统里面。《国家教育系统计划（1971—1976 年）》特别强调要使教育成为有用的、恰当的、

符合实际的教育，改变过去把教育当作是达到做脑力劳动工作目的的理念，把教育看作是为了发展国家而对人力资源进行的投资。教育部认为中等教育阶段是树立忠于国家的信念、培养纪律和责任感的好时机，在这个阶段引入职业教育，能更好地培养学生对劳动的尊重。在尼泊尔的普通中等学校中，职业类课程学时占 20%；而在职业学校中，职业类课程学时占 30%—40%。[1] 职业教育全面贯穿于中等学校教育扩大并提高了职业教育的内容与作用，提高了职业教育的地位。

三、多种机构共同推动职业教育发展

尼泊尔有各种以不同方式运营管理的职业教育机构。2020 年，由技术教育与职业培训委员会管理运营的机构有 61 所，私人管理的附属机构有 429 所，联合创办的机构有 563 所，由教育部运营的机构（如有 9—12 年级职业教育的学校）共计 484 所。[2] 尼泊尔职业教育机构的多样化，对民众公平获取各类职业教育资源与促进技术教育和职业培训项目的开展起着积极的作用。2020 年，尼泊尔有 1 500 多个正规培训机构和 1 100 多个非正规培训机构，技术教育与职业培训委员会将技术教育和职业培训项目的招生人数增加到 72 743 人，并在尼泊尔政府资助的所有省份中，为 42 000 人提供非正规职业培训。[3]

---

[1] 资料来源于尼泊尔教育部官网。

[2] 资料来源于尼泊尔技术教育与职业培训委员会官网。

[3] 资料来源于尼泊尔技术教育与职业培训委员会官网。

第三节 职业教育的挑战和对策

随着教育部门对职业教育的日益重视，尼泊尔国内逐步建立起了完备、正规的职业教育培训机制，形成了规范的培训流程。但是，尼泊尔的职业教育依旧面临教育机会不均等、教育水平不高和教育管理能力有待提高等问题。

一、职业教育面临的挑战

（一）教育机会不均等

一项针对尼泊尔职业教育现状的调查显示，尼泊尔国内对职业教育培训有需求的公民数量正在逐年增加，但因为职业教育覆盖的范围有限，且在整个教育体系中的地位不高，无法满足公民日益增长的职业教育需求。由于历史、经济等原因，尼泊尔的受教育权并没有完全普及，虽然政府出台了相关政策并做出了很大努力，大大降低了文盲率，但是尼泊尔公民的文化程度仍然普遍不高，大部分人只能从事一些对技术要求较低的工作，他们往往没有机会接受职业教育。[1] 此外，部分贫困人群和偏远地区人群无法承担接受职业教育所需的费用，妇女和残疾人更是缺乏了解、接受职业教育的途径，加之整个社会有相当一部分人群对职业教育不重视，所有这些都阻碍了尼泊尔职业教育的发展。

---

[1] 王宏纬. 尼泊尔 [M]. 新版. 北京：社会科学文献出版社，2015：311-315.

（二）教育水平不高

尼泊尔国内的社会用工需求多为中等职业技能人才，但是公民的职业技能水平整体较低，职业技能人才结构不合理，不论是数量还是质量都无法满足用工市场的需求。造成这一现象的原因主要有以下三点。一是政府对职业教育的经费投入较少。尼泊尔落后的经济发展水平导致政府用于发展教育事业的经费欠缺，加之职业教育在整个教育体系中处于相对弱势的地位，更加剧了职业教育经费不足的问题。二是职业教育师资队伍水平不高，原因是职业教育师资选拔和任用存在弊端，师资培训存在缺陷。由于缺乏针对职业教育教师专业发展的政策支持和培训指导方案，职业教育教师通常只能接受传统的教育理念和教学方法培训，造成教师教育理念和教学方法相对滞后，普遍缺乏实践经验。三是职业教育培养的人才和用人市场需求不匹配。一方面，受传统思想的影响，许多接受正规职业教育的学生并不专注于获得职业技能，更不愿意走上职业技能岗位，而是倾向于在政府部门工作或成为"白领"；另一方面，一些对正规职业教育真正有需求的学生，却没有条件完成基础性的义务教育，更无法获得接受正规职业教育的机会。这些学生主要包括贫困地区群体、农村地区群体和女性适龄群体。此外，职业教育机构对用人市场需求了解不足也导致二者的供需衔接不匹配。

（三）教育管理能力有待提高

一方面，职业教育管理机构制定职业教育发展政策的科学性、职业教育政策出台程序的合法性有待加强，在职业教育师资队伍建设、职业教育财政拨款等关键问题上，相关政策的针对性也有待加强；另一方面，职业教育管理机构与产业、人力资源管理部门的联络与沟通机制有待完善。虽然尼泊尔政府已意识到了建设劳动力市场信息系统的重要性，但是建设速度依然比较缓慢，急需成立国家技能开发部门、行业技能协会，作为连接职业教育系统和社会经济系统的纽带，以探索不同管理部门之间的协调机制，提高系统运行效率。

二、职业教育的发展对策

（一）扩大职业教育招生规模，提供更多入学机会

尼泊尔政府从以下几个方面着手扩大职业教育的招生规模，为更多有职业教育需求的人提供入学机会。首先，开展对职业教育发展需求的调研，在结合调研结果进行科学评估后，根据需求在各地建立或增设职业技术学校。为了使部分弱势群体有机会接受职业教育，在公立中学继续扩大职业教育项目，扩大职业教育的奖学金覆盖范围，制定奖学金制度以及食宿补助制度。其次，开发职业培训相关标准，并将申请培训资格的认证权力下放到各个区域的职业教育办公室，简化职业教育项目的申办程序。再次，通过鼓励公立机构、私立机构以及社区等相关的职业教育人才需求方参与职业教育项目开发，促进相应职业教育项目的开展和合作。最后，从国家层面增加对职业教育的财政投入，允许合标的非政府组织成为职业教育投资方，通过补贴培训费、贷款等措施来保障职业教育项目的正常开展。

（二）完善职业资格框架，打通人才培养通道

尼泊尔政府积极建立适合本国国情的职业教育体系和框架，为促进职业教育和其他教育的衔接和协调发展做好制度保障。目前，尼泊尔在国际

力量的帮助下基本建立起了国家职业教育框架，主要内容包括以下三点。一是成立国家职业资格委员会，从制度上保障职业教育的合规性、组织性，从而为职业教育体系发展奠定制度基础。二是建立职业教育认证标准。认证标准的推广有利于打通职业教育和用人市场之间的壁垒，开发符合用人市场需求的职业技能项目，使得职业教育培养的人才能适应用人市场的需求且达到用人单位的准入门槛，从而实现稳定就业、保障民生的作用。三是设立技能测试中心。技能测试中心的建立和运转同时需要专业组织和社会团体等力量的加入，这样才能促使其测试能力和管理水平得到有效提升。

（三）持续开展和其他国家的合作，借鉴和分享职业教育发展经验

尼泊尔政府注重通过积极开展国际合作，学习其他国家尤其是中国的职业教育发展经验来推动本国职业教育的发展。尼泊尔职业教育普遍存在人才培养与市场需求脱节、学生技能训练有效性较低等问题。在提高人才培养的市场针对性、提高实践教学有效性方面，可以借鉴其他国家的职业教育发展经验，特别是产教融合、校企合作等经验，学习其他国家职业院校关于校企合作内容、形式、人才培养模式及体制机制等方面的经验。

第八章 成人教育

第一节 成人教育的发展和现状

一、成人教育的发展

尼泊尔成人教育的发展始于政府文盲识字计划的实施。1954 年，国家教育规划委员会制定了到 1960 年使 10 万文盲识字、1961—1965 年每年使 10 万文盲识字的计划。实际上，尼泊尔识字和社区教育方案经历了 1956—1961 年、1962—1965 年和 1966—1970 年这三个阶段。第一个阶段，在扫盲计划财政支持、技术援助和美国国际开发署的协助下，扫盲总人数约为 46 350 人，并未实现预期目标。在第二个阶段，识字人数增加较快，虽仍远低于 1954 年国家教育规划委员会制定的目标，但是在这三年内还是实现了 48 650 名文盲识字，文盲识字计划在一定程度上取得了进展。[1] 第三个阶段的目标是新增 25 万名识字人员，包括设立大约 500 个识字班，为期 9 个月，招生约 1 万名学生。[2] 虽然以上三个阶段都未能实现预期目标，但是通过政府文盲识字计划的实施和推动，尼泊尔的成人教育有了初步发展。当时，

---

[1] 资料来源于尼泊尔教育资源信息中心官网。

[2] 资料来源于尼泊尔教育资源信息中心官网。

尼泊尔政府还在教育部设立了一个单独的成人教育部门。该部门有一名首席成人教育官员、若干名区域监督员和专门负责妇女成人教育等工作的工作人员。区域监督员分片负责监督全国所有行政区域的识字和成人教育工作，并与各地区教育督导员及其助理积极合作开展工作。为了使成人识字和一般社区成人教育方案更加有效并加强连续性，尼泊尔教育部在联合国教科文组织的支持下还建立了社区教育中心。教授成人识字课程的教师和社区教育中心的人员都须接受相应的培训。除了由教育部成人教育科负责提供与成人识字和教育相关的教学资料外，政府还成立了一个教育资料组织，负责制作成人教育教学资料。

1971 年，《国家教育系统计划（1971—1976 年）》提出以识字推广计划和功能性成人教育计划两种形式开展成人教育。[1] 大多数成人教育中的功能性成人扫盲计划都侧重"农村发展"。例如，尼泊尔塞提区一个名为"农村发展教育"的试点项目，不仅包括了关于识字的主要内容，还涵盖了能够提升农村民众工作效率的实用课程，如农业实践课程、清洁系统运用培训课程等。此外，还有一些其他项目如校外项目、弹性学校项目、妇女识字项目等，也包含在识字推广计划和功能性成人教育计划中。[2]

1982 年，联合国在亚太全民教育计划框架内启动了社区学习中心项目。许多国家和国际组织也一直支持尼泊尔政府建立和运营包括社区学习中心在内的各种扫盲或非正规教育项目。尼泊尔的一些教育政策文件，如《学校部门改革计划（2009—2015 年）》《三年临时教育计划（2007—2010 年）》《非正规和开放与远程学习政策框架》等，都阐述了对非正规教育和非正式学习的认可，这不仅推动了尼泊尔成人教育的发展，也开辟了尼泊尔终身学习的新途径。[3]

---

[1] 资料来源于尼泊尔教育部官网。

[2] 资料来源于尼泊尔教育部官网。

[3] 资料来源于尼泊尔教育部官网。

尼泊尔许多政府部门也都以各种方式参与到成人教育中，特别是与卫生、农业、经济发展和乡村事务有关的部门。除了政府部门的工作外，一些非政府组织也在尼泊尔的成人教育中发挥着积极作用，例如妇女组织、归国军人组织和宗教团体等。[1]尼泊尔教育部与相关政府部门和非政府组织密切合作，积极推动尼泊尔成人教育的发展。

二、成人教育的形式

尼泊尔的成人教育主要是针对文盲、辍学青少年和没有机会接受教育的成年人开展，[2]成人教育的重点是扫盲工作。政府联手其他非政府组织，努力推进尼泊尔成人教育工作的开展，以尽可能降低青壮年文盲率。尼泊尔成人教育主要有两种途径：一是通过学校、政府设立的教学机构等渠道开展扫盲教育和继续教育等正规教育；二是通过社区中心开展非正规成人教育工作。

（一）扫盲教育

根据尼泊尔2001年的人口普查，在1 900万6岁及以上人口中，有54%的人是文盲；15岁以上人口的平均识字率为44%，比6岁以上人口低10%；在6岁以上人口中，男女之间的识字率差距高达22.6%。[3]根据尼泊尔劳动力调查数据，2008年，尼泊尔15岁以上人口的识字率约为55.6%，其

---

[1] 资料来源于尼泊尔教育资源信息中心官网。

[2] 资料来源于尼泊尔教育资源信息中心官网。

[3] 资料来源于尼泊尔教育部官网。

中 70.7% 为男性，43.3% 为女性。[1] 在尼泊尔教育领域，种姓差距甚至比财富和性别差距更大。根据 2001 年的人口普查，占尼泊尔总人口 12.82% 的低种姓人群的识字率只有 24.2%。[2] 尼泊尔社会的识字率普遍较低，而且性别和种性差异明显。政府意识到了低识字率的现实和不利影响，希望通过制定政策、开展扫盲计划和积极发展成人继续教育，降低文盲率，提高识字率。

（二）继续教育

虽然尼泊尔正式的成人教育方案大部分都是针对消灭文盲，但扫盲计划的主要目的是教会他们识字、计算和掌握基本的知识和技能，使他们能更有效地参与到社区生活中。继续教育是尼泊尔开展成人教育的另外一种形式，是扫盲教育的有效补充。尼泊尔的继续教育涉及新的农业工艺、保健卫生、儿童保育和营养以及简单的公民教育知识等内容。此外，尼泊尔政府也努力建设村务委员会图书馆，使新识字的人能够通过自学继续接受教育；广播电台播放的教育讲座和节目也对成人继续教育的开展起到了积极的促进作用。[3]

（三）社区学习中心教育

社区学习中心是非正规教育的一种形式。1987 年，联合国教科文组织提出提高全民读写能力和基本学习技能的亚太全民教育计划，"社区学习中

---

[1] 资料来源于尼泊尔教育部官网。

[2] 资料来源于尼泊尔教育部官网。

[3] 资料来源于尼泊尔教育资源信息中心官网。

心"这一概念开始为人们所熟知。该计划包括"发展继续教育"。在这一背景下，亚太全民教育计划于 1998 年又提出了发展社区学习中心的区域性计划。这一计划促进了亚太地区社区学习中心的发展。1990 年，联合国教科文组织在泰国宗滴恩召开会议，为全民教育的概念提供了更广阔的视野：全民教育包括继续教育，即通过学习知识、技能，提高生活质量并养成终身学习的态度和习惯。一方面，全民教育为提供继续学习机会的社区学习中心的发展奠定了基础；另一方面，作为一种制度，它赋予了人们学习的权利。社区学习中心的概念在联合国教科文组织、亚太全民教育计划中有明确的界定：在乡村或城市，凡为发展社区和提高人们生活质量的、由当地居民建立管理的正规教育体系之外的地方教育机构都称为社区学习中心。社区学习中心为社区提供多种形式的教育服务。其主要功能可归为以下几类：教育和培训，发展社区，收集、交流、普及信息，传承区域文化和文化遗产，促进区域内的协调和交流。[1]

此后，越来越多的国家和地区意识到社区学习中心的重要性，以及加强建设类似社区学习中心的社区组织的重要性。社区学习中心的发展也得到许多国际机构的支持，如联合国教科文组织、亚太地区教育局等都通过区域性计划帮助其成员建立社区学习中心。截至 2005 年，亚太地区有 22 个国家参与了此项计划，其中就包括尼泊尔。尼泊尔很多成人教育的工作，尤其在农村，都是由社区学习中心来完成的。尼泊尔建立、发展社区学习中心在经济和技术方面都得到了国际上的有力支持。同其他国家一样，尼泊尔社区学习中心的主要目标是建立继续教育和社区发展的基层中心。[2]

---

[1] 巴贾查亚. 为农村发展服务的社区学习中心可持续性研究——尼泊尔案例 [D]. 南京：南京师范大学，2005.

[2] 巴贾查亚. 为农村发展服务的社区学习中心可持续性研究——尼泊尔案例 [D]. 南京：南京师范大学，2005.

三、成人教育的现状

（一）成人识字率显著提升，但是性别差距依旧较大

尼泊尔的成人教育发展离不开国际教育发展目标的激励，以及南亚经济社会发展的需求。2000 年，《达喀尔行动纲领》中针对亚洲和太平洋地区提出了分区域行动框架，认为南亚是实现普及教育目标中最难取得进展的地区之一。[1] 尼泊尔作为南亚四个最不发达的国家之一，明确提出了到 2015 年将文盲人数减至 2000 年的一半，实现全国范围内个体识字率提升，并着重培养读写、交流和表达等能力。[2]

这一目标的实现不仅是个体识字率的实质性提升，还需在文化水平方面实现性别平等，积极关注社会弱势群体的教育问题，以改善他们的生存状态。[3] 尼泊尔的成人识字率在 2001—2011 年提升了 14%，[4] 2011 年达到 58%[5]。虽然整体识字率有明显的提升，但个体识字率却呈现出明显的性别分化特征，男性的识字率整体高于女性。截至 2015 年，尼泊尔在成人识字率水平方面的性别差距程度为 23%，[6] 实现性别平等还有漫长的路要走。

---

[1] 资料来源于联合国教科文组织官网。

[2] 贝纳沃特. 全民教育（2000—2015 年）：全球干预和援助对全民教育成就的影响 [J]. 张惠，译. 比较教育研究，2016（4）：51-61.

[3] 杨成明，和震. 南亚全民教育发展：现状、愿景及挑战——基于 SAARC 国家 2000—2015 教育数据与 UNESCO 最新政策的分析 [J]. 外国教育研究，2017（7）：105.

[4] 杨成明，和震. 南亚全民教育发展：现状、愿景及挑战——基于 SAARC 国家 2000—2015 教育数据与 UNESCO 最新政策的分析 [J]. 外国教育研究，2017（7）：105.

[5] 资料来源于联合国教科文组织官网。

[6] 杨成明，和震. 南亚全民教育发展：现状、愿景及挑战——基于 SAARC 国家 2000—2015 教育数据与 UNESCO 最新政策的分析 [J]. 外国教育研究，2017（7）：106.

（二）服务农村等地的社区学习中心发展迅速

低识字率是导致尼泊尔经济社会发展水平较低的原因之一。为了提供更多的教育机会，尼泊尔在全国各地建立社区学习中心，提供扫盲教育和增加收入的技能培训。在短时间内，社区学习中心的有效性和对于经济发展的重要性获得了社会的广泛认同。

21世纪初，尼泊尔全国有90多个社区学习中心，它们由非正规教育中心、教育部、尼泊尔加德满都联合国教科文组织国家联合协会和非正规教育国家资源中心创立。为了给社区居民提供良好的培训，必须开发教学资源。因此，非正规教育国家资源中心、非正规教育中心和尼泊尔加德满都联合国教科文组织国家联合协会着手独自或联合开发这些资源，例如社区学习中心指南、旅行指南、培训指南等。以培训为例，2004年，社区学习中心管理委员会组织了各种培训，特别是关于社区学习中心的管理、地方需求的确定、社区学习中心计划的设计实施、地方课程的开发等。少数社区学习中心还开展了提案和报告的写作、监督和评估、协调和联络等方面的培训。[1] 现在，尼泊尔全社会都已经开始致力于促进社区学习中心可持续发展的行动。[2]

（三）成人技能培训开始受到关注

失业是尼泊尔的一个主要社会问题，要降低失业率，提高失业人群的劳动技能至关重要。尼泊尔《全民教育国家行动计划（2001—2015年）》提

---

[1] 巴贾查亚. 为农村发展服务的社区学习中心可持续性研究——尼泊尔案例 [D]. 南京：南京师范大学，2005.

[2] 巴贾查亚. 为农村发展服务的社区学习中心可持续性研究——尼泊尔案例 [D]. 南京：南京师范大学，2005.

出，提升成人技能水平不仅要提供接受正规教育的公平机会，也要通过在职培训等多元途径来强化个体获得体面工作和改善生活的能力。职业技能（以区域职业技术教育与培训情况等内容为衡量指标）作为"技能"的重要组成部分，是衡量个体技能状况的重要指标。[1] 为使成年人能获得工作需要的职业技能，职业培训在尼泊尔也开始受到关注。

第二节　成人教育的特点和经验

一、将扫盲运动和非正规教育政策与减贫脱贫战略相结合

尼泊尔成人教育的一大特点就是将提高成人识字率的扫盲运动和非正规教育政策与减贫脱贫战略相结合，并取得了较好的成效。尼泊尔在偏远贫困山区设置了近 200 个社区广播电台，用以开展远程教育。据统计，这一举措能够惠及当地 86% 的居民，有力地提高了当地民众的识字率。[2]

二、构建社区学习中心网络

联合国教科文组织亚太教育局在全民教育计划框架内，于 1998 年启动了面向 21 世纪的以社区为基础的教育与学习机制；1998—2002 年，有 9 个亚洲成员国建立了社区学习中心网络。社区学习中心是正规教育体系之外

---

[1] UNESCO. Education for all 2000—2015: Achievements and challenges[R]. UNESCO Publishing, 2015: 48-50, 111, 157-164, 196-200.

[2] UNESCO Institute for Lifelong Learning. CONFINTEA VI Mid-Term Review 2017—the status of adult learning and education in Asia and the Pacific[R]. Germany: Hamburg, 2017.

的、永久性的多功能教育以及学习与资源中心，是学习型社区的基本机制，向所有人开放，主要功能有学习与培训、信息与资源的传播、发展社区活动、网络建设与社区协调等。虽然社区空间和资源有限，但社区学习中心依据自身设施安排各种活动，在边远地区仍能发挥重要作用。

尼泊尔通过政府和非政府机构在全国各地建立了许多社区学习中心，是国家成人教育体系的重要组成部分。社区学习中心开展广泛的识字、功能性扫盲和继续教育计划，帮助学习者掌握读写算等技能，以改变他们的经济地位和生活状态，树立正确的价值观，如民族融合、环境保护、男女平等观念。尼泊尔的社区学习中心已成为政府对大量青壮年进行扫盲和非正规教育的主要机构，政府也尝试将社区学习中心合法化，实现社区学习中心的可持续发展。在尼泊尔，社区学习中心的概念正在全国普及，并朝着可持续发展的方向迈进。

三、依法确立"积极倾斜"的公共教育政策

尼泊尔依法确定"积极倾斜"的公共教育政策，促进成人教育的包容性发展。尼泊尔通过立法和政策手段，为实现成人教育的包容性发展和公平公正提供了法律、政策和制度基础：一是依法确立受教育是成人的一项基本权利；二是制定《全民教育国家行动计划（2001—2015 年）》，提出教育平等和民主参与的目标，特别关注被边缘化的少数族群及低种姓群体的教育。如今，包容性发展已经成为尼泊尔成人教育政策和教育改革的基本内容和核心价值取向。

第三节 成人教育的挑战和对策

一、成人教育面临的挑战

进入 21 世纪以来，在世界范围内的终身学习和亚洲成人教育的包容性发展的大背景下，尼泊尔的成人教育仍然面临很多挑战，实现成人教育平等的任务依旧严峻。2015 年，尼泊尔的成人识字率为 64%，处于世界较低水平。[1] 虽然尼泊尔通过法律和政策保障成人受教育的权利，使成人教育成为一种社会公共服务，但是现实依然严峻。很多人不仅在童年时期被剥夺了受教育的权利，成年后接受教育也仍然面临诸多难以逾越的障碍，如经济收入低、社会偏见、受教育的机会和权利难以保障等，缺乏分享社会发展机会的能力。[2]

（一）经济发展水平和社会制度的制约

经济发展水平低是制约尼泊尔成人教育发展的重要因素。一方面，尼泊尔长期面临极度贫困的困扰，文盲率长期居高不下；另一方面，社会排斥和制度性根源的存在严重阻碍了成人教育的发展。此外，尼泊尔贫富阶级的教育发展差距很大，贫困人群往往会因为遭受严重的经济剥夺和严峻的生存压力，根本无力参与到成人教育之中。

---

[1] 杨成明，和震. 南亚全民教育发展：现状、愿景及挑战——基于 SAARC 国家 2000—2015 教育数据与 UNESCO 最新政策的分析 [J]. 外国教育研究，2017（7）：105.

[2] 王强. 包容性发展：21 世纪初期亚洲成人教育的核心价值诉求 [J]. 河北大学成人教育学院学报，2012（1）：95.

（二）城乡区域性差异明显

在尼泊尔，成人教育的区域发展差距显著且具有普遍性。与城市相比，农村居民的识字率较低。由于农村社会资源聚集能力弱，加上尼泊尔政府在经济投入政策、社会发展模式等方面采取城乡之间非均衡发展策略，加剧了社会资源分配不公和农村教育资源的缺乏，导致农村社会师资专业化和成人教育质量始终处在一个很低的水平。

（三）性别歧视较普遍

根据联合国教科文组织的统计数据，1999—2004 年，尼泊尔成年女性的识字率不到成年男性的 65%。[1]尼泊尔的社会排斥具有多向度性，妇女群体遭受多重社会排斥，如来自文化、经济、家庭以及教育等方面的普遍性歧视和排斥。在尼泊尔，被排斥在成人教育活动之外的女性数量远远高于男性。

（四）弱势群体被边缘化

尼泊尔的少数民族和土著人口等弱势群体在政治、经济、语言、文化、教育等方面被社会边缘化。这类群体往往得不到社会认同，常常遭受不同程度的社会歧视。社会排斥具有累积性，常常导致代际排斥和"社会排斥的再生产"，从而形成永久性的多重社会弱势现象。2001 年，尼泊尔经济社会优势阶层的识字率在 60%—94%，而处于社会下层的几个种姓人群的识字率低至 4%。[2]

[1] MANZOOR A. The state and development of adult learning and education in Asia and the Pacific: regional synthesis report[R]. Hamburg: UNESCO Institute for Lifelong Learning, 2009.

[2] MANZOOR A. The state and development of adult learning and education in Asia and the Pacific: regional synthesis report[R]. Hamburg: UNESCO Institute for Lifelong Learning, 2009.

（五）社区学习中心的可持续发展面临困境 [1]

尼泊尔社区学习中心的运转是以项目为基础的，大多数社区学习中心可以获得外部资源的支持，绝大多数资金直接来自项目拨款或项目经费，而本地资源非常有限。虽然社区学习中心的工作人员一般能够找出当地的需求和问题并以此为基础推进项目，但是他们由于能力较弱，很多工作难以胜任，与其他机构的协调和沟通也很难进行，而且社区学习中心缺乏相应的法律地位，这也导致他们很难申请到政府组织和非政府组织的项目，从而影响了自身的可持续发展。在尼泊尔，政府、联合国教科文组织和非政府组织设立的社区学习中心各有不同的运作方式，这导致很难规划出适用于所有社区学习中心的项目。虽然当地的乡村发展委员会和其他平行机构都被认为能对社区学习中心的活动有所贡献，但各种冲突的存在，导致在争取财政和技术支持遇到困难时，乡村发展委员会难以发挥作用。此外，政府的相关部门，如林业、农业、卫生等部门，会帮助社区学习中心开展活动，但是由于缺乏明晰的政策界定权责，这些部门在参与社区学习中心工作时经常决断力不足。

二、成人教育的发展对策

（一）制定成人教育相关政策法规

尼泊尔制定了一系列的政策和法规来保障成人教育的开展。1954 年，尼泊尔政府制定了《识字和社区教育方案》，从 1960 年开始分三个阶段开展

---

[1] 巴贾查亚. 为农村发展服务的社区学习中心可持续性研究——尼泊尔案例 [D]. 南京：南京师范大学，2005.

以识字教育和扫盲为核心的成人教育。1971 年制定的《国家教育系统计划（1971—1976 年）》拓展了尼泊尔成人教育的内容。2009 年，尼泊尔政府制定的《学校部门改革计划（2009—2015 年）》也有专门的关于"识字和继续教育"的目标和内容，提出识字和继续教育是所有 15—45 岁青少年和成年人终身学习的基础，有助于发展其维持生计和参与社会的能力。[1] 该计划是对正在进行的全国识字运动的补充，重点是识字后的学习和继续教育。此外《三年临时教育计划（2007—2010 年）》《非正规和开放与远程学习政策框架》等也都有成人教育的相关内容，提出并认可通过非正规教育等形式积极开展成人教育。

（二）积极开展妇女教育

尼泊尔成年女性的识字率远低于男性。在尼泊尔教育部的成人教育部门中有专门负责妇女教育的工作人员。尼泊尔的成人教育与卫生等有关政府部门和一些妇女组织等非政府组织合作，积极开展妇女识字和健康教育等，为提升尼泊尔社会发展的人力资本起到了积极作用。尼泊尔的《学校部门改革计划（2009—2015 年）》提到，有研究证据表明，女性识字率对其他发展指标有重大影响，文化程度较高的母亲更注重子女的教育，更适合从事对家庭和社区有益的经济活动。[2]《学校部门改革计划（2009—2015 年）》还指出，到 2015 年，基础教育全日制目标的实现不仅与向成年女性提供识字方案有关，而且与女性识字率的提高、经济活动的增加和生计的改善有关。[3]

2000—2005 年，尼泊尔 5 岁以下儿童因肺炎、腹泻和出生过程外伤导

---

[1] 资料来源于尼泊尔教育部官网。
[2] 资料来源于尼泊尔教育部官网。
[3] 资料来源于尼泊尔教育部官网。

致的死亡人数占儿童死亡总人数的 37%。[1] 尼泊尔的调查数据显示，没有接受教育的母亲和接受中等教育及以上的母亲，其婴儿死亡率相差了 70% 以上。[2] 完成小学教育的母亲，其婴儿的死亡率将降低 50%。[3] 因此，尼泊尔高度重视妇女教育，在《学校部门改革计划（2009—2015 年）》中，也专门提到了针对妇女和弱势群体的识字教育，以及要侧重妇女识字教育后的创收活动方案，以帮助发展其维持生计和参与社会的能力。[4] 在政府部门和相关非政府组织的合作下，作为尼泊尔成人教育的一个重要内容，专门针对妇女的教育正不断受到社会的关注和重视。

---

[1] 资料来源于联合国教科文组织官网。

[2] 资料来源于联合国教科文组织官网。

[3] 资料来源于联合国教科文组织官网。

[4] 资料来源于尼泊尔教育部官网。

第九章 教师教育

第一节 教师教育的发展和现状

一、教师教育的发展历程

尼泊尔的教师教育始于 1947 年基础教师培训中心的成立，但直至 1954 年，中心有关教师教育的项目才在索尔迪（隶属加德满都）开始运作。该中心为经验丰富的毕业班教师组织为期三个月的培训，并为已取得 SLC 证书即将走上教育岗位的毕业生提供为期六个月的培训。然而，在当时学校数量迅速增加的情况下，中心的教师培训服务仅能满足加德满都的需求。为了更好地满足全国教师培训的需求，该中心先后在阿什温、比尔干吉和根杰地区开展教师培训项目。后来，该中心改名为师范学校。1966 年，根据全面教育委员会的建议，中心再次更名为小学教师培训中心。

1953 年，教育部倡议建立教育高校，为潜在的初级中等教育教师和高级中等教育教师分别提供两年和四年的教师教育课程。[1] 1956 年，教育高校成立，开始为教育学士提供为期一年的培训，为中等教育毕业生提供

---

[1] TIKA R P, SANTOSH K B. Expectations of teachers from teachers professional development program in Nepal[J]. American journal of educational research, 2016, 4(2): 190-194.

为期两年的培训，为取得 SLC 证书的毕业生提供为期四年的培训。1959 年成立的特里布文大学也增加了教师岗前培训内容。《国家教育系统计划（1971—1976 年）》为增加有受训经验的教师数量，逐步强制每所学校配备一定数量的受训教师，[1] 这为在全国发展师资培训机构创造了有利的环境。教育高校、小学教师培训中心等教师教育组织都隶属于特里布文大学的教育学院。自此，职前教师教育规划得到了落实，一些教师还利用政府提供的奖学金参加岗前培训课程。皇家高等教育委员会也在特里布文大学下设有教育部门，为准教师提供职前教育培训。1989 年，高等中学教育委员会成立，[2] 为教育部门的教育行政人员提供两年的教师培训课程。[3]

1992 年发起的基础小学教师教育项目为已接受 150 小时培训的教师再提供 180 小时的培训，使他们接受培训的时间达到 330 小时。国家教育委员会倡议建立一个机构，以培训教师和教育人才。1993 年，国家教育发展中心成立，2004 年，该中心合并中等教育发展中心后，规模得到了扩大，成为教育部下教育人力资源发展最高机构，参与在职教师培训计划。

二、教师教育的发展现状

（一）教师的资格要求

在尼泊尔，成为初级中等教育（6—8 年级）教师必须接受至少 12 年的教育，即必须至少完成高级中等教育才有资格申请，如果主修的不是教育学专业，还必须参加国家教育发展中心全面监督下为期 10 个月的教师培训

[1] 资料来源于尼泊尔教育部官网。
[2] 资料来源于荷兰高等教育国际交流协会（Nuffic）网站。
[3] 资料来源于研究之门（Researchgate）网站。

课程。成为中级中等教育（9—10 年级）教师需要有学士学位，相当于要接受 15 年的教育，如果所学科目不是教育专业，就必须接受为期 10 个月的教师培训课程。此外，所有初级中等教育（6—8 年级）和中级中等教育（9—10 年级）教师申请人都需要通过教师执照考试才有资格被录用。教师执照考试每年由教师服务委员会管理和组织，颁发的教师执照许可证永久有效。另外，所有申请人还需要完成 1—1.5 个月的初级中等（6—8 年级）或中级中等（9—10 年级）教学实习。目前，尼泊尔关于初级中等（6—8 年级）和中级中等（9—10 年级）教育的教师执照标准相对较完善，但是缺少高级中等（11—12 年级）教育教师执照标准。

（二）教师培训与专业发展

教师不仅要有扎实的学识素养和丰富的教学经验，还要不断更新教学方法和教学观念，因此，教师培训和专业发展是各国教师教育的基本内容。

尼泊尔的国家教育发展中心全面监督初级中等教育（6—8 年级）和中级中等教育（9—10 年级）教师的在职培训，在职培训在教育培训中心进行。标准的教师在职培训需要 10 个月，分三阶段进行，第一阶段 2.5 个月，第二阶段 5 个月，第三阶段 2.5 个月，培训课程不仅包含关于备课过程中"教学内容"和"教学方法"的培训，还将教师的职业发展考虑在内。在亚洲开发银行和尼泊尔政府的支持下，《教师教育项目（2002—2007 年）》对教师职前培训和在职培训课程进行了修订，增加了初等教育（1—5 年级）教师的远程教育培训。尼泊尔政府还制定了《2007 年培训政策》，以便更有效地对教师培训进行管理。总的来说，尼泊尔的在职教师培训主要是为了实现量化目标。

为了提高教师的专业能力和资历，更好地促进学生的学习，《学校部门改革计划（2009—2015 年）》对教师专业发展做出了详细的规划方案。该规划方案主要针对初等教育（1—5 年级）和中等教育（6—12 年级）教师的专业发展，使 2014—2015 年度的初等教育和中等教育中具有教师执照许可证的教师比例均达到 97%。[1] 为了实现其目标和落实其方案，《学校部门改革计划（2009—2015 年）》提出，开设教师专业发展培训课程，旨在培养教师的专业精神，提高工作效率。培训课程的主要内容包括：更新教师的知识，解决课堂中提出的问题，通过讨论来帮助教师改变教学技能和方法，从而显著改善教学效果；举办教师专业发展研讨会，收集、讨论和解决教师教学实际中面临的问题。根据方案，将初等教育和中等教育的教师职业生涯划分为：初学阶段、经验阶段、大师阶段、专家阶段。依据教师的工作时间、专业发展培训成绩、资历和学生成绩等多维度指标决定教师晋升。学历越高的教师，对应的职业发展晋升越快。

第二节　教师教育的特点

一、政策和制度保障是教师教育发展的基础

尼泊尔教师教育的发展离不开政策和制度的保障。自 1947 年有了专门的教师教育以来，尼泊尔政府先后制定了诸多推动教师教育发展的政策和制度，从国家到地区再到学校层层推进，针对不同需求和特点的教师开展教师教育，教育培训内容丰富，并有相应的考核机制来保证培训效果，为尼泊尔的教师教育发展打下了较好的政策和制度基础。

2010 年，尼泊尔教育部出台的《教师发展政策指南》，作为《学校部门

---

[1] 资料来源于尼泊尔教育部官网。

改革计划（2009—2015 年）》中教师发展部分的指导性政策，推动了尼泊尔教师教育的发展。2010—2011 年度，有培训经历的教师比例提高了 14%，[1]尼泊尔教师的能力有了明显改善。

二、形成国家、地区和学校的分层管理模式

尼泊尔的教师教育已形成从中央到地方的分层管理布局。在国家层面，教师服务委员会全权负责常任教师的聘用和认证。在地方层面，地区教育局承担教师管理的日常工作，如教师的招聘、岗位部署、教师团队重组等。在学校层面，学校管理委员会负责自己学校临时教师的招聘工作。国家、地区和学校的管理机构都结合教师专业发展计划和方案，相互配合，做好不同类型教师的针对性教育培训。

三、制定专门计划，由专门机构开展教师教育

尼泊尔制定了专门的《国家教育系统计划（1971—1976 年）》。该计划将教师培训列为在职教师的必修课，为在全国增加师资培训机构创造了有利的环境。《国家教育系统计划（1971—1976 年）》提出了在全国范围内逐步给在职教师提供有学科针对性的特殊培训，如科学、数学等学科，监督者针对教师是否按培训指示进行教学，向培训中心和教育部提交报告。1993年，尼泊尔政府成立国家教育发展中心。国家教育发展中心既是协调教师教育培训的实体机构，也是向政府就教师发展问题提供政策建议的最高机

---

[1] 资料来源于全球伙伴关系（Globalpartnership）官网。

构。2010 年，教育部在国家教育发展中心的协助下颁布了《教师发展政策指南》。作为实施教师发展政策的指导方针和政策工具，该指南制定了关于教师发展的指示性政策，包括教师的选拔和招聘、教师资格要求、在职教师的发展、教师职业发展路径与晋升、专业教学干部培养、教师绩效监控、班主任人选及培训要求等。

尼泊尔的教师教育主要是通过教师专业发展计划来实现的。尼泊尔的教师专业发展计划包括三个相互关联的部分，即培训班、自学练习和教学咨询。教师发展培训研讨会每年举行一次，将上述三个部分结合在一起，以满足教师的专业发展需求。第一部分是培训班，在教师专业发展中心以面对面的方式进行，为期 5 天，受训教师接受培训师的专业培训。第二部分是自学练习，在培训班结束后进行，须在 20—30 天内完成规定任务。规定任务完成就相当于完成整个培训十分之三的任务。第三部分是教学咨询，培训师将回访受训教师，并在 2 天内对他们的表现和任务完成情况进行评估。培训师们还和教师以及学校管理委员会成员开会讨论该培训方案的实施效果。三个部分相辅相成，当一名教师完成了全部三项内容时，即可获得教师专业发展培训证书。

第三节 教师教育的挑战和对策

2009 年，尼泊尔只有 73% 的小学教师接受过较为全面的培训，14% 的小学教师接受过部分培训，13% 的小学教师没有接受过任何培训。由于《教师发展政策指南》针对教师能力、教学和发展指导方针进行了改革，2011 年，尼泊尔受培训教师的比例提高了约 20%，且自此以后，受培训教师的比例一直稳步提高。[1] 虽然尼泊尔在教师教育政策改革和教师教育普及度上取得了

---

[1] 资料来源于全球伙伴关系（Globalpartnership）官网。

较大的成就，但是受经济落后、自然灾害、社会不稳定等多种因素的制约，尼泊尔的教师教育仍然面临较大的困难和挑战。

一、教师教育面临的挑战

尼泊尔的教师教育面临着教师资源匮乏、专业培训人才不足、基础设施落后、课程发展与社会经济发展需求不符以及教育回报率过低等严峻挑战。

（一）教师资源匮乏，专业培训人才不足

对尼泊尔的各级教师进行岗前培训和在职培训是一项重要而艰巨的教育任务。但是由于尼泊尔经济发展滞后，较少的人群有能力和有机会达到教师从业所需的资格。1971—2011年，完成高级中等教育及以上层次（接受12年教育）的25岁以上人群占比平均仅为17.87%，在此时期，该数据出现的历史最高值是在2011年，也仅为35.20%。[1] 在这个本就极小的受教育群体中，一部分人要进入大学继续学习，一部分人从事其他职业，只有极少数人进入教育领域成为教师。此外，尼泊尔有资格进行教师培训的专业人才也面临严重不足，现有培训人员的综合素质亟待提高。这些都制约了尼泊尔教师教育的发展。

（二）基础设施建设落后

基础设施落后是尼泊尔各层级教育面临的共同挑战。2014年，联合国

---

[1] 资料来源于尼泊尔CEIC统计数据库网站。

儿童基金会指出，尼泊尔由于缺乏基本的基础设施和学习资料，教师无法采用恰当的方式进行教学。电力供应的不稳定、互联网的不发达以及信息和通信技术基础设施发展落后等均是教师教育利用信息通信技术的障碍。教师有限的信息和通信技术技能也是尼泊尔有效地将数字技术整合到教师教育中，培养具有能将传统教育方式转变为现代学习方式技能教师的主要挑战之一。[1] 2015 年 4 月，尼泊尔遭受了 80 年来最强烈的地震袭击，超过 35 000 个教室被破坏。[2] 很多学校没有教室、图书馆、计算机、实验室、操场等基础设施，导致那些需要实验和动手实践的教学和指导工作难以完成。

（三）教师教育质量较低

教育质量是尼泊尔教育改革重点，而发展教师教育、提高教师质量是其中重要一环。尼泊尔教师教育质量较低，原因主要有以下四点。一是教师培训对提升教学质量没有起到明显的作用。虽然教师教育有几十年的发展历程，但是尼泊尔的教学质量仍然处在一个较低的水平。二是教师教育管理机构培训任务重，且工作人员严重不足。三是人才流失严重。政府付出了较高的教师培训成本，但培训出来的教师经常留不住。很多教师完成培训后，自身能力有了较大的提高，在面对其他职业机会时往往会放弃目前的岗位，选择前景更好的行业或者加入薪资待遇更好的国外教育机构，最终导致教师资源的人才流失。四是教师老龄化严重，这给教师教育带来了较大的挑战。目前，尼泊尔各地教育机构都把教师队伍年龄结构优化提上了日程。

[1] KESH R, KARNA R. ICT Integration in teaching and learning activities in higher education: a case study of Nepal's teacher education[J]. Malaysian online journal of educational technology. 2020, 8(1): 36-47.

[2] White paper on the current economic situation and immediate way forward[R]. Nepal: Ministry of Finance, 2015.

（四）教师教育课程与社会经济发展需求不符

尼泊尔教师教育的课程设置与社会经济发展需求之间存在着严重的脱节，课程设置重理论轻实践，在知识密集型、服务驱动型劳动力市场需求日益增长的情况下，课程没有和现代技术、行业需求、市场需求联系起来，课程设置缺乏有效的评估体系。[1]

二、教师教育的发展对策

为解决本国师资缺乏和教师教育体系不完善等问题，尼泊尔政府采取了一系列的措施，推行教师教育改革，保障教师教育的更好发展。

（一）明确教师教育改革目标

教师教育是尼泊尔《学校部门改革计划（2009—2015 年）》的主体和关键，也是学校教育改革推行的坚实后盾。尼泊尔教育部相当重视教师教育对整个学校改革计划的作用，按照《学校部门改革计划（2009—2015 年）》与教师教育相关规定，为教师教育改革确定了以下两个目标。一是把教师的能力培养当作学生发展的保障和基础，为教师培养提供必要的物资支持，确保教师的专业知识、专业能力、教学技能等得到不断完善和发展，使其能够满足教育要求。二是敦促教师自我成长、自我完善，制定相关政策时关注教师的发展和晋升，促进教师由新手型教师向专家型教师转变。

---

[1] Asian Development Bank. Innovative strategies in higher education for accelerated human resource development in South Asia: Nepal[R]. Mandaluyong: Asian Development Bank, 2015.

（二）完善教师教育改革理念

《学校部门改革计划（2009—2015 年）》对教师教育改革理念做了进一步的完善，主要体现在以下四个方面。第一，高度重视教师专业发展和继续教育，强调并肯定了教师的重要地位："教师的培养和发展事关学生的成长和成才，教师教育是学校改革计划的核心和关键，是国家教育长足发展的基础力量。"[1] 第二，重视教师资格制度对提升教师素养的重要性。计划规定，建立尼泊尔教师培训中心，充分发挥其作用，开展促进教师专业发展的专业培训，所有初级中学教师和中级中学教师必须参与，确保教师资质合格有效。第三，秉承教育公平的原则，尤其重视提高女性教师的社会地位。要求加大女性教师的招聘力度，高度重视女性教师在整个教师队伍中的规模比例。第四，坚持实事求是，具体问题具体分析的原则，消除教师录用体制的弊端，改变过去由中央直接录用教师的局面，将教师聘用权力下放到地方，并关注地方教师的就业状况，重点关注地方教师的聘用情况。

（三）制定改善和促进教师管理与专业发展的政策

为了提升教师教育质量，尼泊尔政府制定了相应的教育政策来改善教师管理，促进教师的职业发展。2016 年 10 月，尼泊尔颁布了《学校部门发展计划（2016—2023 年）》。相关措施如下。

加强教师服务委员会的管理，颁发教师执照许可证，甄选教师职位候选人。教师服务委员会推荐候选人，由地方政府任命和调配合格教师到有需要的学校；审查教师执照许可证，制定教师执照考试的标准。例如，具备基本资格并完成一年预科课程的人才有资格参加教师资格考试。教师服

---

[1] 资料来源于尼泊尔教育部官网。

务委员会规范新教师的入职流程，解决临时教师的发展等相关问题。根据教师能力体系要求，规范教师招聘和绩效考核。创造有利环境，支持女教师和来自弱势群体的教师的招聘，直到计划名额招满。增设额外的教师岗位，首先安排基础教育教师资源，然后根据现有教师数量和缺口来确定教师招聘数量。协调现有各类教师及其服务条件，制定有效的教师管理战略。分阶段制定对应的中学学科教师规划方案，包括增加基层教师岗位和学科教师岗位。规范管理临时教师以及通过学校调动资源任命的常任教师。

重新定位教师职业发展机构的角色并明确其责任，如（地方）资源中心和教育培训中心；实施教师培训计划，提供足够的科学、数学、英语、职业技术学科等核心课程；制定教师绩效考核机制，表彰优秀教师，并将考核机制与教师个人今后的职业发展机会和奖励挂钩；优化教师晋升的职业路径；制定导师计划，实施同行支持和监督由专业发展转化为高质量的教学实践；推广全面义务教育，提供基本知识和技能培训；加强以学生为中心的持续评估系统、教师自我评估工具、同行评估工具的应用；制定教师职业发展方案，供不同层次和学科的教师使用；按需提供中短期教师培训方案；为教师提供除尼泊尔语以外的语言教学培训，包括语言间转换培训；针对受灾地区教师的职业发展制定应对方案（如加强辅导和多年级多层次教学）。

（四）制定保障教师管理和专业发展的干预措施

尼泊尔在教师管理和专业发展方面制定了相应的干预措施。一是在教师行业中制定性别平等的政策。2003 年颁布的《全民教育国家行动计划（2001—2015 年）》就有针对消除小学男女教师比例差距的相关政策。例如，提高小学女教师的征聘数量，鼓励妇女参与教育，规定每一所小学至少要征聘一名女教师等。二是确保教师的工资跟同等学力的其他职业的工资相当。2016 年，尼泊尔颁布的《学校部门发展计划（2016—2023 年）》提出，政府将推出奖励和奖学金计划，以吸引更多的教师参加教师教育项目，提高教师的专业发展水平，如为偏远地区的教师提供教师培训奖金。三是审查和分析教师培训（职前和在职）的质量，在职前教育和持续专业发展方面提供支持。加强教育部、教育和人力资源开发中心与各大学之间的合作伙伴关系，进行职前教师培训。四是重新制定教师能力评估体系，强化绩效考核制度以及教师、培训员、督导员和教员资格认证制度。五是建立与教师及其代表组织的对话机制，确保教师能充分参与教育政策的制定、实施、监测和评估。六是运用信息通信技术和社交网络，将教师培训的反馈制度化，确保培训对教师的工作产生积极影响。七是发展与国际教师教育机构的关系，以合作促进教师专业发展。加强国家和国际教师专业组织之间的伙伴关系，加强在职教师培训和职前教师培训机构之间的协调与合作，利用信息通信技术支持基于课堂的教师培训，促进在职教师的专业发展。

（五）加快现代信息和通信技术在教师教育中的普及

信息和通信技术使解决教育差距和社会排斥等问题成为可能，信息和通信技术可以成为教师的重要学习资源，可以提供与全球其他教师分享经验的机会，也可以使教师利用最新的信息材料和教育理论，不断更新和促进自身的专业发展。尼泊尔政府注重借助现代信息和通信技术的力量来提供优质教育，通过将基于现代信息通信技术的教学方法纳入主流教学中，使不同经济发展区域的学生、教师和家庭获得相同高质量的教育资源。2005年，《国家学校教育课程框架》将信息通信技术纳入教学和学习的目标，指出了对所有教师进行信息和通信技术培训的必要性。该框架还要求政府与非政府组织合作为教师提供信息和通信技术使用方面的培训。《信息和通信技术教育总体计划（2013年）》强调，要在教师教育、学校教学和在职教师培训项目中整合信息和通信技术。[1]《学校部门发展计划（2016—2023 年）》也将信息和通信技术纳入尼泊尔教育的长期目标当中，指出信息和通信技术在教育中的目标是使公民能够为国家的发展而工作，并使国家融入国际社会。[2] 2018 年，在新西兰坎特伯雷大学的两位学者关于尼泊尔农村小学的信息通信技术的研究报告中也提到，尼泊尔政府极力支持将信息和通信技术纳入教师教育当中来。[3]

（六）充分发挥尼泊尔孔子学院的优势和作用

中尼共建"一带一路"缩短了两国人民的距离，中尼两国除了在经济、政治、文化方面的交流外，也积极深化教育领域的合作交流。尼泊尔政府积极发挥在尼泊尔的孔子学院的优势和作用，在成功举办尼泊尔本土中文教师培训班的基础上，鼓励尼泊尔教师和学生前往中国访学、留学，积极开展尼泊尔教育发展所需的相关师资培训。[4]

---

[1] KESH R, KARNA R. ICT integration in teaching and learning activities in higher education: a case study of Nepal's teacher education[J]. Malaysian online journal of educational technology. 2020, 8(1): 36-47.

[2] 资料来源于尼泊尔教育部官网。

[3] 资料来源于研究之门（Researchgate）网站。

[4] 刘进，陈成. "一带一路"沿线国家的高等教育现状与发展趋势研究（十四）——以尼泊尔为例 [J]. 世界教育信息，2018，31（19）：27-29，35.

第十章 教育行政与教育政策规划

第一节 中央教育行政

一、教育部的机构设置与主要职能 [1]

（一）教育部的职能部门架构

尼泊尔于 1951 年成立教育部，2002 年更名为教育和体育部，2008 年政府决定再次更名为教育部，目前的官方命名为教育、科学与技术部。尼泊尔教育部是尼泊尔的最高教育机构，主要负责全国教育事业的全面发展，如制定教育政策和规划，并通过其下属机构在全国范围内进行管理和执行各项工作。教育部的其他工作包括为尼泊尔的学校制定财政预算、发布奖学金通知和奖学金提名通知书、收集教育信息、设计课程，以及出版教育公报等。

教育部下设教育司和科技司。教育司和科技司共同管理行政处、职业技术教育处、学校教育处、高等教育处、规划监测处、科技处、核材料管理处。每个处设 1 名联合秘书，负责日常管理工作。行政处设个人行政和施政促进科、财务管理科、法律和判决执行科、内部管理科。职业技术教育

---

[1] 资料来源于尼泊尔教育部官网。

处下设技术教育科、私营和合作机构科、职业训练发展科、质保科、教育技术与电子政务科。学校教育处下设幼儿教育和学校营养科、学校教育科、志愿者动员和签证科、图书馆协调和文献科、选择和继续教育科。高等教育处下设高等教育科、留学审批科、教育咨询和核查科、奖学金科。规划监测处下设规划预算科、发展援助协调科、监测评估科、人力资源发展规划协调科、政策统计和研究科。科技处下设科研科、发明创新科、适用技术科、航天新技术科。核材料管理处下设标准质量统计科、法规研究科、化学物质和实验室管理科。

（二）教育部直辖的中央单位

教育部下属的中央一级机构负责设计方案并对其执行进行监督，隶属于教育部的单位有 4 个，分别为课程开发中心、教师服务委员会、非正规教育中心、考试管理中心。[1]

课程开发中心是教育部下属的一个学术中心，旨在为学校教育开发课程、教材和其他教学材料，以实现国家教育目标。该中心 1971 年成立时名为课程、教材与督导中心，1997 年更名为课程开发中心，成立之初设定的目标就是通过以学习者为中心的教学过程，整合学生在教育过程中的需求和兴趣。该中心就教学材料的有用性开展年度和定期讨论、进行互动、制定传播计划。此外，该中心还开展了和学校教育相关的具有实用性和竞争力的研究型项目。课程开发中心的愿景是通过制定适当的课程、教材和其他教学材料，使其成为一个以工作为导向、以学生为中心、以实操和生活技能为方向、具有职业竞争性和高质量的学校教育所需要的学术中心。课程开发中心下设 11 个部门，分别为内部管理科，财务管理科，规划及计划

---

[1] 资料来源于尼泊尔教育部官网。

科，语文教育科，社会教育科，职业教育科，初级儿童教育和另类教育科，法律、人文、商业和管理科，等效认证及评核组，协调和出版科，数学及科学组。其中，语文教育科的主要职责是编制、修订和更新语文课程、教材和其他参考资料，同时履行与传统宗教教育相关的职能，如梵语和母语教育；内部管理科的主要职能是安保、卫生、人员日常管理和办公室财产维护。[1]

教师服务委员会于1971年成立，旨在为素质教育选拔合格、有能力的教师。教师服务委员会负责空缺的教师岗位的任命，并参与政府批准的社区学校教师的选拔和晋升。被任命的教师应获得教师服务委员会颁发的教师执照许可证。教师委员会的工作、职责和权力主要有：推荐长期任用和晋升的教师人选，按照程序颁发教学许可证，就教师服务、条件和设施向教育部提出建议，确定教师任用、晋升的考试大纲及其他与考试有关的工作等。根据1971《教育法》第11条，教师委员会有1个单独的秘书处，下设中央办公室和8个分支机构来管理委员会的工作。这8个分支机构分别是笔试运营部，推广部，面试和推荐部，统计、广告、课程、能力开发和研究部，经济管理部，试卷制作和修改部，规划、行政和监测部，教学许可证部。[2]

非正规教育中心一直在为各种目标群体提供非正规教育服务，其中包括生活在偏远地区和山区的文盲、生活在贫困线以下的人群以及在工厂和农场工作的有薪劳动者。非正规教育中心主要开展扫盲、扫盲后教育和提高识字率的项目。该中心还实施与终身教育、技能发展和创收相关的计划，通过开放教育模式为失学儿童和辍学儿童提供受教育的机会。非正规教育中心的活动部门分为课程开发部、组织培训部、研究与评估部、协调和联络部。课程开发部主要负责设计适当的非正规教育课程方案，以满足

---

[1] 资料来源于尼泊尔课程开发中心官网。

[2] 资料来源于尼泊尔教师委员会官网。

不同年龄段的儿童、青少年和成年人的需要。组织培训部主要负责对不同层次的扫盲和非正规教育从业者、监督者、促进者和组织者进行培训，内容包括如何识别学习者的学习需求、如何设计和开发本地课程和简单的本地教材、评估技巧、班级管理等。研究与评估部自中心成立以来一直存在，负责对许多问题进行定性研究和定量研究，其中包括尼泊尔的非正规教育政策、计划，以及尼泊尔基础教育计划的影响和有效性等，以此促进非正规教育的发展。协调和联络部主要与教育部、地方发展机构、地区和村庄发展委员会、国内外非政府组织等建立联系，致力于提高扫盲工作的效率。[1]

考试管理中心的主要职能是管理和实施学校毕业证书考试[2]并公布结果，负责考试的各个环节，包括试题库建设、试卷准备、试题发放、组织考试、安排答卷批改、分数处理和成绩公布。考试管理中心的愿景是建立学校教育国家评估和测试机构，提高国家、地区和学校级别考试的信度、效度和全球竞争力。该中心的主要工作目标是制定国家评估和标准化测试体系；建立强大的结果分析系统，并将信息反馈给学校；提高试卷质量，确保评分的可靠性；根据测试项目促进学生的发展和开发课程材料；管理考试和成绩的发布，并向中级中等教育毕业生颁发证书；开展与评估和考试相关的研究活动；认证系统化审查员和首席审查员；启动中级中等教育考试系统。考试管理中心下设财务部、行政管理部、考试部、考试改革和认证部4个部门，其中考试部设注册科、申请科、审核科，考试改革和认证部设有证书认证科及培训、研究和评价科。[3]

---

[1] 资料来源于尼泊尔非正规教育中心官网。

[2] 即中级中等教育（10 年级）的结业证书考试。

[3] 资料来源于尼泊尔考试管理中心官网。

二、国家考试委员会 [1]

2016 年，尼泊尔《教育法第八修正案》实施，国家考试委员会成立。根据《教育法》的规定，为学校考试的运营、管理和推广而设立的国家考试委员会被定义为一个自治的、有组织的、连续不断的机构，主要任务是开发和改进考试方法。目前，10 年级、11 年级和 12 年级的结业考试相关任务已经整合，由隶属于国家考试委员会的综合部门负责。其中，10 年级的毕业考试相关工作由考试管理中心组织进行，11 年级和 12 年级的毕业考试相关工作由国家考试委员会主任办公室组织进行。以前高等教育委员会考试主任办公室的所有职责，现在都交由国家考试委员会负责，高等教育委员会的所有固定资产和流动资产也转移到了国家考试委员会的名下。[2]

国家考试委员会的权力和义务是：制定委员会政策，并根据教育部批准的考试政策实施；制定并实施委员会的长期计划；评估学校教育考试的价值和质量；制定委员会的年度预算和计划；管理财务资源，处理委员会的日常事务；向教育部提交委员会的定期报告和年度报告；执行《教育法》要求的其他工作和职责等。国家考试委员会下设 4 个部门，分别为人事管理和人力资源开发部、研究质量与治理改革部、规划监测和评估部、考试总监办公室。

国家考试委员会的成员资质要求较为严格，其中委员会主席由教育部提名、政府任命，要求至少有 3 名公共服务委员会的成员推荐，具有公认大学的硕士学位，具有 12 年的教育和考试相关工作经验。尼泊尔教育部秘书担任该委员会的副主席。委员会的其他成员有 10 名，由教育部联合秘书、教育部教育司司长、课程发展中心执行主任、技术教育与职业培训委员会

---

[1] 资料来源于尼泊尔国家考试委员会官网。

[2] 资料来源于尼泊尔国家考试委员会官网。

成员秘书、特里布文大学考试负责人、3 名由国家考试委员会直接任命的人员（其中至少有 1 名女性）、2 名校长（由教育部从公立高中和私立高中里挑选任命，至少有 1 名女性）组成。尼泊尔教育部一级官员或国家考试委员会高级官员担任成员秘书职务。

三、教育和人力资源开发中心 [1]

（一）机构设置

随着尼泊尔教育部各部门事业的迅速发展和壮大，尼泊尔政府成立了一个有效执行和监督教育部的政策、计划和项目的机构，即教育和人力资源开发中心，以保证小学教育和中学教育的各项发展项目能够顺利实施。教育和人力资源开发中心的理念是发展和扩大素质教育，通过有活力的素质教育，帮助建立和发展一个有教养、有文化、有活力和繁荣的社会。教育和人力资源开发中心的愿景是使教育成为发展的载体，为所有人提供基础教育，并增加学校层面的教育 [2] 机会。教育和人力资源开发中心的主要职能是为教育机构和团体提供必要的技术援助；发展教育机构的能力，以增加全民受教育的机会；发展和扩大教育，提供优质教育；加强监测评价体系，确保学校的教育成果；指导有关教育机构和团体，为实现学校教育的国家目标发挥调节作用。

教育和人力资源开发中心下设 3 个部门：教育规划和发展部、教育技术和非正规教育部、人力资源开发部。其中，教育规划和发展部下设 6 个部门：计划跟踪科、幼儿发展科、学校教育标准确定科、教育行政协调科、

---

[1] 资料来源于尼泊尔教育和人力资源开发中心官网。

[2] 学校层面的教育也称正式教育。

教育信息管理科、政府改革科。教育技术和非正规教育部下设 5 个部门：课程与材料科、视听科、教育科技科、非正规教育及另类教育科、全纳教育科。人力资源开发部下设 6 个部门：教师管理培训科、教师培训科、研究和质量改进科、经济管理科、内部行政科、资讯科技和图书馆科。[1]

（二）主要职能部门 [2]

1．教育规划和发展部

教育规划和发展部负责协调、指导、控制、监测和评估所辖部门的各项工作。具体工作职责主要有：根据与教育相关的国家和国际承诺与协议，监督项目和计划的实施、协调和进展，包括学校部门发展计划；制定、实施及定期审查国家阅读技能、义务基础教育等相关计划；确定教育机构的最低运作标准以及开展必要的协调工作；收集、分析和管理学校教育统计信息；管理、规划和提供最低学习条件（包括学校教育的硬件设施）所需的各种资源和相关工作；制定并推动实施义务基础教育的必要标准和程序；制定和促进教师管理和发展标准；确定教师服务、教师条件和教师资格的政策与标准；协调和促进示范学校的发展、管理和运营；执行学校教育样本检测计划，并根据获得的结果制定必要的改革策略；和与学校教育相关的捐助者和发展伙伴建立联系；开展与可持续发展目标和全民教育相关的工作；与国内外捐助者、政府和非政府组织以及培训提供者合作，制定和实施教育质量改进计划；协调幼儿发展和婴儿教育以及项目运作的政策和标准；促进包括奖学金和午餐在内的奖励计划的制定和实施；制定和实施与学校安全相关的政策和计划，以减少学校的灾害风险；开展与儿童友好

---

[1] 资料来源于尼泊尔教育和人力资源开发中心官网。

[2] 资料来源于尼泊尔教育和人力资源开发中心官网。

学校 [1] 模式的准备和实施相关的工作；根据政府改革行动计划和善治行动计划开展工作，并定期向有关机构发送进度报告；完成教育部等机构要求完成的其他相关工作。

2．教育技术和非正规教育部

教育技术和非正规教育部负责协调、指导、控制、监测和评估所辖部门的各项工作。具体工作职责主要有：协调和改进传统教育系统，制定开放教育以及与终身学习相关的政策和标准；开展、规划和监管非正规教育、社区学习中心和继续教育活动；根据包容性教育政策制定和实施相关计划；开发远程学习、开放学习的视听材料和广播工作；制定与母语教育相关的必要标准、策略和计划；开展将失学儿童带入学校所需的有针对性的计划活动；开展与虚拟教室和教育计划的开发、运营、广播和协调相关的工作；协调全国学校的互联网接入计划和机构活动；制定持续学习样本监测计划，并根据获得的结果制定必要的改进策略；与政府部门和非政府组织合作，制定和实施有关非正规教育、远程教育、继续学习和线上线下培训等计划；开发、制作、分发和传播学校教育、继续学习和在职教师培训数字材料；开展与教育咨询相关的活动；完成教育部等机构要求完成的其他相关工作。

3．人力资源开发部

人力资源开发部负责协调、指导、控制、监测和评估所辖部门的各项工作。具体工作职责主要有：制定人力资源规划和相应的教育计划，开发

---

[1] 拥有适合且有利于儿童的学习环境的学校，使儿童的内在潜能能够得到充分的发展。

项目，承担与人力资源开发计划编制相关的任务；开展与教师培训政策和标准、课程形式、资格确定相关的工作；开展与全纳教育、性别平等教育、母语教育和特殊教育相关的能力建设活动；制定和实施教育行政部门教师和人力资源能力建设的人力资源发展计划；设计和批准在职教师和教学服务人员培训课程框架，进行课程和资料开发，制定培训标准，进行培训认证；根据中心确定的结构和课程，进行不同级别的专业发展和培训机构间的协调工作；开展省内教育培训计划和机构的协调、技术援助和监测的相关工作；根据地方要求，开展促进和协调技术和行政事务的相关工作；开展教育材料清单制定、培训课程和参考材料的制定和认证、样本培训材料的制作和分发等相关工作，以提高各级教育机构的教育质量；与各政府部门和非政府组织以及培训机构合作，制定和实施教师专业发展计划；进行与开展学习和研究以提高学校教育质量有关的活动；开展在教育和人力资源开发中心工作的公务员的任用、派任、调动、晋升、辞职、休假、退休、惩戒、奖励和部门行动等必要工作；确定行政和政策决定方案；核定年度预算和中心财务工作细则范围内的支出、审计等；作为中央执行机构，准备和提交项目和项目中央账户；批准与公共开支相关的文件，如采购成本预算表、招标投标文件、工作汇报、与供应商的合同等；评估员工绩效；协调、支持和领导所有部门的行政工作；处理中心日常财务和行政工作、公众申诉和投诉等；完成教育部等机构要求中心完成的其他相关工作。

四、中央教育行政机构的改革历程与特点

随着民主制度的建立，尼泊尔的教育事业开始逐步发展。1951 年，教育部成立，作为整个公共行政系统的一部分，规划执行国家的教育项目。教育部在后来的发展历程中，逐步"多功能化"，并负责青少年体育发展项

目的管理，因此于 2002 年更名为教育和体育部。教育司作为教育和体育部的一个部门，负责小学、初级中等教育和中级中等教育的发展。尼泊尔政府于 2007 年批准教育改革的有关文件，并在 2008 年将教育和体育部再次更名为教育部。2015 年，教育部门做了较大的调整，科学和技术的管理职能开始归属于教育部，即现在的教育、科学与技术部。国家教育和发展中心、非正规教育中心等中央机构合并为教育和人力资源开发中心。为了开发和改进考试方法，根据 2016 年尼泊尔《教育法第八修正案》，国家考试委员会成立，负责学校考试的运营、管理和推广，并与教育部以及教育和人力资源开发中心一起履行促进国家教育事业发展的职责。

此外，尼泊尔还先后成立了教育会、国家教育规划委员会、全面教育委员会、国家教育委员会等机构。例如，由于尼泊尔政府认识到教育是民主的基石，因此于 1952 年成立了教育会。在 1953 年 11 月教育会组织的一次会议上，教育会建议政府设立国家教育规划委员会负责调查现有体制下的教育问题和发展潜力，并提出一项发展全国教育体系的计划。1954 年 3 月，国家教育规划委员会正式成立。1961 年，全面教育委员会成立，该机构为教育部出台《国家教育系统计划（1971—1976 年）》做出较大贡献。1990 年，国家教育委员会成立，负责促进实现为人民提供受教育的机会和提高教育质量这两大目标。

（一）注重基础教育改革

尼泊尔政府从 20 世纪 90 年代初开始在学校教育部门进行一系列大规模改革，重点都与基础教育相关，其中包括制定《基础教育总计划（1997—2002 年）》《全民教育核心文件（2004—2009 年）》《学校部门改革计划（2009—2015 年）》等。政府从 2015 年开始制定《学校部门改革计划（2009—2015 年）》的后续计划，即《学校部门发展计划（2016—2023 年）》。

《学校部门发展计划（2016—2023 年）》从 2016 年 7 月开始实施，为期 7 年。通过以上努力，尼泊尔取得了令人印象深刻的成就，特别是在扩大入学机会、促进幼儿教育和发展，以及提高各级各类学校教育的参与度方面表现突出，在一定程度上提高了基础教育的整体质量。[1]

（二）强化教育机构的管理职责

系统、高效的组织管理以及全心全意为教育服务的理念是尼泊尔教育行政机构的使命。教育结构和治理体系变革是尼泊尔中央教育行政机构的主要工作。经过不断的发展和规范，尼泊尔教育部是目前教育系统的最高组织机构，负责制定和执行国家教育标准、规划和方针政策，并通过其下属机构在全国范围内贯彻和执行这些标准、规划和方针政策，领导和管理全国各级教育机构。此外，在新的教育体制下，大学资助委员会负责促进和协调大学间的关系，国家考试委员会负责全国性考试，技术教育与职业培训委员会负责职业技术教育和培训，教育和人力资源开发中心负责促进学校教育系统建设。各省还设立社会发展部，负责教育、卫生、社会保障、语言、文化、劳工和运输等事务，而省教育发展局是省级主要负责执行机构。同时，为发挥教育职能，有 753 个地方政府成为学校教育的实施机构，并设立了市级教育机构。

（三）教育政策支持国家发展

教育与国家民族的前途和命运紧密相连。尼泊尔政府制定了一系列教育政策。这些教育政策的愿景、使命、目标和战略始终与尼泊尔的国家

---

[1] 资料来源于全球合作伙伴（Globalpartnership）官网。

发展、计划、战略保持一致，充分体现了尼泊尔教育政策的制定是以国家的具体需要为导向，是国家发展战略的重要支撑。《学校部门发展计划（2016—2023 年）》的愿景是为国家的社会经济转型培养具有可持续发展的、有竞争力的、有创新精神和正确价值导向的公民，其使命是实现 2022 年摆脱最不发达国家的行列，并在 2030 年前进入中等收入国家行列。《2019 年教育政策》的愿景是通过消除教育领域各种形式的排斥、边缘化和学习机会、学习结果等方面的差异和不平等现象，培养有文化的、文明的、健康的和能干的人才，以促进社会公正、转型和繁荣。《可持续发展目标 4：教育 2030》的愿景是为全民提供包容、公平的优质教育和终身教育，培养有文化的、文明的、健康的和能干的人才，并致力于实现"繁荣尼泊尔，幸福尼泊尔人"的目标。

（四）重视通过国际合作促进教育发展

国际合作与国际援助对提高尼泊尔的教育水平、提高尼泊尔参与国际事务的能力、加快尼泊尔的国际化进程都起到了积极的推动作用。尼泊尔是联合国教科文组织成员，双方的合作领域主要是扫盲与非正规教育、性别平等与包容、教育质量、全民教育监测与能力发展等方面。根据联合国教科文组织《2008—2013 年国家教育支持战略》确定的优先事项，近年来，联合国教科文组织对尼泊尔教育的政策支持主要体现在强化教育体系、完善教育规划与管理两方面，其支持有效地促进了尼泊尔教育的协调发展，提高了尼泊尔政府的教育规划、管理和监测能力，帮助建立了尼泊尔教育部门与其他政府部门之间的共享与讨论平台，提高了尼泊尔的教育服务水平、教育质量和教师发展能力，促进了尼泊尔全民教育和与教育有关的发展目标的实现。

亚洲开发银行为了扩大尼泊尔人民获得优质教育的机会，协助该国政府落实学校部门发展计划，并支持尼泊尔政府在政策改革、机构能力建设、性别平等和社会包容等方面做出自己的努力。2013 年 3 月和 9 月，亚洲开发银行顾问团相继出版了《尼泊尔教师管理与发展》《尼泊尔学校部门改革计划——机构分析和能力发展计划》。[1] 亚洲开发银行为提高尼泊尔地震灾区学校的抗灾能力，于 2018 年 9 月批准了一项总额超过 1.6 亿美元的贷款和赠款计划。[2] 针对学校抗灾能力项目，亚洲开发银行会定期对尼泊尔各个地区的学校建设情况做社会保障尽职报告，并对支持学校部门发展计划的项目进行年度财务报表统计，以监督该计划的实施。[3]

联合国教科文组织和亚洲开发银行等国际组织通过分析尼泊尔特定目标群体的脆弱性、排斥性和贫困性的制度性原因，对这些目标群体的教育给予重点关注；通过敦促教育部门利用科学技术来减少灾害风险，帮助其预测潜在的自然和人类危害；支持尼泊尔发挥其作为国际社会一员的作用。在联合国教科文组织框架下，尼泊尔获得了大量的资金和项目支持，既缓解了国内财政短缺的问题，又创造了教育机会，促进了公平、高效和高质量的教育发展，还提升了各级机构的能力。

第二节 地方教育行政

一、三级教育机构的设置 [4]

2015 年，尼泊尔新宪法颁布，国家治理机构转变为联邦制，各级政府分

---

[1] 资料来源于亚洲开发银行官网。

[2] 资料来源于亚洲开发银行官网。

[3] 资料来源于亚洲开发银行官网。

[4] 资料来源于尼泊尔教育部官网。

为联邦、省和地方三级。与此相应，尼泊尔设有从中央到地方的三级教育机构。尼泊尔宪法规定，联邦政府是制定教育政策、课程和教师培训框架，调动国家和国际资源，监测和评估教育机构，以及增强利益相关者能力的总体负责机构；省政府负责制定省级政策并进行合规监督；地方政府负责实施教育政策和学校教育方案。在加强中央机构领导能力的同时，联邦、省和地方三级机构的能力得到了强化。尼泊尔各级政府的教育职责详见表 10.1。

表 10.1 尼泊尔各级政府的教育职责 [1]

联邦政府	省政府	地方政府
教育机构国家标准的确定	制定省级教育政策、法律、法规和标准	学校教育政策、标准、规划的制定、实施和管理
制定国家政策、法律、法规和标准	研究和创新	实施学校教育；学校基础设施的建设和管理
国家研究	收集、记录省级教育统计数据	收集、记录当地的教育统计数据
教育统计管理	省级人力资源规划	建立报告机制
人力资源预测	中级教师的管理、标准的制定和规章制度的制定	学校教职工的管理
教师素质标准化与能力培养	为省级学校教师资格标准化与能力培养制定教师培训方案	学校教育与教师发展的协调与调控
核心科目国家课程的开发和管理	学校课程的准备和制作	课程的分配和实施
地方课程发展模式		开发地方课程
示范教材的开发	教材的编写和制作	教材的分发和监管
考试管理（12 年级）	10 年级考试管理	基础教育考试（8 年级）和其他学业评估的管理

[1] 资料来源于《可持续发展目标 4：教育 2030》。

续表

联邦政府	省政府	地方政府
确定有关奖／助学金和津贴的国家标准	奖／助学金管理	奖／助学金分配和监控
协调与发展伙伴的关系	发展监测和报告机制	监测和报告
发展综合报告机制		绘制学校分布图，决定学校的建立、合并和关闭

二、地方教育行政机构及职能 [1]

（一）地方教育委员会

尼泊尔政府可在每个地区设立地方教育办公室，对所管辖的地区内的学校进行监督管理。地方教育办公室下设地方教育委员会，负责实施教育计划，委员会的职责、权力和程序由委员会自己规定。根据需要，地方教育委员会可将《教育法》赋予的权力再下放给委员会主席、委员会成员或者任何官员雇员，但要在每个财政年度结束后的三个月内向尼泊尔政府提交年度进展报告，其中涉及其职能履行情况和程序。地方教育委员会要为乡村发展委员会和当地政府提供监督和技术支持，以执行国家授权的方案，并支持它们管理其辖区内学校。乡村发展委员会和当地政府负有行政和后勤责任，包括资助和监督学校，以确保学生获得优质教育；负责监测地方发展目标的实施，包括教育方面的进展情况。此外，还要考虑所在地区被社会排斥和被边缘化人口的需要，并据此制定战略。地方政府需要调动资源，为这些战略提供资金。地方教育委员会的其他职责和权力有：制定地

---

[1] 资料来源于尼泊尔法律委员会官网。

方级教育计划；鼓励乡村发展委员会和市政府向社区学校提供财政援助；协助以有尊严的和公平的方式在区内举办考试；为区内发展优质教育积累资源；确定社区学校审计员的薪酬；依据尼泊尔政府的政策、小学学生人数、中学学生人数和科目情况，在区内各社区学校调配现有教师；根据需要为学校管理委员会提供指导等。

地方教育委员会主要由主席、成员、成员秘书组成。其中，成员有 10 人：地方政府办公室主任 1 人；地方发展委员会秘书 1 人；教师 4 人，由地方教育委员会提名，主要来自区内的高等教育学校、中等教育学校和初等教育学校，要求至少有 10 年的学校工作经验，其中至少有 2 名女性教师；地方教育委员会提名的辖区内社区学校管理委员会主席其中 1 人；地方教育委员会提名的辖区内学校管理委员会主席其中 1 人；地方教育委员会提名的乡村教育委员会主席其中 1 人；地方级教师工会主席其中 1 人。地方教育办公室主任担任委员会的成员秘书。

（二）学校管理委员会

学校管理委员会由本地选出的主席领导，负责保证学校的整体质量和管理工作，经营、监督和管理每所社区学校。学校管理委员会的职能、权利和义务如下：调动可用于学校运营的资源和手段；记录和维护学校动产和不动产；维护、更新和记录学校的学术、科技和财务数据和详细信息；批准学校年度预算，并上报乡村教育委员会和地方教育委员会；防止以政治、宗教、社区为由污染学校教育和学术环境；为地方教育委员会指定的教师界定职责；邀请地方教育委员会指定的审计员对学校进行年度审计；根据审计员的报告采取必要的行动，并将该报告提交给地方教育委员会；遵守地方教育委员会和地方教育办公室的命令和指示；安排由委员会任命的教师或晋升教师的薪酬；按照规定成立教师协会和家长协会，以提高教育水平。

学校管理委员会主要由主席、成员和秘书组成。主席由家长选出，校长兼任委员会秘书。委员会成员如下：家长成员 3 人，其中包括 1 名女性；学校所在的乡村发展委员会成员或市政府相关选区的区长 1 人；学校管理委员会从本地知识分子或教育家中选出 1 人；学校管理委员会从学校创办人中选出 1 人；学校管理委员会从已按规定向学校提供金额、建筑物或土地的捐助者的提名者中选出 1 人；从相关学校的教师中选出 1 人。

第三节　教育政策规划

随着国家和政局的稳定，尼泊尔的教育管理机构也在不断完善。这些机构陆续制定了一系列的教育政策和规划，对本国的教育发展和进步起到了重要的推动作用。

一、《基础教育总计划（1997—2002 年）》[1]

1996 年 11 月 28 日，政府成立了一个小组。该小组与国家规划委员会教育部门、财政部、地方发展部门以及教育部进行多次会议讨论，结合尼泊尔基础教育的现状和发展需求，制定了一个包含现状、观念、战略、政策和行动方案在内的计划，以便指导此后五年的工作。该计划的核心目标如下。

强调基础教育尤其是小学教育的重要性。根据课堂反馈，不断更新课程和教材，改善教与学的环境，使基础教育不仅培养能读会算的人口，为继续

---

[1] 资料来源于尼泊尔教育部官网。

教育做准备，也为有能力的公民进行营养、环境、人口、卫生和农村生产等知识的培训，使其能够处理在家庭和工作中遇到的问题。

提高基础教育尤其是小学教育的效率。通过降低辍学率、失学率、不及格率和留级率，特别是在 1 年级和 2 年级，改善教育系统，并通过幼儿保育和教育项目，在该计划即将实施的 75 个地区内，使学习成绩合格率和小学教育完成率提高到 35%；放宽低年级教师晋升政策；培训及提高教育管理人员的专业水平，特别是校长和督导员等管理人员。

提高基础教育尤其是小学教育的质量。为未经培训的小学教师提供初步的教师培训，为已在工作岗位的小学教师进行经常性的在职培训和就近培训，通过资源中心或其他途径提供专业资助和培训；改进和开展持续的学生评估，改善硬件和学习环境；以分摊费用为基础，为学生提供体能康复服务。

改善基础教育尤其是小学教育的参与机会。扩大基础教育非正规教育渠道，使之成为正规教育的补充。在全国 40 个区开展义务教育试点；提高对偏远地区学生、女童、弱势群体等特殊群体的奖 / 助学金名额和数额；提高女教师的比例，促进小学教育宣传和奖励方案的实施；通过乡村或者社区阅读中心改善文化环境；增加获取扫盲后补充阅读材料的机会；招聘懂当地语言并能用当地语言交流的教师。

在教育管理方面，提高教育部的规划、决策、协调、研究和评价能力，使其能够有效地规划、管理和监测国家基础教育制度的实施；将权力和责任下放，促进真正利益相关方有效参与教育决策，建立绩效机制。实现这些目标的方案包括：重组教育部；升级教育部规划司；建立完善的小学教育体系；为国家决策设立一个常设机构；取消中央部门与地方部门之间不必要的行政管理机构；设立社区教育机构；将行政监督与教学支持和监督脱钩；重组地区教育办公室；赋予校长更多权力；引进教师执照资格制度，促进教师职业发展；引入学校问责制；培训各领域教育人才。

二、《全民教育国家行动计划（2001—2015 年）》[1]

2000 年 4 月在塞内加尔达喀尔举行的世界普及教育论坛回顾了 1990 年以来普及教育运动的成就，也总结了尼泊尔等国家的实际困难，会上通过了《达喀尔行动纲领》。《达喀尔行动纲领》列出了到 2015 年必须实现的六个主要全民教育目标，还列出了实现这些目标的策略。该框架的重点是国家和国际的集体承诺：确保任何国家都不因缺乏技术能力或资源而落后。这一承诺既是对尼泊尔全民教育国家行动的激励，也是对尼泊尔发展基础教育的支持。尼泊尔以开展全民教育运动作为教育发展的核心战略，将《达喀尔行动纲领》下全民教育的目标作为本国教育发展的目标。

（一）愿景和目标

《全民教育国家行动计划（2001—2015 年）》是紧紧围绕《达喀尔行动纲领》的承诺，为到 2015 年实现全民教育六大目标而制定的战略规划。尼泊尔全民教育的愿景是：确保尼泊尔的所有儿童都享有高质量的基础教育，有被关怀和快乐的环境，特别是在接受小学教育时，没有文化、民族或种姓歧视；除学校和教育场所外，教师职位和学生必须保持性别平衡；通过社区学习中心等继续学习机构以及其他途径，为青少年和成年人提供各种有利于学习和提高生活技能的教育材料。

（二）实现路径

全民教育目标原定在 2015 年前逐步实现。在学前教育阶段，社区和

---

[1] 资料来源于尼泊尔教育部官网。

儿童教育发展中心为大多数学龄前儿童提供服务，还有其他幼儿护理和教育服务提供者，如私立学校和非政府组织，通过为母亲和看护人提供培训的方式，提供儿童教育发展服务。这些服务机构至少为所有学龄前儿童提供一年的特殊护理服务，以满足学龄前儿童的入学准备需求以及总体需求。

在基础教育阶段，将学龄女童与其他处于不利地位和贫困社区的儿童纳入主流学校，进一步改善和加强这部分群体的教育状况。这在出台的各种方案上得到了体现，如合法化女童奖／助学金方案、弱势儿童奖／助学金方案；在小学提供更多的女教师职位以实现性别平衡；为农村偏远地区的儿童建立寄宿学校，以母语进行教育，以促进少数民族儿童的语言教育。此外，还包括将免费小学教育覆盖全国，致力于改善学校环境、课程内容和实践，以及改善教师专业能力和评估系统，如考试系统，以提高基础教育的质量。

（三）实现战略

全民教育目标是尼泊尔基础教育国家愿景的一部分。尼泊尔政府原预计到 2015 年提供普遍的优质基础教育。为了完全实现全民教育目标，总体战略是协调和简化所有正在进行的方案，包括政府、地方机构、社区、非政府组织和其他有关机构开展的方案。同时，在必要时还将启动新方案，建设由学校、社区学习中心、社区组织和其他非政府组织等教育机构组成的网络，确保所有儿童、青年和成年人拥有基本的知识、技能和信息，有尊严地生活。

三、《全民教育核心文件（2004—2009 年）》[1]

  《全民教育核心文件（2004—2009 年）》借鉴《达喀尔行动纲领》的目标，制定了六个方案：改善儿童早期发展条件；确保所有儿童获得教育；满足包括土著居民和少数民族在内的所有儿童的学习需求；减少成年文盲；消除性别差异；改善优质教育。该文件还分析了尼泊尔教育所面临的问题与挑战，如社会暴动、集中管理、教育设施的分配、主流化和参与问题、性别平等问题、响应多样化客户群体的需求问题、教育质量问题、可持续发展问题、提高各级管理和专业能力问题、所有相关机构和部门之间的协调问题等，并制定了相应的策略。

  尼泊尔政府承诺到 2015 年实现全民教育目标，对基础教育部门尤其是小学的支持是实现其承诺和实现减贫目标的关键。在全民教育运动的指导下，减贫战略旨在通过以下方式提高小学教育的普及率和质量：权力下放和社会动员，减轻社会和文化障碍，加强学校的监督和监督体系的建设。文件的原则之一是通过权力下放来实施总体战略和进行有效管理，使地方和社区能够积极参与教育规划和管理并有权利用资源。这样不仅可以保障利益相关者的权益，还可以更好地贯彻问责制，提高教育管理的透明度、公平性和可持续性。

  同时，文件也强烈关注贫困群体和被社会边缘化群体的教育情况，针对这些人群制定了特别方案和激励措施，使他们能够更好地接受基础教育，特别是小学教育。例如，为女童、贫困儿童、土著儿童、残疾儿童以及其他被边缘化的儿童提供奖／助学金、食品、制服，以确保小学教育的普及和公平。为了提高儿童的入学率，降低辍学率，改善学校的硬件设施，包括建造教室、定期维护教学建筑等。招聘和分配教师时优先考虑低种姓人群、

---

[1] 资料来源于尼泊尔教育部官网。

土著人和其他弱势群体，政策上向女教师倾斜。在地方一级提供资金来推动学前教育和小学教育的发展，为学前教育学校和幼儿发展中心提供配套资金。采用广泛的包容性教育，全面纳入社会边缘化群体、残疾儿童、土著儿童以及生活有特殊需要的儿童的学习需求，提供替代性或灵活性的非正规教育，以确保这类人群也能够获得教育机会。

四、《学校部门改革计划（2009—2015 年）》[1]

2004 年，尼泊尔教育部成立专题小组，制定尼泊尔教育改革背景性文件。在背景性文件的基础上，结合研究成果和专家意见，教育部于 2006 年制定了教育改革概念性文件。该概念性文件吸纳了一些关键的政策目标和价值观，如教育权、教育性别平等、教育包容性和教育公平性等，在国家、地区、社区和学校层面吸取专家、专业人员和利益相关者的广泛意见后，于 2007 年获得政府批准。在此基础上，教育部拟订了学校部门改革核心文件草案，确定了教育改革的政策和战略。该草案在全国范围内征求反馈意见，最终于 2008 年 6 月获得政府批准，形成《学校部门改革计划（2009—2015 年）》。《学校部门改革计划（2009—2015 年）》得到了国家规划委员会和财政部的大力支持，于 2009 年 8 月获得教育部批准。

《学校部门改革计划（2009—2015 年）》是尼泊尔实现中学教育目标的长期战略计划，也是正在进行的各类项目的延续，如全民教育计划、中学教育支持计划、社区学校支持计划和教师教育项目等。同时，计划还引入了以战略干预为特征的新的改革措施，如学校教育的重组、教育质量的提高以及绩效问责的制度化等。计划还强调提高入学率，并通过提高管理效

---

[1] 资料来源于尼泊尔教育部官网。

率、工作效率以及教育部门服务的有效性，为所有儿童提供学习机会。《学校部门改革计划（2009—2015 年）》已成为分配学校教育可用公共资金时应对新挑战、新需求和期望的主要工具。

从 2009 年起，《学校部门改革计划（2009—2015 年）》在全国范围内分阶段实施：到 2012 年完成基础教育（1—8 年级）的整合；从 2009 年开始中等教育模式建设，一直持续到 2013 年；从 2012 年开始，逐步开展中等教育的重组，2015 年完成重组。

五、《学校部门发展计划（2016—2023 年）》[1]

尼泊尔宪法保障公民受教育的基本权利。2015 年 4 月的地震严重影响了国家的教育供给，超过 35 000 间教室受损，100 多万儿童无法获得安全的永久性学习场所。这严重阻碍了 14 个受地震影响最严重的地区的教育发展，进一步增加了校外儿童人数。因此，根据第三届联合国世界灾害大会通过的《减少灾害风险框架（DRR）》，尼泊尔政府制定了《学校部门发展计划（2016—2023 年）》，优先考虑受灾地区的学校重建和教育恢复工作。

《学校部门发展计划（2016—2023 年）》符合尼泊尔的国家愿景，推动学校教育部门完成未完成的议程项目，有助于实现"确保公平和包容性的教育并提供终身学习机会"的目标。《学校部门发展计划（2016—2023 年）》还符合尼泊尔在世界教育论坛仁川宣言及其在 2030 年世界教育宣言议程上的承诺："通过教育改变生活，认识到教育作为发展的主要驱动力和实现其他可持续发展目标的重要作用。"

《学校部门发展计划（2016—2023 年）》由教育部实施，聚焦三大主要

---

[1] 资料来源于尼泊尔教育部官网。

领域。一是基础教育（1—8 年级）、儿童学前教育、识字和终身学习领域。主要目标是通过提供学前教育，为学龄前儿童接受基础教育做准备，确保为所有 5—12 岁的儿童、青少年和成年人，特别是来自边缘化群体的妇女和人群提供基本的计算和识字教育。二是中学教育（9—12 年级）以及技术和职业培训试点项目领域。目标是提高 13—16 岁儿童获得中学教育的机会和公平性，以及中学教育的质量和相关性。该部分的重点是为 13—16 岁儿童介绍职业和技术教育计划，促进从学校向工作岗位的过渡，提高 9 年级和 10 年级中学教育的相关性。三是教育服务、产品规划和交付，以及加强监控机构能力（包括教师管理）领域。目标是提高计划实施机构和合作伙伴的教育服务、产品交付和监控能力。

第十一章 中尼教育交流

第一节 交流历史和现状

一、中尼交流历史

中国与尼泊尔是山水相连的友好邻邦，两国自古以来就在宗教、教育、建筑、雕塑等领域有着密切的交流。晋代高僧法显和唐代高僧玄奘都到过佛祖释迦牟尼的诞生地蓝毗尼。尼泊尔佛陀跋陀罗也到过中国，还和法显一起合作翻译了《大般泥洹经》《摩诃僧祇律》等佛教经典，推动了中尼两国佛教文化的交流。元代，尼泊尔著名工艺家阿尼哥曾来到北京建造白塔寺，还入朝为官，为中尼两国在佛寺佛塔、梵式造像、天文仪器建造等方面的交流做出了重要贡献。中国建筑中的白塔设计就是由阿尼哥首次带入中国的。[1]

1955 年 8 月 1 日，中国和尼泊尔两国正式建交。1956 年 9 月 28 日，中尼友好协会在北京成立，旨在促进中国和尼泊尔两国的文化交流，增进两国人民的相互了解，发展两国人民的友好关系。1957 年，为了加强双方交

---

[1] 尹政平，杜磊. 中国与尼泊尔双边关系及合作展望 [J]. 国际经济合作，2018（11）：47-50.

流，中国和尼泊尔达成为尼泊尔学生提供奖学金来华学习的协议，中国政府从 1957 年开始，每年向尼泊尔提供 100 个政府奖学金名额，截至 2019 年，这一政策为尼泊尔培养了 3 000 余名人才。[1] 1964 年 10 月 11 日，中尼两国在加德满都签订《中华人民共和国政府和尼泊尔国王陛下政府文化合作协定》。1999 年 12 月 27 日，中尼两国政府对该协议进行了修订，并提出在平等互利的基础上，增进两国人民的彼此了解和友谊，促进两国在文化、艺术、广播电影电视、教育、科技、新闻出版、体育、旅游、社会科学等领域的交流与合作。[2] 1993 年 4 月，尼中协会成立，旨在加强中尼互惠友好的关系，让更多的尼泊尔人了解中国的文化、艺术、科学、技术等。尼中协会每年都会召开中尼建交纪念会并组织庆祝活动。

2001 年，中尼两国签署《关于中国公民赴尼泊尔旅游实施方案的谅解备忘录》。2002 年 6 月，中国公民赴尼旅游正式启动，尼泊尔成为中国公民组团出境旅游中的第一个南亚国家。2007 年 2 月 5 日，中国驻尼泊尔大使孙和平与加德满都大学副校长沙玛分别代表双方签署了关于成立加德满都大学孔子学院的协议。[3] 2007 年 6 月 13 日，由中国河北经贸大学和加德满都大学共同创办的尼泊尔第一所孔子学院在加德满都大学管理学院揭牌开学。[4] 2013 年，加德满都大学孔子学院成功举办本土中文教师培训班，到 2017 年 6 月已培训两万多名尼泊尔学员，作为一家集师资培训和中国文化传播为一体的综合性教育机构，它已成为尼泊尔人学习中文和中华文化的重要基地。[5]

[1] 巴塔拉伊. 尼泊尔与中国 [M]. 刘建，等，译. 天津：天津人民出版社，2007：175.

[2] 汇法网. 中华人民共和国政府和尼泊尔王国政府文化合作协定 [EB/OL].（1999-12-27）[2021-11-22]. https://www.lawxp.com/statute/s1010158.html.

[3] 国家汉语国际推广领导小组办公室. 加德满都大学成立孔子学院 [J]. 对外大传播，2007（3）：64.

[4] 搜狐网. 尼泊尔第一所孔子学院揭牌开学 [EB/OL].（2007-06-13）[2021-11-22]. http://news.sohu.com/20070613/n250555865.shtml.

[5] 澎湃网. 尼泊尔教育部官员集体学中文，外交部、军队总部等也有培训班 [EB/OL].（2017-02-14）[2021-11-22]. https://www.thepaper.cn/newsDetail_forward_1618306.

2009 年 12 月，中尼两国政府签署《中华人民共和国政府和尼泊尔政府关于加强中尼青年交流的谅解备忘录》，制定青年代表团定期互访制度，[1] 旨在增进中尼青年之间的了解，搭建更多青年交流合作平台，推动中尼两国深化合作，为两国青年成长成才、创新创业提供帮助，促进两国青年友好往来和两国经济社会发展。自 2009 年建立青年交流机制以来，两国开展了多次互访活动，增进了两国青年之间的相互了解，促进了中尼关系的发展。

尼泊尔很多官方组织和民间组织都对中尼两国文化教育交流发挥了重要的作用。例如，2000 年在加德满都成立的尼泊尔中国研究中心，是尼泊尔最有影响力的民间机构，其任务主要是对中国进行全方位研究，加强中尼人文交流。[2] 其他一些组织还包括中尼经贸协会、中尼妇女友好协会、中尼喜马拉雅友好协会、博克拉华人华侨协会等。在双方的共同努力下，中尼两国的人文交流领域不断拓宽，涉及教育、文学、艺术、体育、广播、科学、宗教、摄影、出版等多个领域。

二、"一带一路"倡议提出以来的中尼教育交流

自"一带一路"倡议提出以来，中国政府积极推动"一带一路"国家之间的合作。中国文化和旅游部、教育部等部门先后出台了《"一带一路"文化发展行动计划》《关于加强和改进中外人文交流工作的若干意见》等文件，建立人文合作委员会、文化联合委员会等机构逐步深化合作机制，利用艺术节、国际论坛、博览会、智库合作等形式为"一带一路"国家的文

---

[1] 杨思灵，高会平."一带一路"：中国与尼泊尔合作的挑战与路径 [J]. 南亚研究，2017（1）：1-21+155.

[2] 搜狐新闻. 尼泊尔中国研究中心成立新分部 [EB/OL].（2006-01-02）[2021-11-22]. http://news.sohu.com/20060102/n241252816.shtml.

化教育交流和发展提供有效保障。[1] 中国政府加快推进在教育、科技、文化、旅游等领域的务实合作，完善人文交流布局，创新人文交流机制，改革人文交流内容和形式，将人文交流理念贯穿对外交往的各个领域，促进中外民心相通和文明互鉴。[2]

2017 年，中尼两国同意对接发展战略，制定两国合作规划，在"一带一路"框架下推进重大合作项目的实施。在此背景下，中尼两国在商业、旅游和文化交流等方面获得了更多的交流和发展机会，为两国间的教育合作交流打下了坚实的基础。[3] 2019 年，中国共有 289 所大学承担中国政府奖学金留学生的培养任务，学科门类覆盖理学、工学、农学、医学、经济学、法学、管理学、教育学、历史学、文学、哲学、艺术学等。[4]

"一带一路"倡议提出以来，中尼两国广泛开展各种教育交流活动，利用政府奖学金和互派留学生、教育援助、教育学术交流、文化交流推广和民间交流等，有效地为传承和弘扬丝绸之路友好合作精神和深化双边合作奠定了坚实的民意基础，是实现民心相通的重要组成部分，不仅促进了中尼共建"一带一路"的社会根基，更是构建人类命运共同体的重要途径之一。2020 年 8 月 1 日是中国和尼泊尔建交 65 周年纪念日。建交 65 年来，两国传统友谊不断加深，互利合作不断扩展，特别是文化教育领域的交流也在不断扩大和深化，成为邻国间平等相待、友好合作、互利共赢的典范。

---

[1] 狄方耀，刘星君. "一带一路"背景下中国与尼泊尔学术交流机制问题探讨：2017 年"南亚形势研讨会"论文集 [C]. 2017.

[2] 狄方耀，刘星君. "一带一路"背景下中国与尼泊尔学术交流机制问题探讨：2017 年"南亚形势研讨会"论文集 [C]. 2017.

[3] 姜子芸. 从中国与尼泊尔合作现状看"一带一路"[J]. 中外企业家，2018（10）：8-9.

[4] 搜狐网. 驻以色列使馆举行中国政府奖学金授予仪式 [EB/OL].（2019-08-19）[2021-11-22]. https://www.sohu.com/a/334856596_737325.

（一）中国政府奖学金和互派留学生

为增进中尼两国之间的相互了解和友谊，中国资助尼泊尔优秀学生、教师和学者到中国大学学习或开展研究，尤其是自"一带一路"倡议提出以来，中国不断加大对尼中国政府奖学金的投入。2016年，尼泊尔获得中国政府奖学金的留学人数位列外国留学生人数的第10位。[1] 尼泊尔留学生在中国主要学习工程机械、医药卫生、电信、国际关系等专业。从1957年中国和尼泊尔达成为尼泊尔学生提供奖学金来华学习协议到2019年，中国政府共为尼泊尔培养了3 000多名公派留学生，其中100多人获得中国政府奖学金；2019年8月，在中国留学的尼泊尔学生超过6 400人。[2]

尽管尼泊尔国土面积不大、人口不多，但其来华留学人数世界排名却在前20名。[3] 2016年，据中国教育部统计调查，获得来华奖学金人数前10位的国家依次为巴基斯坦、蒙古国、俄罗斯、越南、泰国、美国、老挝、韩国、哈萨克斯坦和尼泊尔。[4]

到2021年，中国在尼泊尔已经成功举办了八届中国教育展和三届留学中国教育展。展会成为两国教育领域交流与合作的重要方式，为尼泊尔留学生提供了学习和了解中华文化的平台和机会。[5] 随着两国关系的进一步发展，中国为尼泊尔培养了大批人才，越来越多的尼泊尔民众和学生开始学习中文，并将中国作为留学目的地国。

[1] 人民网. 中国每年向"一带一路"沿线国家提供1万个奖学金名额 [EB/OL].（2015-03-30）[2021-11-22]. http://edu.people.com.cn/n/2015/0330/c1053-26768786.html.

[2] 新华网. 100多名尼泊尔学生获中国政府奖学金 [EB/OL].（2017-12-25）[2021-11-22]. http://www.xinhuanet.com/2019-08/28/c_1124929292.htm.

[3] 梁晨. 尼泊尔——深山中的古国 [M]. 香港：香港城市大学出版社，2011：85-86.

[4] 中国一带一路官网. 去年"一带一路"相关国家来华留学生突破30万 [EB/OL].（2018-05-01）[2021-11-22]. https://www.yidaiyilu.gov.cn/xwzx/gnxw/54402.htm.

[5] 中国科教评价网. 中国教育展在尼泊尔开幕 [EB/OL].（2013-05-12）[2021-11-22]. http://www.nseac.com/html/24/629375.html.

（二）高校教育交流

中尼两国在高等教育领域的交流主要体现为高校互访交流和合作办学。2015 年 9 月，西藏大学与尼泊尔特里布文大学签署为期三年的校际合作协议，在建筑学和传统艺术两个领域开展科学研究、人员培训和交流互访等活动。[1] 2017 年 5 月，陕西西京学院派教师访问尼泊尔特里布文大学工程学院，就中尼铁路建设、尼泊尔交通规划与发展问题进行学术交流。[2] 2016 年 12 月，中山大学全球卫生研究中心与尼泊尔加德满都大学、美国华盛顿大学在尼泊尔首次召开"三方全球卫生工作坊"，此后，中山大学与尼泊尔加德满都大学合作日益密切。[3] 2017 年 9 月，中山大学公共卫生学院、全球卫生研究中心与加德满都大学医学院签署合作备忘录，并计划共建尼泊尔第一所卫生政策与体系研究中心；2018 年 3 月，尼泊尔加德满都大学代表团访问中山大学，希望在已有的公共卫生领域多项合作的基础上，拓展在医学、国际关系、人类学等领域的合作交流。[4] 2019 年年初，西南财经大学统计学院和尼泊尔特里布文大学商学院签订合作协议，双方就此展开了教育教学等方面的深度合作。[5] 2019 年 3 月，尼泊尔特里布文大学工程学院与西南交通大学签署了合作备忘录。[6]

同时，"一带一路"倡议给中尼两国高等教育的合作办学也带来了巨大

[1] 西藏大学新闻网. 西藏大学与尼泊尔特里布文大学建立校际合作关系正式获得西藏自治区人民政府的批准 [EB/OL].（2015-09-18）[2021-11-22]. http://www.utibet.edu.cn/.

[2] 西京新闻网. 教师赴尼泊尔特里布文大学交流访问 [EB/OL].（2017-06-12）[2021-11-22]. https://news.xijing.edu.cn/info/1015/17192.htm.

[3] 中山大学报. 尼泊尔加德满都大学校长代表团来访我校 [EB/OL].（2018-03-30）[2021-11-22]. http://xiaobao.sysu.edu.cn/index.aspx#conid=3697.

[4] 中山大学新闻网. 尼泊尔加德满都大学校长代表团来访我校 [EB/OL].（2018-03-20）[2021-11-22]. http://news2.sysu.edu.cn/news01/1352725.htm.

[5] 澎湃新闻. 西南财大统计学院与尼泊尔特里布文大学商学院开展合作 [EB/OL].（2019-10-15）[2021-11-22]. https://www.thepaper.cn/newsDetail_forward_4680053.

[6] 西南交通大学新闻网. 王顺洪书记会见尼泊尔特里布文大学教务长（副校长）Sudha Tripathi 一行 [EB/OL].（2019-03-29）[2021-11-22]. https://news.swjtu.edu.cn/shownews-18069.shtml.

的发展空间，加强了两国优势学科专业的交流合作，为"一带一路"建设提供了人才支撑。2019 年，中国徐悲鸿文化艺术专修学院与尼泊尔特里布文大学签订了合作办学意向书，中尼双方根据"一带一路"倡议，构建互联互通文化教育体系，填补中国、尼泊尔及"一带一路"沿线国家职业技能型人才的短缺，并探索在中国廊坊新建一所应用型大学，即特里布文大学独立学院，开辟国际化专业型和技能型人才培养新路径。[1]

（三）教育援助

中尼两国积极推进"一带一路"建设合作的具体行动，加强在教育领域的合作，共同商定和实施教育援助。自 2010 年以来，中国政府以不同方式向尼泊尔各类中学提供教学设备及场所建设的支持，为尼泊尔的中等教育发展做出了贡献。例如，2010 年，中国援助尼泊尔上木斯塘学校 570 万卢比用于建设学校会议室、电脑教室和实验室；同年，为促进尼泊尔中等教育实现现代化网络教育，向伊拉姆县援助 200 万卢比用于办学，对位于偏远地区的吉德布尔高中和尼泊尔人民高中捐赠 10 台电脑、10 张电脑桌和 1 台打印机，并向 Bishnu 中学捐赠一批课桌椅，用来改善学校基础教学设施。[2]

2017 年，为帮助尼泊尔灾后重建，中国援助尼泊尔修建巴拉维中学和拉特纳中学，对提高尼泊尔北部山区教育水平起到了重要的作用。2018 年，中国援助尼泊尔加德满都重建杜巴中学，重建后的杜巴中学可容纳 792 名学生，有 2 间科学实验室、2 间计算机室、1 间数学实验室、1 间美术教室、1 间视听教室、3 间课外活动室和 4 间选修教室。此外，还修建了学生社团活

---

[1] 福建教育网. 中尼高校联合培养技能人才 [EB/OL]. （2019-10-14）[2021-11-22]. http://www.fjnusoft.cn/dx/3894.html.

[2] 中华人民共和国驻尼泊尔联邦民主共和国. 中国驻尼泊尔大使邱国洪向尼泊尔上木斯塘学校提供援助 [EB/OL]. （2010-03-05）[2021-11-22]. https://www.fmprc.gov.cn.htm.

动室、图书阅览室、配餐室和礼堂，为尼泊尔学生提供安全舒适的学习环境。[1] 位于尼泊尔甘达基省勒姆宗县的拜拉夫中学，在 2015 年尼泊尔大地震中受到严重破坏。2020 年 2 月 20 日由中国援助重建的尼泊尔拜拉夫中学新校竣工并投入使用，新校占地 4 000 多平方米，主楼中有教室、实验室、图书室、音乐室、食堂、宿舍等。[2] 中国企业也积极开展对尼泊尔的教育援助，2015 年尼泊尔地震后，由中国企业捐赠、中国扶贫基金会援建的学校于 2017 年 9 月交付尼方，学校的竣工谱写了"一带一路"倡议下中尼友好交往和教育交流的新篇章。[3]

2021 年 11 月 9 日，中国驻尼使馆资助的博克拉农村教育支持项目举行签约和物资交接仪式。该项目为尼泊尔甘达基省的部分公立学校购置上网设备，缓解了新冠肺炎疫情期间很多公立学校因缺少上网设备而处于长期停课的困难。[4]

（四）教育学术交流

教育学术交流活动是人文交流和教育交流的重要组成部分，是民心相通的重要内容，为不同地区和不同文明的对话搭起了一个重要平台，是中尼两国增进互信了解的重要桥梁。专家学者们通过学术活动，成为中尼共建"一带一路"倡议的有效传播者，在实现民心相通过程中发挥着独特的作用。"一带一路"倡议提出以来，中尼之间的教育学术交流日益频繁。2018 年 8

---

[1] 中央广电总台国际在线. 中国援助实现尼泊尔师生的校园梦 [EB/OL].（2019-05-25）[2021-11-22]. http://news.cri.cn/20190525/1ba7d6f5-140a-fe18-fd5b-a9a33bcc10f2.html.

[2] 新浪网. 中国在尼泊尔援建中学举行竣工仪式 [EB/OL].（2021-02-21）[2021-11-22]. https://tech.sina.com.cn/roll/2020-02-21/doc-iimxxstf3148832.shtml.

[3] 新华网. 尼泊尔 4·25 地震后中国人民援建的第一所永久学校在尼成功交付 [EB/OL].（2017-09-20）[2021-11-22]. http://www.xinhuanet.com/gongyi/2017/09/20/c_129708725.htm.

[4] 澎湃新闻. 数字教学联通世界，中尼友好惠及青年——侯艳琪大使视频出席博克拉农村教育支持项目签约和物资交接仪式 [EB/OL].（2021-11-10）[2021-11-22]. https://www.thepaper.cn/newsDetail_forward_15319057.

月，西藏大学与尼泊尔特里布文大学工学院在西藏大学工学院建筑系开展了教学研讨与示教活动，结合工学院的教学现场，双方人员重点对建筑设计课程的教学方法与过程控制、美术教学的课程设置与训练手段等内容进行了充分的交流。同时，在西藏大学纳金校区，尼泊尔专家就尼泊尔传统建筑的生态智慧、灾后重建规划、尼泊尔城市化发展问题与解决策略等进行了学术讲座。[1] 尼泊尔籍专家拉吉姆于 2014 年 12 月到西安医学院工作，2016 年 3 月被聘为西安医学院中尼友好拉吉姆医学实验室主任，推动西安医学院与尼泊尔国家医学研究院在传统医药项目方面的融合发展。拉吉姆还担任陕西省创新人才发展研究院国际项目顾问、研究员、西北大学客座教授，为中尼友好交流合作孜孜不倦地做着各种努力。[2]

（五）文化交流推广和民间交流

随着"一带一路"倡议的推进，尼泊尔中国文化中心和孔子学院开展各项文化活动，学员们在此学习中国结、京剧脸谱、剪纸、唐卡等。尼泊尔中国留学生联谊会与尼泊尔多所学校开展合作，派中国教师讲述中国文化，举办首届博克拉中国电影节和春节过大年活动，帮助尼泊尔学生了解中国及中国文化。中文在尼泊尔越来越受欢迎，很多尼泊尔学校自发开办中文班，举办"中国月"等活动。"中国节""中国文化加德满都论坛"等已连续举办多届，"孔子学院""新知书屋"已经走进尼泊尔人的生活，一年一度的中国春节已经深入尼泊尔人民的心中。2015 年 4 月 3 日，第十四届"汉语桥"世界大学生中文大赛尼泊尔赛区决赛在尼泊尔旅游和酒店管理学院举行。2016 年 7 月，"中国西藏·扎西德勒"文化艺术培训班开班典

[1] 西藏自治区人民政府网. 尼泊尔特里普文大学工学院一行赴我校开展项目交流访问 [EB/OL].（2018-09-06）[2021-11-22]. http://www.xizang.gov.cn/xwzx_406/dwjl/201812/t20181217_30436.html.

[2] 群众新闻网. 西安医学院——拉吉姆 Rajiv Kumar Jha[EB/OL].（2021-07-20）[2021-11-22]. https://www.sxdaily.com.cn/2021/07/20/content_9145086.html.

礼在尼泊尔中国文化中心举行。2016年，尼泊尔斯蒂芬学校6年级学生和小玫瑰学校8年级学生，来到尼泊尔中国文化中心，观看西藏图片展，并穿上藏装，唱起藏歌，跳起藏舞，了解和感受中国文化魅力。尼泊尔中国文化中心携手阿尼哥协会等友好团体举办各种活动，展示中国文化和改革开放成就，欢迎尼泊尔人前往中国参观访问，加深尼泊尔人对中国的了解。[1] 2017年3月，第一期实用中文培训班在尼泊尔中国文化中心开班。2017年，中尼文化交流中心成立。

自"一带一路"倡议提出以来，尼泊尔各界和中国各界开展了数十次的学术交流活动。2015年4月15日，在尼泊尔提莫里举办了以尼泊尔在"一带一路"倡议中的角色为主题的研讨会，当地商会、政府领导人等近百人参加。研讨会就中国的"一带一路"建设、经济发展情况等进行了广泛交流，介绍了中国的对外开放政策和经济发展情况，加深了尼泊尔各界人士对中国的了解。[2] 2016年3月22日，中尼双方的专家学者在北京召开学术研讨会，就中尼"一带一路"合作面临的机遇和挑战、中尼"一带一路"产能合作领域探索等问题进行了深入交流。近些年来，在尼泊尔境内举办的与"一带一路"主题相关的国际学术会议不少于20次，内容涉及社会经济、外交关系、协同发展等多个方面，对两国今后合作发展产生了较大的影响力。[3] 同样，随着"一带一路"倡议的提出，国内许多高校和研究机构每年也都召开各种层次的学术会议、讲座和交流活动等，每年数以百计的尼泊尔学者来到中国参加各种学术会议，议题涉及尼泊尔与"一带一路"倡议相关的各个领域。

---

[1] 国际汉语教师协会. 尼泊尔各类学校自发学习中文 做中尼文化交流使者 [EB/OL].（2016-11-12）[2021-11-22]. http://www.itact.com.cn/hyzx/2016/1112/7276.html.

[2] 狄方耀，刘星君. "一带一路"背景下中国与尼泊尔学术交流机制问题探讨: 2017年"南亚形势研讨会"论文集 [C]. 2017.

[3] 狄方耀，刘星君. "一带一路"背景下中国与尼泊尔学术交流机制问题探讨: 2017年"南亚形势研讨会"论文集 [C]. 2017.

以上这些会议交流基本上都有中尼两国高校和研究机构的专家学者参加，大家通过学术会议积极对接，商讨开展教育合作交流项目的具体事宜，以及跨国科研合作、互派学生短期交流学习、互邀学者进行学术交流等项目和内容。自 2015 年以来，中尼两国的民间学术交流加快推进了两国教育、科技、文化等领域的务实合作，完善了人文交流的内容和形式，将人文交流理念贯彻到对外交往的各个领域，促进了中尼民心相通和文明互鉴。

第二节　交流原则和未来展望

一、交流原则

（一）在平等互利基础上发展友好交流与合作

中尼在开展教育交流时，应该遵循《联合国宪章》、和平共处五项原则、不结盟和互不干涉内政的原则，在平等互利的基础上开展友好交流，分享发展经验，加强全方位合作，以实现共同发展和繁荣。[1] 2007 年在加德满都开幕的"中国西藏文化·加德满都论坛"，扩大了中国文化在尼泊尔的影响。[2] 2012 年是"中尼友好交流年"，双方提出进一步促进两国在文化、教育、青年、媒体、智库、学者、友好团体等领域的交流与合作，确定了举办中国节、中文比赛、中尼友好周、社会文化团体互访等活动。

---

[1] 张永攀. 论中国-尼泊尔关系在西藏稳定和发展中的价值、影响与展望 [J]. 南亚研究季刊，2015（3）：23-31+4.

[2] 张永攀. 论中国-尼泊尔关系在西藏稳定和发展中的价值、影响与展望 [J]. 南亚研究季刊，2015（3）：23-31+4.

（二）明确价值结构关系上的利益相关性，促进教育交流

经济全球化已经使各个国家成为命运共同体，而命运共同体赖以维系的内在逻辑是成员之间相互支持、利益共享、同舟共济、权责共担。命运共同体内的成员应该具有国际视野，遵守共同体规范，自觉自愿包容其他成员。中尼两国只有不断增进交流，增强价值共识和战略互信，才能促进双方命运共同体建设不断向前发展。[1] 两国的教育交流合作只有牢牢遵守这一原则，才能实现双方的共同发展。

（三）抓住"一带一路"建设契机，加强两国教育交流

中尼两国要积极抓住"一带一路"建设契机，扩大宣传力度。根据尼方的需求，中国要鼓励优质高校积极"走出去"，将自身的优势学科带到尼泊尔，并鼓励部分高校毕业生赴尼泊尔开展教学工作。同时，中国也要鼓励尼泊尔优秀人才来华教学或学习，为双方合作办学打下基础，以培养更多人才。医学是尼泊尔的优势学科，中国的中医博大精深，两国可以在医学方面增强交流，深化合作。此外，两国也可针对实际情况，开展具体的研究性学习，深化优势学科。例如，尼泊尔境内多山，地震等自然灾害多发，中尼双方可以在防震减灾、灾时应对、灾后重建等方面加强合作与交流。[2]

---

[1] 李万昆，叶金国. 构建中尼命运共同体建设的价值共识 [J]. 人民论坛，2020（4）：124-125.

[2] 刘馨蔚. 尼泊尔盼深度参与中国"一带一路"建设 [J]. 中国对外贸易，2018（6）：68-69.

二、未来展望

（一）积极推进中尼关系的深化，持续推进教育交流合作

以经济发展为中心巩固两国在政治、文化和教育领域已取得的成果，积极推进中尼关系的深化，持续推进教育交流。今后应共同努力，促进两国教育交流的形式和内涵不断得到丰富和提升，进一步促进两国教育交流的良性、快速发展。[1]

（二）抓住"一带一路"建设契机，扩大教育交流成果

中尼两国要紧紧抓住"一带一路"建设契机，围绕"一带一路"建设所需人才，通过提供扎实的知识储备和教育项目（如职业技术培训等）、开展多层次的合作办学、扩大两国互访留学生规模、增加奖学金项目和金额等来不断丰富教育交流内容、不断扩大教育交流成果。

（三）健全学术交流机制，不断拓宽教育交流领域

尽管中尼学术交流开展得如火如荼，但是也存在着一些问题。例如：缺乏常态化的学术交流机制、尼泊尔学者在中国的学术影响力较小、学术交流机制与形式较为单一等。这些都在一定程度上制约了中尼之间的学术交流效果。今后应当从多个层面促成中尼学术交流机制的形成，进一步提升学术交流的效果，从而为实现两国民心相通、不断夯实交流基础和不断营造更加良好的舆论氛围提供保障。中尼学术交流不仅有利于促进中尼关

---

[1] 卢远. 相互依存视域下的中国–尼泊尔关系 [J]. 暨南学报（哲学社会科学版），2010（4）：129-134.

系日趋向好的发展，也为中国与其他邻国开展学术交流活动提供了良好的借鉴。通过中尼学术交流机制的形成与健全、学术交流影响的扩大，不断拓宽中尼交流领域，中尼友好的基础会更加牢固。相信，随着"一带一路"倡议的持续推进，中国与尼泊尔的教育交流也会有更加全面深入的发展。

结　语

　　尼泊尔的教育历史源远流长，其梵文教学传统可以追溯至 3 000 年前，然而尼泊尔的现代教育发展历史并不长，1854 年第一所英式学校的建立标志其现代学校教育的开始。尼泊尔传统的学校教育以讲授印度教和佛教知识为主，主要面向统治阶层、商人阶层等上层人士。拉纳家族被推翻后，尼泊尔的教育事业逐步走上快速发展的道路。1954 年，尼泊尔组建国家教育规划委员会，尝试推动普及初等教育，但收效甚微。1959 年，尼泊尔创建第一所大学特里布文大学，此后一些学院陆续成立。1960 年，尼泊尔开始实行潘查亚特体制，开启了国家经济建设的新局面，教育发展也受到了前所未有的重视，一个民族平等和文化多元的和谐社会渐趋形成。[1] 1971 年，尼泊尔政府发布《国家教育系统计划（1971—1976 年）》。这是尼泊尔教育史上的重要里程碑，计划强调政府在教育规划、教育管理和教育投入等方面的角色和作用，旨在推动初等教育的发展，并建议实行义务初等教育。《国家教育系统计划（1971—1976 年）》的实施，在一定程度上推动了尼泊尔初等教育的发展，尤其在 1—10 年级综合学校的课程和教材统一方面取得了一定的成效。1990 年，尼泊尔成立了新的国家教育委员会。此后，政府采取开放的教育政策，开始在全国范围内鼓励私人办学，促进了尼泊尔教育的长足发展。[2]

---

[1] 王艳芬. 论尼泊尔潘查亚特体制的历史影响 [J]. 史学集刊，2008（5）：91-99.

[2] 王宏纬. 尼泊尔 [M]. 北京：社会科学文献出版社，2004：300-302.

尼泊尔的教育分为正规教育和非正规教育。正规教育由初等教育、中等教育和高等教育组成；非正规教育主要由学前教育、职业教育、特殊教育、成人教育、远程教育等组成。初等教育 5 年（小学，1—5 年级），中等教育 7 年，包括初级中等教育（初中，6—8 年级）、中级中等教育（高中，9—10 年级）和高级中等教育（大学预科，11—12 年级）。高等教育为 8 年，包括本科 3 年、硕士 2 年、博士 3 年。截至 2016 年，尼泊尔共有公立小学和中学约 3.5 万所，在校学生约 97.3 万人；公立综合及专科高等教育机构 13 所，在校学生 40.6 万人。[1]

尼泊尔的教育发展离不开教育政策的保障。以《学校部门改革计划（2009—2015 年）》为例，该计划是针对国内外新形势进行的教育改革举措，由尼泊尔教育部出台并组织实施，旨在通过提供和改善学校的软硬件设施，提高政策的实施效率，确保所有适龄儿童有学可上、有好学上。该计划还包括教育机构的结构性重组和教育执行责任制度化，改革将重点放在了学校教育服务的质量、效率和有效性上，成为尼泊尔"公共财政支持下直面教育新挑战、新需求、新愿景的主要措施"。[2]

从尼泊尔教育政策的实施现状来看，政策实施的效果明显，无论是基础教育还是高等教育，入学率都比之前有了大幅提高，文盲率的大幅下降也说明教育政策得到了较好的落实。但在看到成果的同时，也不能忽视依然存在的问题。例如，政策实施的力度仍然不够，虽然文盲率有了大幅度下降，但教育不公平现象依然严重。以女童教育为例，尼泊尔女童辍学率依然比其他南亚国家高出不少，很多家庭根深蒂固的"重男轻女"思想没有改变，政府在推行政策的过程中还有大量工作需要做，需要从根本上改变这种状况。此外，政府在全面加大各类教育经费投入，不断建立与完善

---

[1] 中华人民共和国外交部. 尼泊尔国家概况 [EB/OL].（2021-08）[2021-11-25]. https://www.fmprc.gov.cn/web/gjhdq_676201/gj_676203/yz_676205/1206_676812/1206x0_676814/.

[2] 资料来源于尼泊尔教育部官网。

各级各类教育项目监管体系和制度，以及充分依据国情来制定全面且专门的教育法规和政策等方面都需要不断改革并持续推进。

教育兴则国家兴，教育强则国家强。尼泊尔未来的教育发展应顺应国际形势，并不断满足国内经济社会发展需求，全面提高国家的教育水平。为了实现这个目标，政府、教育主管部门和其他教育机构可以从以下方面着手：加强全民教育发展过程中的区域协作，努力构建教育发展共同体，实现教育资源区域的合理分配和流动；积极开展至少一年的免费优质学前教育，通过高质量的学前教育项目为儿童营造良好的成长环境，使其健康、营养等得到全面保障；开辟多元化的教育形式，充分保障青少年和成人获得学习机会，帮助其获得基本的读、写、算等能力；建设有助于个体文化水平、能力层次、公民意识不断提升的发展通道；不断扩大和加强与世界各国的合作，建立综合性国家及区域监测和评估系统，为政策制定和教育系统管理提供合理依据；将尼泊尔全民教育的发展置于全球全民教育发展格局中，制定具有战略性、针对性的发展策略。

2019 年，习近平主席访问尼泊尔，将两国关系提升到了战略合作伙伴关系的高度，为未来中尼两国在教育交流合作方面提供了广阔的前景。两国在政治、文化和教育领域已取得成果的基础上，必将不断丰富和提升教育合作交流的形式和内涵，实现"一带一路"倡议下中尼两国教育合作的不断深入与发展。

参考文献

一、中文文献

《亲历者》编辑部. 尼泊尔花开有时 [M]. 北京：中国铁道出版社，2017.

巴塔拉伊. 尼泊尔与中国 [M]. 刘建，等，译. 天津：天津人民出版社，2007.

北京大学"一带一路"五通指数研究课题组."一带一路"沿线国家五通指数报告 [M]. 北京：经济日报出版社，2017.

北京环球启达翻译咨询有限公司. 尼泊尔 [M]. 雷强，方苏，译. 北京：中国水利水电出版社，2007.

本书编写组. 习近平总书记教育重要论述讲义 [M]. 北京：高等教育出版社，2020.

布尔努瓦. 丝绸之路 [M]. 耿昇，译. 北京：中国藏学出版社，2016.

陈逢华，靳乔. 阿尔巴尼亚文化教育研究 [M]. 北京：外语教学与研究出版社，2021.

成汉平，潘远洋. 南亚东南亚研究辑刊：第 3 卷 [M]. 广州：世界图书出版广东有限公司，2016.

方素梅. 共享与发展——喜马拉雅区域研究：第 1 辑 [M]. 北京：社会科学

文献出版社，2019.

冯增俊，陈时见，项贤明．当代比较教育学 [M]．2 版．北京：人民教育出版社，2015.

高洪雷．丝绸之路——从蓬莱到罗马 [M]．北京：人民文学出版社，2020.

顾明远．顾明远教育演讲录 [M]．北京：人民教育出版社，2014.

国家信息中心"一带一路"大数据中心．"一带一路"大数据报告（2017）[M]．北京：商务印书馆，2017.

何朝荣．尼泊尔联合共产党（毛主义）的发展及现状研究 [M]．广州：世界图书出版广东有限公司，2015.

贺国庆，朱文富，等．外国职业教育通史 [M]．北京：人民教育出版社，2014.

黄剑辉．"一带一路"沿线重点国别研究 [M]．北京：中国金融出版社，2020.

黄心川．南亚大辞典 [M]．成都：四川人民出版社，1998.

黄雅婷．塔吉克斯坦文化教育研究 [M]．北京：外语教学与研究出版社，2021.

教育部课题组．深入学习习近平关于教育的重要论述 [M]．北京：人民出版社，2019.

李洪峰，崔璨．塞内加尔文化教育研究 [M]．北京：外语教学与研究出版社，2021.

李建求．"一带一路"沿线国家职业教育概览 [M]．北京：商务印书馆，2018.

梁晨．尼泊尔——深山中的古国 [M]．香港：香港城市大学出版社，2011.

刘辰，孟炳君．阿联酋文化教育研究 [M]．北京：外语教学与研究出版社，2021.

刘迪南，黄莹．蒙古国文化教育研究 [M]．北京：外语教学与研究出版社，2021.

刘捷. 教育的追问与求索 [M]. 北京：人民出版社，2021.

刘捷. 专业化：挑战 21 世纪的教师 [M]. 北京：教育科学出版社，2002.

刘进，张力玮，等. "一带一路"高等教育国别比较研究 I [M]. 北京：北京理工大学出版社，2020.

刘进，张志强，孔繁盛. "一带一路"高等教育研究（2019）：国际化展望 [M]. 北京：北京理工大学出版社，2020.

刘生全. 教育成层研究 [M]. 北京：教育科学出版社，2011.

刘欣路，董琦. 约旦文化教育研究 [M]. 北京：外语教学与研究出版社，2021.

卢晓中. 比较教育学 [M]. 北京：人民教育出版社，2020.

陆有铨. 教育的哲思与审视 [M]. 北京：人民教育出版社，2016.

麦克诺顿，罗尔夫，等. 早期教育研究方法：国际视野下的理论与实践 [M]. 李敏谊，腾珺，译. 北京：教育科学出版社，2001.

芈岚. 尼泊尔、印度水资源政治关系研究 [M]. 北京：中国财政经济出版社，2014.

庞丽娟. 国际学前教育法律研究 [M]. 北京：北京师范大学出版社，2011.

秦惠民，王名扬. 高等教育与家庭流动 [M]. 北京：科学出版社，2019.

秦惠民. 教育法治与大学治理 [M]. 北京：人民出版社，2021.

曲凤杰，等. 走向印度洋："丝绸之路经济带"东南亚-南亚-印度洋方向重点国别研究 [M]. 北京：中国市场出版社，2016.

任君庆，王琪. "一带一路"职业教育研究蓝皮书·南亚卷 [M]. 厦门：厦门大学出版社，2018.

任钟印. 东西方教育的覃思 [M]. 北京：人民教育出版社，2017.

石筠弢. 学前教育课程论 [M]. 2 版. 北京：北京师范大学出版社，2014.

四川大学南亚研究所课题组. 南亚智库研究：第 1 辑 [M]. 北京：时事出版社，2018.

孙有中. 跨文化研究论丛 [M]. 北京：外语教学与研究出版社，2019.

滕大春. 教育史研究与教育规律探索 [M]. 北京：人民教育出版社，2019.

汪亭友. 尼泊尔共产党（毛主义者）的历史、执政及其嬗变探究 [M]. 北京：社会科学文献出版社，2015.

汪永平，洪峰. 尼泊尔宗教建筑 [M]. 南京：东南大学出版社，2017.

王承绪，顾明远. 比较教育 [M]. 5 版. 北京：人民教育出版社，2015.

王定华，秦惠民. 北外教育评论：第 2 辑 [M]. 北京：外语教学与研究出版社，2021.

王定华，杨丹. 人类命运的回响——中国共产党外语教育 100 年 [M]. 北京：外语教学与研究出版社，2021.

王定华. 教育路上行与思 [M]. 北京：人民出版社，2020.

王定华. 美国高等教育：观察与研究 [M]. 2 版. 北京：人民教育出版社，2021.

王定华. 美国基础教育：观察与研究 [M]. 2 版. 北京：人民教育出版社，2021.

王定华. 新时代高品质学校建设方略 [M]. 长春：东北师范大学出版社，2019.

王定华. 中国基础教育：观察与研究 [M]. 北京：人民教育出版社，2021.

王定华. 中国教师教育：观察与研究 [M]. 北京：人民教育出版社，2020.

王宏纬. 尼泊尔 [M]. 北京：社会科学文献出版社，2004.

王宏纬. 尼泊尔 [M]. 新版. 北京：社会科学文献出版社，2015.

王宏纬. 尼泊尔——人民和文化 [M]. 北京：昆仑出版社，2007.

王吉会，车迪. 刚果（布）文化教育研究 [M]. 北京：外语教学与研究出版社，2021.

王晶，刘冰洁. 摩洛哥文化教育研究 [M]. 北京：外语教学与研究出版社，2021.

王名扬. 美国公立研究型大学内部质量改进的实证研究 [M]. 北京：中国社会科学出版社，2020.

王艳芬. 共和之路：尼泊尔政体变迁研究 [M]. 北京：社会科学文献出版社，2013.

韦斯特. 规模：复杂世界的简单法则 [M]. 张培，译. 北京：中信出版集团股份有限公司，2018.

吴式颖，李明德. 外国教育史教程 [M]. 3 版. 北京：人民教育出版社，2015.

习近平. 论坚持推动构建人类命运共同体 [M]. 北京：中央文献出版社，2018.

习近平. 习近平谈"一带一路" [M]. 北京：中央文献出版社，2018.

谢维和. 我的教育觉悟 [M]. 北京：人民教育出版社，2016.

徐亮. 共和国时期尼泊尔外交政策研究 [M]. 北京：中国财政经济出版社，2015.

杨汉清. 比较教育学 [M]. 3 版. 北京：人民教育出版社，2015.

杨鲁新，王乐凡. 北马其顿文化教育研究 [M]. 北京：外语教学与研究出版社，2021.

苑大勇. 国际高等教育协同创新与人才培养比较研究 [M]. 北京：知识产权出版社，2020.

张方方，李丛. 安哥拉文化教育研究 [M]. 北京：外语教学与研究出版社，2021.

张海冰，周太东，等. 尼泊尔与"一带一路" [M]. 北京：时事出版社，2019.

张弘，陈春侠. 乌克兰文化教育研究 [M]. 北京：外语教学与研究出版社，2021.

张淑兰，刘洋，阿荣旗. 尼泊尔 [M]. 大连：大连海事大学出版社，2018.

郑通涛，方环海，陈荣岚. "一带一路"视角下的教育发展研究 [M]. 广州：世界图书出版广东有限公司，2017.

中国教育科学研究院国际比较教育研究中心. 世界教育发展报告 2013[M]. 北京：教育科学出版社，2016.

朱睿智，杨傲然. 莫桑比克文化教育研究 [M]. 北京：外语教学与研究出版社，2021.

祝贺. 外国学前教育史 [M]. 北京：中国人民大学出版社，2019.

HEYMANN J, CASSOLA A. 教育公平：范例与经验 [M]. 陈舒，袁文慧，王丽娜，译. 上海：华东师范大学出版社，2019.

二、外文文献

BAJRACHARYA D, BHUJU D R, POKHREL J R. Science, research and technology in Nepal[M]. Kathmandu: UNESCO, 2006.

BANGDEL L S. The early sculptures of Nepal[M]. New Delhi: Vikas Publishing House, 1982.

BHATTARAI N. Nepal and China: a historical perspective[M]. New Delhi: Adroit, 2010.

BISTA D B. People of Nepal[M]. Kathmandu: Ratna Pustak Bhandar, 1980.

HOFTON M, RAEPER W, WHELPTON J. People, politics & ideology: democracy and social change in Nepal[M]. Kathmandu: Mandala Book Point, 1999.

KHANAL S K, PAUDYAL B R, DANGAL S. Early childhood development policies in Nepal: achievements, learning, and implications[M]. Singapore: Springer Singapore, 2017.

MANANDHAR T B. Education development, "population and literacy" in population monography in Nepal[M]. Kathmandu: CBS, 1995.

PHYAK P, SHARMA B K. Functionality of English in language education policies and practices in Nepal[M]. Berlin: Springer Nature, 2020.

SHRESTHA H L. Sixty years of dynamic partnership[M]. Kathmandu: Nepal-China Society, 2015.